영산(靈山)

조용기 신학

성경, 십자가, 성령 중심의 희망

영산(靈山)

조용기 신학

성경, 십자가, 성령 중심의 희망

ⓒ 최문홍, 2023

초판 1쇄 발행 2023년 8월 19일

지은이   최문홍
펴낸이   이기봉
편집   좋은땅 편집팀
펴낸곳   도서출판 좋은땅
주소   서울특별시 마포구 양화로12길 26 지월드빌딩 (서교동 395-7)
전화   02)374-8616~7
팩스   02)374-8614
이메일   gworldbook@naver.com
홈페이지 www.g-world.co.kr

ISBN   979-11-388-2251-0 (03230)

영산(靈山) 조용기 신학

성경, 십자가, 성령 중심의 희망

최문홍 지음

좋은땅

헌사

이 책을 늘 확신에 찬 말씀으로 새 힘과 용기를 주신 존경하는 스승 영산 조용기 목사님과 성령침례를 받도록 온 마음을 다하여 안수해 주신 할렐루야 아줌마 최자실 목사님께 드립니다.

추천사

영산 조용기 목사님은 한국 교회의 거목이요, 세계 교회의 위대한 복음 전도자였습니다. 조용기 목사님은 6.25 전쟁의 폐허 속에서 희망을 잃고 실의에 빠져 있던 사람들에게 예수 그리스도의 십자가 부활의 신앙을 전하며 희망의 메시지를 전파했습니다. 사람들이 안 된다, 어렵다, 힘들다고 부정적인 이야기를 할 때 조용기 목사님은 언제나 할 수 있다, 하면 된다, 해 보자고 희망의 메시지를 선포했습니다.

조용기 목사님이 전한 희망의 메시지는 전쟁 후 가난과 절망에 빠진 사람들을 일으켜 세우고 격려하여 대한민국이 세계 10대 경제대국이 되는 데 큰 원동력이 됐습니다. 여의도순복음교회 역시 조용기 목사님의 희망의 신학을 밑바탕으로 세계 최대의 교회로 성장할 수 있었습니다. 여의도순복음교회의 성도들은 고난조차 축복으로 나아가는 하나의 과정이라 믿었고, 이러한 믿음 안에서 실패를 딛고 일어나 주님의 거룩한 꿈을 향해 다시금 달려 나갈 수 있었습니다.

여의도순복음교회와 한세대학교에서 오랫동안 조용기 목사님의 신학을 연구하고 가르치신 최문홍 목사님의 신간『영산 조용기 신학: 성경, 십자가, 성령 중심의 희망』에는 조용기 목사님의 희망의 신학이 어떻게 태동하게 되었는지, 그리고 어떻게 정립되고 완성되었는지 일목요연하게 정리되어 있습니다. 최문홍 목사님의 헌신을 통해 조용기 목사님이 남기신 신학의 유산이 계승되고 발전되는 데 큰 도움이 되리라 생각합니다.

이 책을 통해 조용기 목사님의 발자취를 따라 목회 현장에서 고군분투하고 있는 수많은 순복음의 목회자들과 평신도 사역자들이 힘을 얻고, 새로운 세대에 일어날 성령의 뜨거운 부흥의 역사를 위해 힘차게 전진해 나아가기를 간절히 소망합니다.

여의도순복음교회 담임목사

이영훈

추천사

　요즘 집회 때마다 조용기 목사님을 그리워하는 분들을 많이 만나는데 뒤돌아보면 우리나라와 한국 교회의 큰 복이 조 목사님이셨습니다. 이런 속에서 최문홍 교수님께서 조 목사님의 신학에 관해 일목요연하게 정리한 책을 내셔서 참으로 의미 있고, 반가운 마음이 듭니다.

　조 목사님의 신학은 성경, 예수 그리스도의 십자가, 성령을 통한 희망의 신학이고, 전도, 구제, 봉사 등 나눔을 통해 완성되는 것으로 강조하고 있습니다.

　평생 하나님을 사랑하고, 이웃을 사랑하는 일에 힘써 온 조 목사님을 그대로 표현한 말이 아닌가 생각하고, 우리도 본받아 살아갔으면 합니다.

　이 책이 조 목사님을 사랑했던 분들뿐만 아니라 교단을 넘어 목회자들과 신학생들, 그리고 한국 교회에 큰 유익을 줄 것이라 믿습니다.

　감사합니다.

극동방송 이사장

김장환

추천사

　이번에 외우(畏友) 최문홍 박사님께서 거작 『영산 조용기 신학』을 상재(上梓)하셨습니다.

　조용기(趙鏞基) 목사는 21세기 최고의 세계적인 목회자요 전도인이요 신학자요, 한 마디로 금세기 세계적인 거인입니다. 그에게서 기독교는 전방위적(全方位的)인 구도로 완성되었다고 해도 과언이 아닙니다. 그 구도가 성경, 십자가, 성령, 이렇게 짜여졌다고 보는 것이 본 서의 저자 최문홍 박사이십니다.

　본 서는 전체가 9장(章) 35절(節) 137항(項)에 이르고, 참고도서는 233권에 이르며 성경은 그 전부를 읽으며 관주(貫珠)하여 완성한 실로 놀라운 거작입니다. 더구나 집필하는 도중에 온 가족과 자신도 코로나에 걸려서 상상하기도 힘든 정황 속에서 10여 개월에 걸쳐 불철주야(不撤晝夜) 기도와 고투로 초고를 마칠 수 있었던, 문자 그대로 피땀과 눈물과 기도의 결실이 본 서입니다. 본 서는 저자 자신이 명기한 바와 같이 실로 삼위일체 하나님의 도우심으로 완성한 합작품입니다.

　따라서 본 서는 깊이와 학문적 객관성에 투철하면서도 실상은 조용기 목사님에게서 받은 은혜와 감동으로 그 체계가 물들여진 절묘(絕妙)한 지정(知情) 동량(棟梁)의 보감(寶鑑)이요 실록입니다.

우선 저자는 조용기 목사의 신학의 기반이 성경과 체험이라고 병립시킵니다. 주객(主客)의 실질적인 연계구도입니다.

저자는 조용기(趙鏞基) 목사의 세계 최대의 교회 여의도순복음교회의 탄생이 그의 신학과 밀접한 관계가 있는데, 그 신학이 바로 "희망의 신학"이라고 판단합니다. 곧 성경 말씀과 그리스도의 십자가, 인격(人格)이신 성령, 이 세 핵심 요소로 원근관계를 구도화(構圖化)한 신학이 바로 "희망의 신학"이라고 보는데, 그렇게 판단하는 배경과 까닭이 무엇인가를 밝히려는 목적으로 본 서를 집필하신 것이라 천명하십니다.

"희망의 신학"은 곧 "체험의 신학"이라고 봅니다. 조용기 목사님이 자신이 성경에 근거하여 스스로 친히 체험한 것들을 언제나 생생하게 전하였기 때문에 그렇게 본다는 것입니다. 조용기 목사에게서의 생명의 약동하는 말씀의 선포는 "지금 여기"에서 천국을 체험하고 누리게 하는 것이기 때문에 "생명의 신학"이라고 본다는 것입니다.

저자의 글에는 병약으로 시련을 겪으면서도 강인과 인내로 글을 써 나간 그의 음성, 눈매, 손길, 그리고 그의 숨결 소리마저 들리는 듯하여 글마다 그 호소 서리어 가슴 뭉클합니다. 우리는 저자의 인쇄된 글들 속에서, 그의 육성을 들을 때와 방불한 레토릭과 문필력(文筆力)에 시종 압도됩니다. 그의 글은 문체나 수사법에서 시문적(詩文的) 경건 문학 전개보다는 명쾌, 간결하고 담백한 문장력이 돋보입니다.

더구나 우리의 기쁨과 환호가 다만 하늘나라에서만이 아니고, 동시에 지금 여기에서 구체적으로 우리의 육신과 심령, 일상의 삶 도처에 어리어 있다는 조용기 신학의 전개는 세계 교회 신학의 획기적인 전환점이 되었

습니다. 죄와 질병에서의 구원, 영혼—범사—육체의 전인(全人) 구원, 천
국과 지상에서의 현실적인 구원, 한국과 세계의 구조적 연계, 그래서 현실
과 영원은 성육신적으로 하나의 실상이라는 것이 밝혀진 것이 본 서의 간
행으로 더욱 선명해진 것입니다. 따라서 필경 우리 교회는 새로운 문맥의
세계 신앙사의 전개를 보게 된 것입니다.

최문홍 박사님의 해석과 체계화를 통해서 우리는 세계적 신학자요 교회
인인 조용기 목사의 신학과 신앙 그리고 목회의 전모를 한 대본으로 볼 수
있게 되었습니다. 본 서 간행으로 우리 한국이 이제는 총괄적인 세계적 신
학과 신앙의 대계(大系), 곧 Summa Theologia를 틀 잡아 온 세계에 격상
천명한 것이 조용기 목사님이란 것이 명석하게 체계화되어 선양(宣揚)하
게 된 것입니다. 이제 기독교회가 조용기 시대 이전과 이후로 나누어진다
는 단호한 체계화의 근거와 이론을 명시하게 된 귀중한 기념비적인 대저
를 상재하신 최문홍 박사님에게 만강의 갈채를 보내 드리는 바입니다.

연세대학교 명예교수

민경배

추천사

나는 이 책을 읽으면서 저자가 지난 40여 년 동안 가장 가까이에서 경험한 그의 스승 되신 조용기 목사에 대한 기록을 정말 상세하게 기술했다는 생각을 떠올렸습니다. 설교를 통해서 나타난 그분의 영적 사상, 개인적인 만남을 통해서 보인 그분의 인간적인 모습, 복음을 전파하시다가 겪으신 여러 애환(哀歡) 등을 아주 사실적으로 적어 놓은 값진 책으로 여겨집니다.

사람들이 겪는 삶에 대한 애증을 어떻게 신앙으로 풀어 나갈 것인가에 대한 고민으로 힘들어하시던 스승의 고뇌를 적나라하게 표현한 부분도 조 목사의 제자들뿐만 아니라 모든 독자가 공감할 수 있는 내용으로서 감동을 줍니다.

또한 조 목사의 순복음 신앙의 신학적인 배경 및 그를 통해 실제로 나타나는 영적 현상 등을 요연(瞭然)하게 검증해 나가면서 집필한 흔적이 많은 곳에서 발견되는 좋은 책으로 여겨집니다.

무엇보다도 나는 이 책이 조 목사의 예리한 성경 해석 및 십자가와 성령 중심의 뜨거운 신앙이 당대에서만 그치지 않고, 다음 세대로까지 연결될 수 있게 하는 통로가 될 것으로 믿습니다.

끝으로 나는 영산 조용기 목사의 신앙과 신학이 무엇인지 분명히 알고
자 하는 목회자, 신학생, 평신도라면 다른 어떤 책보다도 이 책을 먼저 읽
어야 한다고 적극 추천합니다.

영산목회자선교회 회장

순복음도봉교회 담임목사

김용준

추천사

이 책의 저자 최문홍 교수는 한때 한세대학교에서 나와 함께 근무한 동역자이며, 조용기 목사의 제자입니다. 최 교수는 '순복음교육연구소'(현, '국제신학연구원'), '영산성서연구원', '한세대학교'를 거치며 교육기관에서만 38년 동안 조 목사의 신학을 연구하고 가르쳤던 신학자로서, 조 목사의 신앙과 신학에 관하여 누구보다도 잘 이해하고 있는 분입니다.

이 책의 장점 중의 하나는 조 목사의 심오한 사상과 신학을 이해하기 쉽게 썼다는 것입니다. 저자는 영산의 신학을 설명할 때 학문적인 용어를 피하고 일반 성도들도 이해하기 쉬운 용어로 기술하려고 애쓰고 있습니다. 나아가서 저자는 이 책을 통하여 순복음교회 구성원들에게 사명을 일깨워주려고 힘쓰고 있습니다. 저자는 "왜 하나님께서 영산을 죽음의 골짜기를 지나게 한 후 여의도에 이런 교회를 세우셨는가" 한번 생각해 보라고 역설하고 있습니다. 저자는 하늘로부터 내려온 여의도순복음교회의 존재의 목적과 사명이 있다고 외치고 있습니다.

따라서 순복음의 교인이라면 누구나 한 번은 이 책을 반드시 읽고, 하나님이 여의도순복음교회를 통하여 계획하신 사명을 깨닫고, 주님이 다시 오시는 그날까지 그 사명을 다 감당할 수 있기를 바랍니다.

이를 위해 저는 순복음의 모든 목회자들과 신학생들 그리고 평신도들이 이 책을 일독해야 한다고 적극 추천합니다.

순복음중동교회 위임목사

미국 베데스다 대학교 공동이사장

김경문

추천사

최문홍 교수의 신간 『영산 조용기 신학: 성경, 십자가, 성령 중심의 희망』 은 저자가 지난 50년 동안 영산 조용기 목사(이하 "영산")의 신앙과 신학, 설교와 목회를 한 명의 신학자이자 한 명의 성도로서 가까운 거리에서 체험하고 연구하고 가르쳐 온 것들을 집대성한 결과물입니다. 그렇기 때문에 본 서에는 영산의 신학에 대한 논구뿐 아니라 그의 생애와 수십 년에 걸친 설교 말씀, 강연, 저술, 공식·비공식 회의, 심지어 저자와의 개인적인 만남과 대화까지 군데군데 녹아들어 있습니다. 저자가 얼마나 영산을 존경하고 사모하며 그의 신앙과 신학을 체득하려고 애써 왔는가 하는 것은 저자를 40년간 지근거리에서 신앙과 신학의 멘토로 삼아 온 본 추천자는 분명하게 말할 수 있습니다. 따라서 이 책은 영산이 어떤 목회자였고, 그의 기본적인 신앙과 신학은 무엇이었으며, 그의 목회 철학의 핵심적인 요소가 무엇이었는지를 탐구하고자 하는 신앙인, 목회자, 신학자라면 반드시 정독해야 하는 필독서라고 할 수 있습니다.

이 책을 통해 저자는 '성경 말씀'과 '그리스도의 십자가', 그리고 '인격이신 성령'이 영산의 신학을 구성하는 세 가지 핵심 요소라는 것을 상술할 것입니다. 그리고 이 세 가지가 공통적으로 지시하고 있는 것이 희망인데,

그것은 장차 올 천국 소망뿐만 아니라 "지금 여기에서" 체험하고 누릴 수 있는 실체임을 강변하는 것이 영산 목회의 지향점이었음을 밝혀낼 것입니다. 저자는 영산 신학과 신앙의 이러한 특징이 형이상학적 사변에서 나온 것이 아니라 영산 개인과 민족적 절망의 현장에서 체험을 통해 태동한 것임을 구체적인 예를 들어 가며 보여 줄 것입니다. 이런 맥락에서 "영산은 절망에 처한 사람들에게 희망을 주어 살려 내는 전문가"라고 저자는 규정하고 있습니다.

저자는 영산의 신학과 목회의 핵심적인 사항을 재현하는 것에서 그치지 않고 독자들에게 믿음의 "선진들"의 반열에 들어간 영산이 남긴 신앙의 유산을 계승하여 각자의 경주를 해 나갈 것을 촉구합니다. 어떤 고난과 역경 속에서도 하나님 안에서 희망을 발견하고 일어나 십자가를 통해 마련해 주신 전인적인 구원의 축복을 이 땅에서 누릴 뿐 아니라 이웃과 나누며 이 구원의 복음을 온 세상에 전하는 신앙인이 되어야 한다는 것입니다.

아무쪼록 지난 50년간 영산의 일거수일투족을 마음에 새기고, 그것을 신학화하여 많은 논문과 저서를 생산하며 제자들을 가르쳐 온 저자의 혼신의 노력이 오롯이 담긴 이 책을 통해 많은 분들이 영산 신학의 진면목을 다시 정리하는 기회가 되기를 바라며 강력히 추천하는 바입니다.

여의도순복음교회 목회·신학 담당 부목사
국제신학연구원 원장
한세대학교 신학부 겸임교수
김호성

영산(靈山)

조용기 신학

성경, 십자가, 성령 중심의 희망

머리말

내가 순복음과 인연을 맺은 지 올해로 꼭 50년이 되었다. 사실 우리 집안은 모두 감리교인이었기에, 내가 순복음교인이 되리라고는 꿈에도 생각하지 못했다. 그러나 우리 일가에서 유일하게 순복음교회를 다니시던 큰아버님의 권유로 서대문 순복음중앙교회의 기도회에 처음 참석한 것이 내 인생을 결정적으로 바꿔 놓았다. 그날 최자실 목사님의 안수를 통하여 성령의 충만함을 받고 내 인생이 완전히 새롭게 다시 태어났다. 내 마음속에 한없는 평안과 함께 천국이 임했음을 분명히 느꼈다. 성령님께서는 바로 그다음 날 새벽부터 교회의 종소리로 나를 깨워 새벽기도회에 인도하기 시작하였는데, 뒤돌아보니 이런 성령님의 인도는 지난 50년 동안 계속된 듯하다.

내가 영산 조용기 목사님 가까이에서 일한 것은 여의도순복음교회 순복음교육연구소(현, 국제신학연구원)에 들어가면서부터다. 나에게 맡겨진 일은 10분짜리 방송 설교를 집필하는 일이었다. 내가 설교를 새로 쓰는 것이 아니라 조용기 목사님이 주일에 하신 설교 한 편을 두 편으로 만드는 작업이었다. 열 편 정도의 방송 설교가 준비되면 방송실에서 녹음하셨다. 종종 방송실에 올라가 설교 녹음을 참관하였는데, 비록 작은 일이지만 나도 조용기 목사님의 사역에 동참하고 있다는 생각이 들어 큰 보람을 느꼈다. 순복음교육연구소와 영산성서연구원과 한세대학교를 거치며 37여 년의 긴 세월 동안 조용기 목사님 곁에서 은혜를 받으며, 그의 신학을 연구하고 제자들을 가르치면서 보람찬 생애를 보냈다. 뒤돌아보니 이 모든 것이 하나님의 섭리와 인도하심이요 하나님의 은혜였다는 생각에 감사할 뿐이다.

나는 특히 조용기 목사님의 설교로부터 큰 은혜와 감동을 받고 위로와 용기를 얻었다. 정말 영산은 설교의 대가(大家)였다. 그의 설교를 듣고 있으면 나도 모르게 그 설교에 빠져들었고 위로와 새 힘을 얻어 다시 새 출발을 해야겠다는 결단을 하곤 했다. 어느 주일에는 영산의 설교가 마치 한 편의 멋진 예술 작품 같이 느껴지기도 하고, 한 편의 감동적인 드라마나 완벽하게 구성된 감동적인 오케스트라 연주같이 느껴졌다. 영산의 설교를 들으며 "어떻게 저렇게 설교할 수 있을까?" 하고 자주 감탄하곤 하였다.

영산 조용기 목사님은 기독교 역사상 세계에서 가장 큰 교회를 세우셨다. 그런데 나는 이런 전무(前無)한 대형 교회의 탄생은 그의 신학과 매우 밀접한 관련이 있다고 본다. 영산 신학은 자신의 처참한 삶과 목회의 절망적 현장에서 극적으로 희망의 예수님을 만나 "희망의 신학"으로 태어났다. 영산 신학은 성경 말씀, 그리스도의 십자가, 인격이신 성령의 세 핵심 요소들로 형성된 "희망의 신학"이다. 이 책의 집필 목적은 그 사실을 입증해 보려는 데 있다. 영산은 절망에 처한 사람들에게 "희망"을 주어 살려 내는 전문가였다. 영산은 참으로 "희망의 전도자"요 "희망의 목회자"였다. 영산은 자신이 성경에 근거하여 체험한 것들을 전했기에 그의 신학은 "체험의 신학"이다. 따라서 그의 신학은 어느 부분을 살펴보아도 살아 약동하고 있으며 생동감이 넘친다. 영산 신학은 장차 천국에 가서뿐 아니라 "지금, 여기"

이 세상에서부터 천국을 체험하고 누리는 생명력이 넘치는 "생명의 신학"
이다.

나는 특히 순복음의 목회자들과 신학생들 그리고 평신도들을 염두에 두
고 이 책을 집필하였다. 따라서 이 책을 읽는 많은 순복음의 독자들이 영
산 신학이 주는 생명력을 받아 목회와 신앙에 다시 활기와 새 힘을 얻게 되
기를 진심으로 바란다. 또한 이 책은 한평생 세계 선교의 불타는 꿈을 품고
달려갈 길을 다 마치신 조용기 목사님의 세계 선교 사명이, 독자들을 통하
여 계속되기를 바라는 열망을 품고 집필되었다. 이 졸저가 이런 값진 일에
기여할 수 있기를 간절히 소원한다.

사실 이 책은 전적으로 하나님의 은혜로 이 세상에 나오게 되었음을 고
백하지 않을 수 없다. 왜냐하면 집필 과정에 많은 어려움이 있었기 때문
이다. 우선 한세대학교 교수 정년 퇴임 후 지친 심신이 아직 회복되지 않
은 상태에서 갑자기 집필을 결정하게 되었다. 영산의 소천은 나에게 큰 충
격으로 다가왔고, 아무리 생각해 보아도 영산 신학에 관한 책을 써야만 할
것 같았다. 그 당시 빌립보서 2장 13절을 묵상하며 지금 내 마음에 일어나
는 소원은 단지 내 소원이 아니라 하나님께서 기뻐하시는 소원이며, 또 하
나님이 기뻐하시는 소원은 하나님이 반드시 이루어 주실 것이라는 겨자씨
한 알만 한 믿음이 생겼다. 그래서 하나님의 은혜에 의지하여 집필을 시작
하게 된 것이다. 또한 처음에 정했던 책 제목과 작성한 목차를 바꿔 완전
히 새롭게 다시 시작했다. 처음 정한 책 제목은『영산 조용기 신학: 삼위일
체 중심의 희망』이었다. 그런데 가만히 생각해 보니 삼위일체란 용어 자체
가 평신도뿐 아니라 신학도나 목회자에게도 너무 이해하기 어렵고 부담
을 줄 것 같다는 생각이 들었다. 그래서 영산 신학을 보다 부담 없이 친숙

하게 이해하도록 제목을 새로 쉽게 바꿨다. 나아가서 컴퓨터가 너무 서툴러 많은 오자를 수정하느라 큰 어려움을 겪었다. 허리의 고통과도 싸워 가며 내내 책상 앞에 서서 컴퓨터 작업을 하였다. 이 때문에 다리가 항상 부어 있었고 매일 나와의 싸움에서 이겨야 했다. 그리고 나를 제외하고 가족이 비슷한 시기에 한꺼번에 코로나에 걸려 부득이 두 주간 집 주변 호텔에서 참 오랜만에 강제(?) 휴식 겸 집필을 하기도 하였고, 나도 그 후 코로나에 걸려 보름 정도 내 방에서 혼자 지내며 집필을 할 수밖에 없었다. 이런 어려움 가운데서도 날마다 조금씩 진척하여 하나님의 은혜로 10개월 만에 초고를 마칠 수 있었다. 나는 집필을 하며 매일 삼위일체 하나님의 도우심을 분명히 느꼈다. 따라서 이 책은 삼위일체 하나님의 합작품이라는 생각을 늘 갖고 있다.

 이 책이 나오기까지 도움을 주신 분들께 감사하지 않을 수 없다. 매우 바쁜 목회 일정에도 불구하고 흔쾌히 추천사를 써 주신 여의도순복음교회 이영훈 담임목사님과 온 정성을 다해 글을 읽으시고 추천사를 보내 주신 여러 목사님과 박사님께 심심한 감사를 드린다. 또한 본문을 꼼꼼히 읽어 가며 오자를 교정해 주고 참고문헌과 성구 색인을 만들어 주고, 각주와 부록까지도 철저히 점검해 준 충성스러운 제자 송경희 전도사님께 진심으로 감사드린다. 송 전도사님은 한세대학교 영산신학연구소에서 발행하는 『영산신학저널』의 출간을 담당하고 있으며, 한세대학교 대학원 박사과정(신약학) 중에 있는 유능한 인재이다. 그리고 강의실에서 만나 서로 배움의 열정을 불태웠던 한세대학교, 영산성서연구원, 순복음영산신학원, 목회대학원의 사랑하는 제자들에게 고마움을 표한다. 또한 이 책의 원만한 출간을 위해 뒤에서 간절한 마음으로 기도해 준 사랑하는 친구들과 제

자들에게 감사드린다. 나아가서 이 책이 출판되어 나오기까지 온갖 정성
과 수고를 아끼지 않은 출판사 관계자 여러분께 진심으로 감사드린다. 그
리고 가족의 도움도 잊을 수 없다. 몸이 불편하여 모셔 온 장모님을 보살
피면서 하루 세끼를 빠짐없이 챙겨 주고 기도해 준 아내 김영애 사모, 하루
종일 대학병원에서 임상심리 전문가로 일하다 돌아와 피곤한 몸이지만 내
컴퓨터에 문제가 생겼을 때마다 도움을 준 큰딸 성은이, 그리고 첫돌이 지
난 딸을 키우면서도 아빠의 집필에 관심을 보이며 기도해 준 작은딸 경은
이에게 감사를 전한다. 마지막으로, 이 책이 나올 수 있도록 날마다 새 힘
을 주시고 가르쳐 주시고 인도해 주신 삼위일체 하나님께 모든 감사와 찬
송과 영광을 돌리고 싶다.

2023년 3월 13일
최문홍

약어표

1. 성경

〈구약성경〉

창	창세기	시	시편
출	출애굽기	잠	잠언
레	레위기	전	전도서
민	민수기	아	아가
신	신명기	사	이사야
수	여호수아	렘	예레미야
삿	사사기	애	예레미야애가
룻	룻기	겔	에스겔
삼상	사무엘상	단	다니엘
삼하	사무엘하	호	호세아
왕상	열왕기상	욜	요엘
왕하	열왕기하	암	아모스
대상	역대상	옵	오바댜
대하	역대하	욘	요나
스	에스라	미	미가
느	느헤미야	나	나훔
에	에스더	합	하박국
욥	욥기	습	스바냐

학	학개	말	말라기
슥	스가랴		

〈신약성경〉

마	마태복음	딤전	디모데전서
막	마가복음	딤후	디모데후서
눅	누가복음	딛	디도서
요	요한복음	몬	빌레몬서
행	사도행전	히	히브리서
롬	로마서	약	야고보서
고전	고린도전서	벧전	베드로전서
고후	고린도후서	벧후	베드로후서
갈	갈라디아서	요일	요한일서
엡	에베소서	요이	요한이서
빌	빌립보서	요삼	요한삼서
골	골로새서	유	유다서
살전	데살로니가전서	계	요한계시록
살후	데살로니가후서		

2. 기타

헬	헬라어
히	히브리어

CGI   국제교회성장연구원(Church Growth International)

CLC   기독교문서선교회(Christian Literature Crusade)

DCEM   조다윗 복음 선교단(David Cho Evangelistic Mission)

eds.   편집자들(editors)

FGTV   순복음인터넷방송국(Full Gospel Television)

ibid.   바로 앞에 인용한 자료와 같은 것(라틴어, *ibidem*[in the same place])

idem.   바로 앞에 인용한 저자와 동일 저자(라틴어, the same)

n.   책의 색인에서 각주(footnote)를 나타내기 위하여 사용되는 기호 (note). 예: 33n(33페이지 각주에 있음)

n.d.   발행 일자가 없음(no date)

NGO   비정부조직(Nongovernmental Organization)

No.   (발행된) 횟수(Number)

passim (인용한 자료의) 여기저기 참조(here and there)

TDNT 신약신학사전(G. Kittel and G. Friedrich eds., *Theological Dictionary of the New Testament*)

TV   텔레비전(Television)

UN   유엔, 국제연합(United Nations)

Vol.   (연속 간행물의) '권' 혹은 '호'(Volume)

▲ 1958년 3월 조용기, 최자실 전도사의 순복음신학교 졸업

▼ 확장된 대조동 천막 교회

▲ 1959년 천막 교회 부흥 집회에서
  조용기 전도사와 미국 부흥 강사

▲ 1993년 여의도순복음교회 70만 성도 달성

▼ 오산리 기도원 대성전에서 간절히 기도하는 성도들

▲ 1984년 여의도순복음교회를 방문한 빌리 그래함 목사와 담화를 나누는 조용기 목사

▼ 심장병 시술 어린이를 방문하여 안수 기도하는 조용기 목사

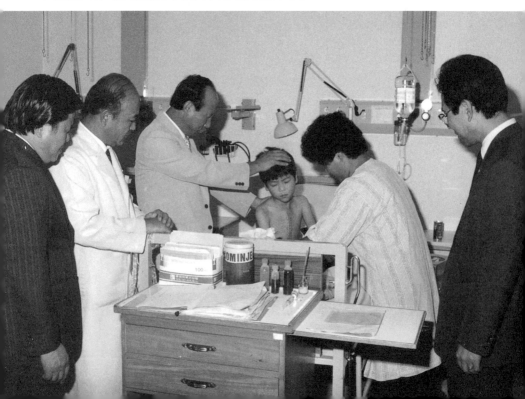

▲ 1987년 10월 100만 성도들이 참석한 나라와 민족을 위한 기도 대성회

▼ 1997년 9월 150만여 명이 모인 조용기 목사 초청 브라질 대성회

▼ 2007년 12월 서해안 기름 제거
  봉사 활동에 동참한 조용기 목사

* 이 책에 실린 영산 관련 사진은 여의도순복음교회의 허락을 받아 싣게 되었음을 밝힙니다.

목차

제3장 영산 신학의 기반: 성경과 체험

제4장 영산 신학의 출발점: 인간 이해

제5장 예수 그리스도의 십자가: 희망의 원천

제6장 인격이신 성령 하나님: 희망 목회의 인도자

제7장　영산 신학의 지향점: 희망 나눔

제8장　영산 신학의 특징

제1장
서론

　영산 조용기 목사(이하, "영산"[1]으로 표기함)의 목회 세 번째 시대는 1973년 당시 허허벌판인 여의도에서 시작되었다. 올해는 여의도 시대 50주년을 맞는 뜻깊은 해이다. [2] 만일 영산이 살아 계셨다면, 지난날의 수많은 일을 회상하며 깊은 감회에 잠겼을 것이다. 틀림없이 그 회상 중의 하나는, 희망찬 꿈을 품고 시작했던 여의도 민족 제단 건축 과정에서 겪었던 처절한 죽음의 체험일 것이다. 당시 교회 건축이 유류 파동 등으로 중단되어 세워 놓은 철골에서 녹물이 뚝뚝 떨어지는 절망적인 상황에서, 매일 밤 교회의 한복판에 무릎 꿇고 엎드려 자신의 목숨을 내어놓고 눈물을 흘리며 부르짖어 기도했던 고통과 죽음의 순간들이 생각났을 것이다. [3] 당시

---

1) "영산"(靈山)은 조용기 목사의 호(號)다. 그 문자적 의미는 "신령한 산"이다. 한평생 성령과 친밀한 교제를 나누며 동역하셨던 조용기 목사의 생애를 돌아볼 때, "영산"이란 호는 그에게 잘 맞는 호였다는 생각이 든다.

2) 여의도 새 성전에서 첫 예배는 1973년 8월 19일에 드렸고, 여의도 성전 헌당 예배는 9월 23일에 드렸다. 또한 올해는 세계 최대의 기도원인 "오산리최자실기념금식기도원" 설립 50주년이 되는 뜻깊은 해이기도 하다. 개인적으로 올해는 필자가 1973년 3월 13일, 순복음교회의 첫 예배(당시, 서대문 순복음중앙교회 화요 기도회)에 참석하여 성령침례를 받은 지 꼭 50년이 되는 의미 있는 해이기도 하다. 당시 매주 화요일 오후 3시에, 최자실 목사가 인도하는 "잃은 양 찾기 기도회"가 열렸다.

3) 참조. 조용기, "죽음의 체험: 내 희망이 죽을 때," 〈순복음의 말씀〉 제154호(1981.9.13.). 영산은 이 설교에서 "이 교회야말로 조용기가, 죽은 공동묘지에서 다시 부활한 자리"라고 고백한 바 있다.

여의도 성전의 완공은 영산과 모든 성도의 눈물의 기도와 헌신에, 하나님의 크신 은총이 함께하신 결과였다. 여의도 성전 완공 이후에도 수많은 시련과 장벽을 만났으나 성령의 도우심으로 모든 장벽을 극복하고 폭발적인 교회 성장을 지속하였다. 여의도순복음교회는 한국 교회와 세계 교회의 부흥과 성장에 지대한 영향을 끼치게 되었고, 2천 년 기독교 역사상 그 유례를 찾아볼 수 없는 세계 최대의 교회가 되었다.[4] 필자는 여의도순복음교회의 이런 기적적인 성장 이면에는 영산의 신학이 자리 잡고 있었다고 판단한다. 본 서는 오늘의 여의도순복음교회를 존재하게 했던 영산 신학의 요체에 관한 탐구이다.[5]

---

[4]   1993년 2월 20일, 여의도순복음교회가 세계 최대의 교회로 기네스북에 올랐다. 당시 성도 수는 70만 명이었다.

[5]   사실 필자는 영산을 존경하는 제자의 한 사람으로, 그의 생존 시 영산 신학에 관한 책을 저술하여 봉정하고자 하는 소원을 늘 품고 있었다. 이 뜻깊은 일을 영산의 성역 60주년이던 2018년에 맞춰 추진하려고 하였으나 당시 심신이 많이 지쳐 있어 뜻을 이루지 못했다. 그러나 영산 성역 60주년에는 개인적으로는 아니더라도 무엇인가 뜻깊은 일을 해야 할 것 같아, 필자가 한세대 영산신학연구소 소장직을 맡고 있을 때인 2018년에, 영산을 존경하며 그의 신학에 관심을 기울여 온 국내 학자 6명과 해외 학자 6명, 모두 12명의 논문을 편집하여 영산 성역 60주년 기념 논총으로 제작해 2018년 제26회 영산국제신학심포지엄 개회 예배 시 영산에게 봉정해 드렸다. 봉정하고 나니 필자가 개인적으로 책을 쓰기보다 여러 훌륭한 학자들의 논문들을 모아 봉정하게 된 일이 더 잘된 일이었다는 생각을 가지게 되었다. 참조. 영산신학연구소 편, 『영산 조용기 목사 성역 60주년 기념 논총: 십자가, 성령 그리고 희망』(군포: 한세대학교출판부, 2018). 당일에 최자실 목사 탄생 100주년 기념 논총도 함께 제작하여 당시 한세대 총장이었던 따님인 김성혜 목사에게 봉정하였다. 참조. 영산신학연구소 편, 『최자실 목사 탄생 100주년 기념 논총: 성령, 기도 그리고 여성』(군포: 한세대학교출판부, 2018). 영산의 회복을 간절히 기도하고 있던 필자에게 그의 소천은 큰 충격을 주었다. 기도하며 곰곰이 생각해 보니 아무래도 이제라도 영산 신학에 관한 책을 집필하여 그의 신학 사상을 세상에 올바로 알려야겠다는 마음을 떨쳐 버릴 수 없어, 용기를 내어 성령의 도우심을 의지하며 이 책의 집필을 시작하게 되었다.

1. 영산 신학의 정립은 가능한가?

영산은 한평생 여의도순복음교회를 섬겼던 목회자였다. 그는 학문 활동
을 한 신학자는 아니었다. 그러면 목회자였던 그의 신학[6]에 관하여 논하는
것이 가능한 일인가라는 의문이 들 것이다. 이에 대해 간단히 말하면, 영
산은 나름대로 분명히 일관되고 체계적인 "목회신학"이 있었다는 점이다.
이것은 마치 존 웨슬리(John Wesley)가 설교를 통하여 자신의 일관된 신
학 사상을 전달하였듯이, 영산도 설교와 성경 강해, 강의, 저서 등을 통하
여 자신의 신학을 일관성 있게 체계를 세워 말하였다. 이런 의미에서 영산
신학을 논하고 정립하는 것은 가능한 일이라고 말할 수 있다.[7]

　그간 영산 신학에 관하여 순복음 내부 학자들뿐 아니라 외부 학자들을
통하여도 많은 연구와 논의가 있었다.[8] 이런 기존의 많은 연구는 주로 영
산 신학의 특정한 주제에 관한 것들이 대부분이었다. 예를 들어 영산의 신
론, 영산의 구원론, 영산의 성령론 등, 영산의 신학 사상을 주제별로 연구

---

6)　"신학"에 대한 정의는 학자들에 따라 다양하게 내려진다. "신학"이 무엇인지 간단히 정의를
　　내린다면, "신학은 하나님에 대한 사람의 이해를 체계적으로 표현한 학문"이다. 또 다른 간
　　단한 정의는, "신학은 하나님에 관하여 인간의 응답을 통해서 형성되는 하나의 신앙고백
　　으로서의 학문"이다. 참조. 이종성, 『평신도와 신학』(서울: 대한예수교장로회총회교육부,
　　1969), 9; idem, 『신학과 신앙』(서울: 대한기독교서회, 1977), 11.
7)　세계적으로 저명한 신학자인 독일의 위르겐 몰트만(J. Moltmann) 박사는 영산을 "뛰어난
　　기독교 신학자"로 간주하면서, 그의 신학은 전 세계적으로 진지하게 다루어질 가치가 있
　　다고 언급한 바 있다. 참조. 위르겐 몰트만, "희망의 축복: 희망의 신학과 생명의 충만한 복
　　음," 〈2004 영산국제신학심포지엄〉, 한세대학교 영산신학연구소 주관(2004.6.3.), 33.
8)　영산 신학에 관한 연구들을 가장 쉽게 접할 수 있는 길은, 우선 한세대학교 영산신학연구
　　소에서 발행하는 『영산신학저널』을 통하는 것이다. 『영산신학저널』은 2004년 2월 제1호 발
　　간을 시작으로 2023년 3월 현재 제63호까지 발간되었다. 영산 신학을 해외 신학계에 소개
　　하기 위하여, 2010년 9월(제19호)부터는 1년에 한 번은 영문판으로 발간되었다.

하는 것들이었다. 그러나 이런 주제별 연구로는 영산 신학의 요체를 드러
내는 데 한계에 부딪힐 수밖에 없다. 왜냐하면 영산의 방대한 설교와 사상
을 어느 한 주제에 국한해 설명한다는 것은 불가능하기 때문이다. 따라서
영산 신학의 요체를 드러내기 위해서는 새로운 접근이 필요하다. 이런 새
로운 접근은 영산이 지난 62년 동안 설교와 강의 등을 통하여 전심으로 외
치고 가르쳤던 그의 사상의 중심적 강조점들을 체계 있게 엮어, 그가 진실
로 전하기 원했던 그의 신학 사상의 핵심을 드러내는 작업이 되어야 할 것
이다. 본 서는 이 작업을 수행해 보고자 한다. 이것은 쉽지 않은 작업으로
보이지만, 영산 신학의 핵심적 본질에 관하여 필자가 이해한 바를 정직하
게 밝혀보고자 한다. [9]

2. 본 서의 주장

필자는 영산의 신학이 형성된 이면에는 몇 가지 중요한 요인들이 작용했
다고 판단한다. 우선, "성경 말씀"과 "체험"이다. 영산은 삶과 목회 현장의
처절한 절망에서 "성경"을 통하여 희망을 얻게 되었고, 이것은 그가 목회
초기인 천막 교회에서부터 오직 "성경 말씀" 중심으로 설교하고 목회하도
록 만들어 주었다. 영산은 자신의 삶과 목회를 통하여 수많은 신앙 체험을
하였다. [10] 특히, 천막 교회 목회에서의 영산의 체험이 그의 신학 형성에 크

---

9)   그간 영산 신학 연구 동향에 관해서는 다음의 글들을 참조하라. 최문홍, "영산 신학의 기
      반," 『영산신학저널』 Vol. 46 (2018): 81-92; 김동수, 류동희, 『영산 조용기 목사의 삶과 사상』
      (용인: 킹덤북스, 2010), 260-265.
10) 필자는 영산이 수많은 신앙 체험을 할 수밖에 없었던 이유는, 그가 목회 현장에서 부딪쳤

게 기여하였다.[11] 영산이 62년 동안 열정을 다해 외친 설교는 거의 그의 체험에서 나온 것으로 자신이 확실히 체험하지 않은 것들은 전하지 않았다.

그런데 우리가 영산의 "체험"을 말할 때 간과하지 말아야 할 중요한 점이 있다. 영산에 있어 "체험"은 성경과 무관한 어떤 특별한 경험이 아니라, "성경 말씀" 자체를 체험하는 것을 말한다. 영산은 성경 말씀 그대로의 체험을 하며 철저히 "성경 중심"으로 목회하였다. 이처럼 영산에게 있어 "성경 말씀"과 "신앙 체험"은 마치 손등과 손바닥처럼 결코 떼어 놓을 수 없는 것이다. "성경"과 "체험"이 하나로 연합되어 영산의 신학을 형성하게 한 하나의 핵심적 요소가 되었다.

또한 영산 신학의 형성에 있어 결코 빼놓을 수 없는 다른 핵심적 요소는 "예수 그리스도의 십자가"이다. 영산이 한평생 전한 메시지인 "오중복음"과 "삼중축복"은 철저히 그리스도의 십자가로부터 나온 것이다. 영산은 한평생 그리스도의 십자가를 바라보고 묵상하면서 그리스도께서 십자가의 대속을 통하여 인류를 위해 이루어 놓으신 은혜인 "오중복음"과 "삼중축복"의 메시지를 전력을 다해 한국과 온 세계에 전파하였다. 영산은 자신이 몸소 그리스도의 십자가 대속의 은혜를 체험하면서, 이 체험적인 확신을 가지고 힘차게 십자가 대속의 복음을 전하였다. 따라서 "예수 그리스도의 십자가"는 영산 신학을 형성한 또 하나의 핵심적 요소임이 틀림없다.

더 나아가 영산의 목회를 가능하게 만들었던 또 다른 결정적인 요소는

　　던 처절한 절망의 상황과 그 절망을 극복해 보려고 결사적으로 부르짖었던 기도 때문이라고 생각한다. 영산은 목회 초기 천막 교회에서 하루에 5시간 정도 기도하였고, 그 후 교회가 한참 부흥하는 시기에도 하루에 평균 3시간, 시간이 좀 여유가 있는 날은 하루에 5시간 정도 기도하였다. 이렇게 영산은 하나님과 장시간 깊은 교제의 시간으로 인해, 자연히 영적인 체험을 많이 할 수밖에 없었다.

11)　따라서 영산의 신학을 다루면서 그의 천막 교회 이야기를 부득이 자주 언급하게 될 것이다.

바로 "성령"이었다. 영산은 부르짖어 기도하다가 성령의 충만함을 받았고, 성령충만이 개인의 신앙생활과 목회에 얼마나 중요한지 체험하였다. 그리고 교회가 잠시 정체되었다고 느꼈을 때, "성령"에 대한 새로운 깨달음은 그의 장래 목회를 결정적으로 바꾸어 놓는 계기가 되었다. 영산은 성령을 단지 체험의 대상이 아니라 "인격적인 하나님"으로 새롭게 깨달은 이후, 성령에 대한 그의 태도가 완전히 달라졌다. 그는 매일 성령과 친밀한 인격적 교제를 나누기 시작했고, 성령은 영산의 목회를 더욱 능력 있게 이끌어 가셨다. 이처럼 영산은 목회 내내 성령과 인격적인 교제를 나누며 목회 동역을 하였고, 성령은 영산의 목회를 인도하여 세계 최대의 교회가 될 수 있도록 역사해 주셨다.

이처럼 필자는 영산 신학의 형성에는 "성경과 체험", "예수 그리스도의 십자가" 그리고 "성령"이 그 핵심적 자리를 차지하고 있다고 판단한다. 그리고 이 핵심적 주제들은 모두 "희망"과 밀접히 연관되어 있다. 영산 신학에 있어 "성경"은 "희망의 재료"였다. 영산은 절망에 처한 사람들에게 오직 "성경 말씀"으로 희망을 주었다. "예수 그리스도의 십자가"는 "희망의 원천"이었다. 영산이 전한 희망의 메시지는 모두 예수 그리스도의 십자가로부터 나온 것이었다. 그리고 "성령"은 영산의 희망 목회를 가능하게 해 준 "희망의 인도자"였다. 영산은 성령의 인도하심에 순종하였고, 성령은 영산의 희망 목회를 놀랍게 인도해 주셨다. 그러므로 필자는 영산 신학은 한마디로 "성경과 십자가와 성령 중심의 희망"이라고 주장하고자 한다.

필자는 본 서의 주장을 증명하는 데 있어, 무엇보다 영산 자신의 고백에 귀를 기울이고자 한다. 다시 말하면, 영산 신학의 요체를 밝히기 위하여 필자가 다른 사람들의 자료에 의존하기보다는, **우선적으로** 영산 자신이 성경과 체험에 기반하여 확신을 가지고 말하는 그의 견해를 중요한 것으로 간주할 것이다.[12] 따라서 필자는 주로 영산 자신의 말에 귀를 기울이면서, 그가 온 마음을 다하여 진심으로 전하기 원했던 그의 신학 사상의 요체를 그대로 드러내 보려고 힘쓸 것이다.[13]

3. 집필 목적

영산 신학을 본격적으로 다루기 전에, 서두에 본 서의 집필 목적을 분명히 밝히는 것이 좋을 것이다.

첫째, 본 서는 무엇보다도 목회 현장에 있는 목회자들과 평신도들을 염두에 두고 집필되었다. 영산 신학은 고통과 절망에 처한 삶과 목회의 현장에서 해답을 찾기 위하여 몸부림치는 과정에서 나온 신학이다. 그러므로 영산 신학은 목회자의 목회 현장과 성도들의 삶의 현장과 매우 밀접한 관련이 있다. 영산은 고통과 절망에 빠진 성도들의 필요를 채워 주자 그들이 용기와 힘을 가지고 일어서는 것을 경험하였다. 이를 통해 영산은 고통과 절망에 처한 성도들을 어떻게 살려낼 수 있는지 깊이 깨닫게 되었다. 또한

---

12) 그러므로 본 서는 주로 영산이 말하는 1차 자료에 의존하고 있고, 다른 학자들이 말하는 2차 자료는 필요한 경우에 한하여 사용하고자 한다.

13) 필자가 영산의 설교를 본격적으로 듣기 시작한 것은, 군 제대 후인 1976년 5월 첫 주일 예배부터이다. 처음으로 순복음교회(당시, 서대문 순복음중앙교회) 예배에 참석하여 은혜를 받은 1973년 3월부터 제대 시인 1976년 4월 말까지는 휴가 등 기회가 있을 때, 영산의 설교를 들었다. 그러나 제대 후, 1976년 5월 2일부터 2020년 7월 19일 영산의 마지막 설교까지, 그 중간에 영국 유학 생활 3년 정도를 제외하고는, 영산이 인도하는 매 주일 예배와 수요 예배에 빠진 기억이 나지 않는다. 필자는 약 45년 동안 영산의 설교를 들은 셈이다.

목회를 통해 어떤 메시지를 전해야 하는지 분명히 알게 되었다. 그것은 용기와 희망을 주는 메시지였다. 영산 신학은 목회 현장에서 용기와 희망을 주는 신학으로 태어난 것이다. 한마디로 영산 신학은 고통과 절망에 처한 성도들을 살려내는데 그 초점이 있다. 따라서 본 서는 영산 신학이 태동한 배경에 맞게 고통과 절망에 처한 성도들의 삶과 신앙을 살리고, 또 목회 현장이 다시 활력과 역동성을 회복하여 교회에 주어진 사명을 다하도록 돕고자 하는 목적으로 저술되었다.

본 서가 우선 염두에 둔 독자들은 영산의 설교를 통하여 큰 은혜를 받으며 신앙생활을 하였던 순복음의 많은 교역자들, 신학생들 그리고 평신도들이다. 그러나 영산의 생전에 그의 설교를 별로 듣지는 못했지만 영산 신학이 무엇인지 알기를 원하며 영산의 신앙을 올바로 이해하길 원하는 모든 사람을 위해서도 집필되었다. 따라서 가급적 평신도의 눈높이에 맞춰 이해하기 쉽게 쓰려고 노력하고자 한다.

둘째, 앞서 진술한 첫째 목적이 암시하듯이, 본 서는 영산 신학에 관하여 학자들과 신학적 논쟁을 벌이기 위한 목적으로 저술된 책이 아님을 밝힌다. 영산 신학은 상아탑에서 나온 신학이 아니고, 학자들과의 신학적 대화를 통해 세워진 신학도 아니다. 물론 영산은 신학의 필요성을 부정하지 않는다. 그는 한국 교회의 미래는 신학교육에 달려 있다고 말할 정도로 신학의 중요성을 잘 알고 있다. 단, 그가 신학의 필요성을 말할 때는 그것이 올바른 신학교육이어야 한다는 전제를 갖는다.[14] 그런 올바른 신학교육이 교회에 유익을 주고 성도를 살리는 역할을 감당하게 될 것이다.

---

14) 조용기, "심은 대로 거둔다," 〈순복음가족신문〉 제1652호(2011. 11. 27.). 영산에 있어 올바른 신학교육이란 예수님의 십자가 중심과 성령 중심으로 교육하는 신학교육을 말한다.

영산 신학은 목회 현장에서 태동한 것으로서, 그의 신학이 지향하는 목적이 성도들을 살리고 교회를 생명력 있게 하는 데 있기에, 그의 신학은 학문적 토론이 주목적이 되는 대상으로 취급되어서는 안 될 것이다. 따라서 본 서는 학자들과의 신학적 대화를 우선적 목적으로 저술되지 않았음을 밝힌다.[15]

셋째, 본 서는 세상의 종말의 마지막 순간을 향해 나아가고 있는 이 시대를 염두에 두고 집필되었다. 지금도 늘 기도하며 깨어 있는 성도라면 누구나 주님께서 다시 오실 때가 매우 가까웠음을 느낄 것이다. 이때는 항상 기도하며 깨어 있어 주님께서 각자에게 주신 사명을 완수해야 할 마지막 시간이라고 생각한다. 예수께서는 이 세상을 떠나시기 전에 지상 명령을 주셨는데, 마가복음에 따르면 "너희는 온 천하에 다니며 만민에게 복음을 전파하라"는 명령이었다(막 16:15).[16] 따라서 본 서는 주님의 이 지상 명령이 성실히 추진되도록 조금이나마 보탬을 주려는 목적으로 쓰였다. 다시 말해, 영산이 한평생 민족 복음화와 세계 선교를 가슴에 품고 자신이 달려갈 길을 다 마쳤듯이, 본 서를 읽는 독자들이 영산의 발자취를 따라, 자기 조국의 복음화와 세계 선교에 적극적으로 동참하도록 일깨워 주려는 목적으로 집필되었음을 밝힌다.

---

15) 대개 많은 학자의 저술은 학문적 발전에는 기여할지 몰라도 현장의 목회자들과 성도들의 신앙의 성장에는 별 도움을 주지 못하는 것 같다. 왜냐하면 적지 않은 목회자들과 평신도들은 신학자들이 사용하는 용어들이나 말하는 내용조차 제대로 이해하기 힘든 경우가 많기 때문이다. 필자는 현장의 목회자들과 평신도들에게 도움을 주기 위하여 학문적 용어들이나 내용을 가급적 자제하고, 영산 신학의 요체를 이해하기 쉽게 기술해 보고자 한다. 단, 필요하다고 생각되는 경우 각주로 처리하고자 한다.

16) 다른 복음서들의 지상 명령에 관하여는 마태복음 28:16-20; 누가복음 24:44-49; 요한복음 20:19-23을 참조하라.

4. 자료 안내

본 서의 집필을 위해 사용된 자료들은 다음과 같다.

첫째, 가장 중요한 자료는 영산이 직접 전한 "설교"이다. 영산은 설교를 준비하고 설교하며 한평생 설교와 더불어 살았다고 해도 과언이 아니다. 그는 온 정성을 기울여 설교를 준비한 후에, 그 한 편의 설교를 전하기 위하여 3시간에서 5시간 동안 간절히 기도한 후 설교하였다. 그러므로 그가 외친 설교는 자신이 확신한 것을 성령께 사로잡혀 전했기에, 그의 신학 사상을 아는 데 가장 중요한 자료일 수밖에 없다. 영산이 62년 동안 전한 설교는 너무나 방대하다. 영산의 설교들은 설교 전집으로 출판되기도 하고,[17] 오중복음, 삼중축복과 4차원의 영성에 따른 주제별 설교로도 출판되었다.[18] 또한 많은 단행본으로도 나와 있고, 인쇄된 주간 신문에도 오래전부터 실렸다. 그리고 영산의 설교는 FGTV를 통해서도 접할 수 있다.[19]

본 집필에서는 책자들에 실린 설교는 부득이한 경우가 아니라면 사용하지 않으려고 한다. 왜냐하면 영산의 사상을 이해하는 데 그의 설교의 시기도 중요하다고 판단되기 때문이다. 책자들에는 그가 언제 그 설교를 했

17)   참조. 조용기, 『조용기 목사 설교전집』 전 21권 (서울: 서울말씀사, 1996).

18)   영산의 주제별 설교는 영산의 표준설교 시리즈 10권으로 한세대학교 출판부에서 출간되었다. 참조. 조용기, 『생각』(군포: 한세대학교출판부, 2011); idem, 『꿈』(군포: 한세대학교출판부, 2012); idem, 『믿음』(군포: 한세대학교출판부, 2012); idem, 『말』(군포: 한세대학교출판부, 2012); idem, 『중생』(군포: 한세대학교출판부, 2012); idem, 『성령충만』(군포: 한세대학교출판부, 2012); idem, 『신유』(군포: 한세대학교출판부, 2012); idem, 『축복』(군포: 한세대학교출판부, 2013); idem, 『재림』(군포: 한세대학교출판부, 2013); idem, 『삼중축복』(군포: 한세대학교출판부, 2013).

19)   영산의 주일 설교 전문은 FGTV를 통하여도 볼 수 있다. 기간은 1981년 1월 11일에서 마지막 설교 일인 2020년 7월 19일까지이다.

는지에 대한 언급이 없다. 따라서 본 서는 주로 인쇄되어 있고, 설교 일자를 밝히고 있는 주간 신문에 게재된 영산의 설교들을 사용할 것이다. 초기에 발간된 주간 신문에는 영산이 설교한 일자와 신문에 인쇄된 일자가 일치하고 있으나, 어느 시점부터는 영산의 설교가 인쇄된 일자보다 한 주 앞선다. 그리고 영산의 선교 여행 등으로 다른 시기의 설교가 실리는 경우도 종종 있다. 따라서 본 서에서의 영산의 설교 인용은 편의상 인쇄된 신문의 명칭과 발행일을 그대로 따르고자 한다.[20]

둘째, 영산이 직접 행한 "강의들"도 영산 신학 연구를 위해 중요한 자료이다. 그는 전국 교회 목회자 세미나, 전국 교역자 초청 특별 세미나, 국제교회성장연구원(CGI) 세미나 등을 통하여 자신의 여러 사상을 주제별로 강의하였다. 예를 들어, "나의 목회와 설교", "성령과 목회", "내가 체험한 실질적인 교회성장", "설교자와 기도 생활", "구역조직: 교회성장의 열쇠" 등이다. 이런 강의들에는 한 특정 주제 아래, 영산 자신이 경험하고 확신한 바가 일목요연하게 드러나고 있기에 그의 사상을 아는 데 귀중한 자료임이 틀림없다.

셋째, 영산이 저술한 많은 "책들"도 유용한 자료다. 그가 전한 수많은 설교와 강의들은 책자로 만들어져 국내외 문서 선교에 크게 기여하였다.[21]

---

20) 영산이 마지막으로 설교한 날은 2020년 7월 19일이었다. 그날의 설교 본문은 마태복음 27장 38-44절이었고, 설교 제목은 "예수님과 강도"였다. 사실 그날 영산은 몸이 불편하여 설교를 할 만한 상황이 아니었다. 그러나 주변의 만류에도 불구하고 영산은 강단에 섰는데, 그 설교가 이 세상에서의 마지막 설교가 되었다. 영산은 끝까지 설교를 하다가 주님 품으로 간 것이다.

21) 영산의 문서 선교에는 사모였던 김성혜 목사의 역할이 컸다. 미국에서 열린 한 부흥 집회에 참석했던 그녀는 그곳에서 간절히 기도하던 중 "너는 한국으로 돌아가서 남편 조용기 목사의 메시지가 하나도 땅에 떨어지지 않도록 모두 녹음을 해서 서적으로 만들어 온 세계에 그 책을 퍼뜨려 … 조 목사는 각국의 섬마다 시골마다 오라는 곳이 많아질 것

영산의 저서는 그의 신학에 관한 교리서들로부터 신유, 성령, 기도, 설교 등 주제별 책들과 개인 칼럼에 이르기까지 다양하게 출판되었다. 이런 영산의 저서들 역시 영산 신학 연구를 위해 요긴한 자료들이다.

앞에서 소개한 세 그룹의 자료들은 영산 신학 연구를 위한 "1차 자료"로서의 중요성을 갖는다.[22]

마지막으로, 영산 신학에 관한 "2차 자료", 즉 영산 신학에 관하여 다른 학자들이 언급한 자료들도 분량이 방대하다. 영산 신학의 다양한 주제에 관해 연구한 많은 연구 논문들과 발표문들이 책자로 나와 있다.[23] 하지만 필자는 본 서의 집필 목적에 맞춰 학자들이 영산에 관해 언급한 내용 중, 영산 신학의 이해에 도움이 된다고 판단되는 것에 국한하여 사용하고자 한다. 또한 "2차 자료"는 필요시 주로 각주로 처리하여 소개하고자 한다.

이나 그곳에 다 갈 수는 없다. 하지만 책은 어디든지 갈 수 있다"는 하나님의 계시를 받고 해외 문서 선교 사역을 시작하게 되었다. 첫 영문 저서는 1979년에 나온 *The Fourth Dimension*(『4차원의 영적 세계』)였는데, 2009년 당시 28개의 언어로 번역되어 전 세계에서 백만 부 이상 팔리는 밀리언 셀러가 되었다. 참조. "조용기 목사 해외 문서 선교 사역의 어제와 오늘," 〈순복음가족신문〉 제1513호(2009. 1. 11.).

22) "1차 자료"란 영산 자신이 직접 설교를 했거나 집필한 자료들을 말한다. 물론 영산의 이름으로 나온 책들을 그가 모두 직접 집필한 것은 아니었다. 영산은 책을 집필할 충분한 능력이 있었지만, 수많은 성도들을 목회하고 또 해외 선교에 힘썼기 때문에 시간상 감당할 수가 없었다. 그래서 여의도순복음교회 국제신학연구원(전신은 "순복음교육연구소")과 한세대학교 영산신학연구소, 그리고 여의도순복음교회 교회성장연구소 등에서 집필을 돕게 되었는데, 집필에 참여한 자들은 주로 영산이 이미 선포한 설교의 내용이나 그가 여러 곳에서 강의한 내용에 거의 전적으로 의지하여 책을 구성하였다. 그러므로 그 책들의 내용은 영산의 것이라고 간주할 수 있고, 영산의 이름으로 세상에 내놓아도 무방할 것이다.

23) 각주 8번을 참조하라.

제2장
영산 신학의 태동

영산의 신학을 정립하려고 할 때 우선 관심을 기울여야 할 점이 있다. 그것은 영산이 처했던 그의 삶과 목회 현장을 조심스럽게 살펴보는 일이다. 왜냐하면 영산의 신학 사상은 자신이 몸소 경험했던 환경과 밀접하게 연관될 수밖에 없기 때문이다. 영산 자신도 이런 점을 잘 알고, 제3회 전국 교회 목회자 세미나에서 다음과 같이 고백한 적이 있다.

> 우리가 잘 아는 대로 설교는 자기의 인격 전체가 그대로 표현되어 나옵니다. 제가 오늘날 하고 있는 목회의 방향도 제가 태어난 환경으로부터 시작해서 *자라나온 환경과 그다음 목회 처음 출발에서의 경험*, 이러한 것들이 작용했습니다.[24]

그러므로 먼저 영산 신학의 태동에 실제로 큰 영향을 끼쳤던 그의 삶과 목회의 현장[25]을 살펴보고자 한다. 영산[26]이 태어나고 자란 시절은 우리

---

24) 조용기, "성령과 목회 (1)," 『교회성장』 제3집 (1983): 31. 필자의 강조.

25) 많은 학자들은 영산의 신학이 당시 한국의 고통과 가난이라는 특별한 상황에서 나온 한국적 "상황 신학"이라고 주장한다. 필자는 이런 주장에 어느 정도 동의하지만, 전적으로 동의하지는 않는다. 왜냐하면 영산 신학을 상황적인 관점에서만 지나치게 집중하다 보면, 영산 신학에 있어 더 본질적이고 중요한 요소들을 간과하게 되기 때문이다. 또한 한국의 목회자들이나 성도들에게 "상황 신학"이라는 용어는 영산 신학에 대한 오해를 불러일

민족이 고난을 많이 겪었던 시기로서 누구나 많은 고생을 하였겠지만, 그는 특히 파란만장한 삶을 산 것으로 여겨진다.[27] 지면 관계상, 영산이 삶과 목회 현장에서 겪었던 일들을 상세히 다루기는 힘들 것이다. 따라서 영산의 미래 목회와 신학의 방향을 결정짓는 데 중요한 역할을 한 사건들을 중심으로 간략히 다루어 보고자 한다.

1. 영산의 삶의 현장

1) 어린 시절과 청소년 시절

영산은 일제 강점기에 불교의 가정에서 태어나 어린 시절부터 "가난"의

으킬 수도 있다. 왜냐하면 한국의 "민중 신학"이나 남미의 "해방 신학"도 모두 "상황 신학"으로 간주되기 때문이다. 따라서 필자는 영산 신학을 기술하는 데 "상황"이라는 말보다는 "현장"이라는 말이 더 적절하다고 판단되어, 주로 "현장"이라는 용어를 사용하고자 한다. "영산 신학"과 "해방 신학"과 "민중 신학"이 모두 상황 신학으로 간주되지만, 각각 그 신학이 내포하고 있는 본질적인 내용은 크게 다르다. "해방 신학"과 "민중 신학"의 비평에 관하여 다음의 글들을 참조하라. 나용화, 『해방 신학 비판』 (서울: 기독교문서선교회, 1983); idem, 『민중 신학 비판』 (서울: 기독교문서선교회, 1984); 최문홍, "해방 신학에 대한 소고: 구스타보 구티에레즈 (Gustavo Gutierrez)의 『해방 신학』을 중심으로," 『순신대학교 논문집』 제4호(1993): 217-231.

26)   영산은 우리나라가 일본 제국주의의 식민지 통치하에 있었던 시기인 1936년 2월 14일에, 경남 울주군 삼남면 교동리 31번지에서 9남매 중 장남으로 태어났다.

27)   영산의 일대기는 그의 성역 50주년에 즈음하여 책으로 출간되어 나왔다. 본 장에서 다루는 영산에 관한 이야기는 이 책을 주로 참조하였다. 참조. 국제신학연구원 편, 『여의도의 목회자: 조용기 목사 일대기』 (서울: 서울말씀사, 2008). 영산의 목회 동역자였던 최자실 목사의 자서전도 영산의 삶과 목회를 이해하는 데 중요한 자료이다. 참조. 최자실, 『나는 할렐루야 아줌마였다』 (서울: 서울말씀사, 1999).

무서움을 목격하며 자랐다. 어린 영산은 초등학교 시절에 이런 사실을 처음으로 접하게 되었다. 당시 농사철에는 많은 학생이 학교에 결석했다고 한다. 왜냐하면 먹을 것이 없어 굶어야 했기 때문에, 대다수의 아이들은 영양실조로 집에 드러누워 있었다. 더러 학교에 나오는 아이들은 점심시간에 나무 껍데기나 칡을 가지고 와서 먹었다고 한다. 어린 영산은 그 당시 나무 껍데기와 칡을 먹고 있는 아이들을 보며, 가난이 얼마나 무서운 저주인가를 알게 되었다.[28]

이런 무서운 가난은 영산의 가정에도 찾아왔다. 영산의 가세는 해방 (1945. 8. 15.)을 기점으로 급속도로 기울어지기 시작했다. 해방 후 채 1년도 되지 않아 공포된 농지개혁법(1946. 6. 21.)의 시행으로, 그간 영산의 조부가 일생을 통해 땀 흘려 일궈 온 농토를 소작인들에게 다 넘겨주게 되었다. 이런 상황에서 영산의 부친은 많은 돈을 빌려 국회의원 선거에 출마 (1950. 5. 30.)하였으나 낙선하고 말았다. 영산의 가정은 많은 빚만 떠안은 채 빈털터리가 되고 말았다. 설상가상으로 이런 어려운 상황에서 한국 전쟁(1950. 6. 25.)이 일어나 영산의 가정은 그야말로 극한 상황에 빠지고 말았다.

전시에 영산의 대식구가 하루하루 살아간다는 것은 참으로 어려운 일이었다. 영산의 부모는 가족의 생계를 위해 수산 시장에 나가 멸치 등을 팔았다. 영산도 장남으로서 가만히 있을 수 없어 삶의 현장에 뛰어들었다. 영산은 당시 생존 경쟁이 극심했던 삶의 현장에서 두 가지의 사건을 통해 가난의 무서움을 뼈에 사무치게 체험했다. 그 하나는, 부두에서 군수물자와 구호물자를 나르는 하역 노동자로 일한 것이다. 당시 16세에 불과한 영

---

28)   조용기, "성령과 목회 (1)," 『교회성장』 제3집 (1983): 31.

산이 하역 작업을 하기에는 그 일이 너무 벅찼다. 영산은 제대로 먹지도 못한 몸으로 무거운 짐을 나르다가 힘에 겨워 쓰러졌고, 이 일로 인해 일터에서 쫓겨나고 말았다. 영산은 너무 서럽고 억울한 마음에 엉엉 울면서 집으로 돌아왔다고 한다. 영산은 이 일을 통해 가난이 얼마나 고통스러운지 뼈저리게 체험하였다.

또 다른 사건은 석탄을 줍는 일이었다. 영산은 석탄을 주워 팔아 보려고 기차역으로 가서, 다른 사람들처럼 선로와 기차 밑에서 열심히 석탄을 주웠다. 사실 선로 주위를 다니며 석탄을 줍는 일은 매우 위험한 일이었다. 기차가 언제 출발할지 모르기 때문이다. 실제로 영산은 기차가 서서히 움직이는 것을 보고 얼른 밖으로 빠져나왔다. 그런데 기차 밑에서 석탄을 줍던 한 아이가 기차가 움직이는 것도 모른 채 계속 석탄을 줍고 있었다. 그 아이의 아버지가 늦게 이 사실을 알아차리고 급히 기차 밑으로 들어가 겨우 아이를 기차 밖으로 밀쳐 냈으나, 자기는 미처 빠져나오지 못했다. 그 아이의 아버지는 기차 바퀴에 깔려 죽어 가면서도 아이를 향해 손짓을 하며 빨리 피하라고 외치고 있었다. 영산은 이 광경을 지켜보며, 가난이 얼마나 무섭고 몸서리치는지 다시금 뼈저리게 체험하였다.[29]

영산은 청소년 시절, "질병"으로 인한 고통과 절망도 절실히 체험하였다. 영산은 가정 빚을 갚기 위해 기술자가 되기로 작정하고 부산공업고등학교에 진학했다. 학교생활을 잘하고 있던 영산에게 전혀 생각지 않은 일이 찾아왔다. 그가 고등학교 2학년 때이던 어느 날 수업을 마치고 평소 좋아하던 철봉을 하려고 철봉대로 향했다. 그는 철봉대를 잡고 한 바퀴 돌아볼 생각이었다. 그러나 그의 몸이 철봉대 위를 넘어가는 듯했으나 순간 손

---

29) 참조. 국제신학연구원 편, 『여의도의 목회자: 조용기 목사 일대기』, 118, 126-137.

에 힘이 빠지면서 철봉대를 놓치고 말았다. 그는 철봉대에 가슴을 세게 부딪치면서 쿵 하는 소리와 함께 그의 몸은 땅바닥에 내동댕이쳐졌다. 그는 통증으로 인해 숨도 제대로 쉴 수 없었으나 부모님이 걱정할까 봐 아프다는 내색을 하지 않았다. 영산은 고등학교에 진학하면서 가족에게 폐를 끼치지 않으려고 자신의 학비를 벌기 위해 가정교사를 하고 있었다. 그는 철봉을 하다가 다친 가슴이 너무 아프고 괴로웠지만 과외를 멈출 수는 없었다. 그가 가정교사 생활을 하던 중 밤새도록 피를 토하며 가사 상태에 빠진 적도 있었다. 이것은 단지 철봉대 사건만은 아니었을 것이다. 가난한 가정에서 성장하면서 제대로 먹지 못해 생긴 영양실조와 장남으로서 가정의 생계를 함께 책임지기 위하여 여기저기 다니며 무리하게 일했던 것들이 복합되어 나타난 결과일 것이다.

영산의 부모는 맏아들을 고쳐 보려고 권위 있다는 의사들을 찾아다니며 온갖 힘을 쏟아 봤지만 다가온 결과는 절망적인 소식뿐이었다. 의사로부터 들은 말은 맏아들의 폐의 중엽이 완전히 무너졌으며 공동(空洞)이 여기저기 크게 생겨서 이대로 계속되면 3개월밖에 못 살 것 같다는 절망적인 소식이었다. 영산은 폐결핵 3기로서 3개월 시한부 선고를 받았다. 영산은 자신이 죽음의 문턱에 서 있다는 사실을 알게 되었다. 하루는 살고는 싶은데 몸이 너무 아프고 죽음에 대한 공포가 밀려와, 혼자 바닥에 누워 하늘을 향해 통곡하면서 소리쳤다. 만일 하나님이 계신다면 제발 자신을 살려 달라고 영산은 울부짖었다.[30]

이처럼 영산은 어린 시절과 청소년 시절에, 하나님을 알지 못한 채 "가난"과 "질병"으로 인한 고통과 절망을 뼈저리게 체험하며 자랐다.

---

30) 참조. Ibid., 142-163.

2) 성경을 통해 얻은 희망

영산이 하늘을 향해 통곡한 후 일주일쯤 지나 전도를 받게 되었다. 누나의 친구가 성경책을 손에 들고 영산을 찾아왔다. 불교의 가정에서 자란 영산은 처음에는 완강히 거부했다. 그러나 어느 날 누나의 친구가 다시 찾아와 무릎을 꿇고 눈물을 흘리며 자기의 구원을 위해 간절히 기도하는 모습에 영산은 깊은 감동을 받았다. 이 일로 영산은 마음이 열리게 되었고, 그녀는 영산에게 성경책을 주고 갔다.

영산은 혼자 성경을 읽기 시작했다. 그는 성경이 불경처럼 종교 철학을 강조하는 책이라고 생각했다. 그러나 성경을 읽으면 읽을수록 불경과는 너무나 다르다는 것을 알게 되었다. 성경은 병든 자들을 고치고 죽은 자들을 살리며 배고픈 자들에게 먹을 것을 나눠 주는 예수님에 관한 이야기들이었다. 영산은 성경을 읽어 나가며 자신에게 필요한 분은 철학이나 윤리를 가르쳐 주는 분이 아니라, 자신의 폐병을 치료하고 죽어 가는 자기를 살려 줄 수 있는 예수님이란 사실을 깊이 깨달았다.[31] 그는 사복음서를 읽으며 자신도 살 수 있다는 "희망"을 갖게 된 것이다. 영산은 자신의 방에서 무릎 꿇고 기도하던 누나 친구의 모습이 떠올라, 자기도 기도해 보려고 무릎을 꿇고 두 손을 모았다. 영산은 한 번도 교회를 다녀 본 적이 없었기에 어떻게 기도해야 할지 몰랐으나, 지금 자기에게 가장 "필요"한 것을 들어 달라고 부탁하기로 했다. 그래서 영산은 "예수 씨여, 나에게 지금 필요한 것은 바로 나의 폐병을 고칠 수 있는 당신입니다. 의사들은 아무도 내를 고

---

31)   참조. Ibid., 165-168.

칠 수 없다고 말합니더 … 제발 나를 살려 주이소"[32]라고 눈물을 흘리며 간절한 마음으로 기도를 드렸다. 영산은 이 기도를 드린 후 자신의 마음속에서 기쁨이 솟아오르며 생명의 기운이 넘쳐 남을 느꼈다. 이처럼 영산은 성경을 읽고 기도하면서, 예수님이라면 자신도 살 수 있다는 한 줄기 "희망"을 품을 수 있었다.

그러나 영산이 예수님을 결정적으로 만나 구원받고 소명과 치료를 받은 것은 그 후의 일이다. 영산은 어느 날 부산역을 지나가다 미국인 켄 타이즈(Kenneth Tice) 선교사의 천막 부흥성회 포스터를 보고 마음이 끌려 그 부흥회에 참석하게 되었다. 천막 안에는 사람들이 꽉 들어차 있었다. 영산은 설교보다 영어 듣는 재미로 앉아 있었는데, 설교 후 회개할 사람 나오라는 말에 자기도 모르게 앞으로 나갔다. 그런데 갑자기 눈물이 나더니 순식간에 통곡으로 바뀌고 말았다. 타이즈 선교사와의 이런 만남이 인연이 되어 영산은 그의 설교 통역을 부탁받게 되었다. 영산은 타이즈 선교사 몰래 피를 토하며 하루 종일 그를 따라다니며 통역을 했다. 설교 통역을 하면서도 그에게는 아직 구원의 확신은 없었다. 어느 날 영산은 비록 통역이지만 자신도 믿지 않는 말을 남에게 전한다는 것이 어리석게 느껴졌다. 그는 예수를 믿으면 정말 병 고침을 받을 수 있는 것인지 자신이 직접 체험해 보고 싶었다. 그래서 영산은 확실한 증거를 체험하기 위해 금식기도를 하기로 결심했다. 몸도 약하고 중병을 갖고 있던 영산에게 하루 세끼를 모두 굶어 가며 드리는 금식기도는 그야말로 사생결단의 일이었다. 금식기도 셋째 날 새벽, 갑자기 방 안이 불이 붙은 것처럼 환해지더니 한 사람이 흰옷을 입고 서 있는데, 영산은 이분이 바로 예수님이란 사실을 깨닫게 되었

---

32) Ibid., 168-169.

다. 그때 예수님의 음성이 들려왔다. "부귀영화는 금방 잿더미가 되고 만
단다. 복음을 전하는 데 너의 일생을 바쳐라 … 내가 네 폐병을 고쳐 줄 테
니 평생 나의 종이 되겠느냐?"[33] 영산은 자신의 병을 고쳐 주신다면 평생
종이 되겠다고 대답하며 예수님의 다리를 끌어안았다. 예수님은 환한 웃
음을 지으며 그를 바라보았다. 영산은 이 환상을 통하여 구원의 감격을 느
꼈고 복음 전도자로서 소명을 받은 것이다. 그는 이 환상을 통하여 예수님
께서 자기의 폐병을 다 고쳐 주셨다는 사실과, 성경 말씀들이 모두 사실이
라는 것을 확신할 수 있게 되었다.[34]

요약하면 영산은 어린 시절과 청소년 시절, 삶의 현장에서 "가난"과 "질병"
으로 인한 고통과 절망을 뼈저리게 체험하였다. 이런 절망적 상황에서 영산
은 "성경"을 읽으며 "희망"을 발견하게 되었고, 환상 중에 예수님을 만나 회
심하고 치료와 소명도 받게 된 것이다. 영산이 삶의 현장에서 겪은 "가난"과
"질병"의 뼈저린 체험은 훗날 영산이 목회 현장에서 만나게 될, 같은 운명에
처한 사람들의 처지와 고통과 절망을 이해하는 데 큰 도움을 주었을 것이다.

2. 영산의 목회 현장

1) 천막 교회

영산의 첫 목회는 1958년 5월 18일, 대조동 산기슭 깨밭에 세워 놓은 천

---

33) Ibid., 194-195.
34) 참조. Ibid., 182-195.

막 교회에서 시작되었다.[35] 당시 대조동은 서울에서 가장 가난한 사람들이 모여 사는 빈민촌이었다. 이런 빈민촌에 낡은 천막을 치고 바닥에 가마니를 깔고 사과 상자를 모로 세워 놓고 그 위에 보자기를 씌워 강대상 삼아 목회를 시작하였으니, 당시 목회 환경은 가히 상상할 수 없을 정도로 비참했을 것이다.

그러나 영산은 첫 예배 설교부터 힘차고 담대하게 말씀을 전하며 목회를 출발하였다. 하지만 영산은 곧 목회 현장에서 전혀 예상하지 못했던 수많은 쓰라린 체험을 해야만 했다. 여기서 영산이 체험했던 사건들을 일일이 언급할 수는 없을 것이다. 다만, 영산의 미래 목회와 신학에 지대한 영향을 끼쳤던 사건들을 중심으로 다루어도 당시 그가 처했던 목회 현장을 파악할 수 있다고 생각한다.

영산은 천막 교회 목회 초기, 대조동 주민들에게 전도하는 과정에서 만난 두 가정으로 인해, 미래 목회와 신학에 큰 영향을 받게 되었다. 그 하나는, 부인이 7년 동안 중풍병으로 앓아누워 있는 가정이었다.[36] 이 가정은 대조동 달동네에서도 아주 비참한 형편에 처해 있었다. 그 부인은 7년 동안 중풍에 걸려 한 번도 자기 발로 걷지 못한 여인이었다. 그 남편은 밤낮 술만 먹고 밖으로만 돌았다. 여기에 둘째 아이까지 낳아 온 집안이 아이의

---

35) 영산의 목회 첫 예배는 수요일에 가정 예배로 드려졌다. 영산은 마가복음 16장 17-18절을 본문으로 하여 불과 5명이 참석하였지만 힘차게 외쳤다고 한다. 첫 예배에 참석한 사람은 영산, 최자실 전도사, 최 전도사의 세 자녀 김성혜, 김성수, 김성광이었다. 참조. Ibid., 263-267; 최자실, 『나는 할렐루야 아줌마였다』, 173-178.

36) 이 가정이 영산이 설교 중, 천막 교회 목회를 회상하면서 종종 전해 주었던 "무성이 엄마" 가정이다. 영산이 설교 중에 "무성이 엄마" 이야기를 종종 한 것은 이 이야기가 천막 교회 목회에서 잊을 수 없도록 그의 가슴속에 깊이 새겨져 있었기 때문일 것이다. 참조. 국제신학연구원 편, 『여의도의 목회자: 조용기 목사 일대기』, 267-271.

변 냄새로 가득 차 더럽기 한이 없었다. 그 부인은 혼자 일어나서 밥도 먹을 수도 없었다. 그녀를 불쌍히 여기는 동네 사람들이 일하러 나가는 길에 서로 역할 분담을 해 주어 겨우 한 끼를 해결할 수 있었다. 한 사람이 쌀을 씻고 가면, 다음 사람이 불을 피워 올려놓고, 그다음 사람이 밥을 퍼 놓고, 또 그다음 사람이 떠먹여 주어야 한 끼가 해결되었다. 참으로 비참한 형편이었다. 이런 처참한 상황 가운데 있는 그 부인에게 영산과 최자실 전도사가 찾아가 전도를 하였다. 그 부인은 "하나님이 살아 계시다면 왜 자기가 이렇게 되었으며 사랑의 하나님이 왜 이런 상황 가운데서 건져 주시지 않느냐"고 원망만 늘어놓았다.[37] 전도가 전혀 되지 않았다.

다른 한 가정은, 천막 교회에서 조금 떨어진 곳에 살고 있던 함경북도에서 피난 온 부부의 가정이었다.[38] 이 부부는 열 자녀와 함께 단칸방에서 살고 있었다. 부인은 심장병과 위장병으로 고통당하고 있었고, 남편은 10년째 술에 절어 지내고 있었다. 영산은 어느 날 노방 전도를 나갔다가 우연히 이 집을 방문하게 되었다. 영산은 "예수님 믿고 천당에 갑시다 … 예수님 믿지 않으면 죽어서 지옥에 …"라고 전도했는데, 이 말이 나오자마자 그 부인은 영산에게 격하게 대꾸했다.

> 지옥에 간다고? 이보다 더 무서운 지옥이 어디에 있어. 당신들 예수쟁이들은 천당, 천당 하지만 천당이 그렇게 좋거들랑 천당 부스러기라도 좀 갖다 줘. 천당 부스러기도 갖다 주지 못하면서 무슨 천당이야. 남편이라는 작자는 10년째 술에 절어 고함이나 치고 있고, 아이

37)   조용기, "목회자와 설교 철학," 『교회성장』 제1집 (1981): 13-14.
38)   이 이야기는 유화문과 이초시 씨 가정 이야기다. 참조. 국제신학연구원 편, 『여의도의 목회자: 조용기 목사 일대기』, 275-283.

들은 학교에도 못 가고 구두닦이와 소매치기나 하고 다녀. 이곳보다
더 처참한 지옥이 있을 수 있어? 우리 집이 바로 지옥이야. 우리는 매
일같이 지옥에서 살고 있다고![39]

그 부인의 말은 영산에게 굉장한 충격을 주었다. 그녀의 말을 듣고 있던
영산은 아무런 대꾸도 할 수 없었다. 왜냐하면 그 부인의 말이 옳다고 생
각했기 때문이다. 사실 영산 자신도 사람들에게 입으로만 천국에 대해서
말하고 있었지, 현실에서는 자신도 비참한 생활을 하기는 마찬가지였다.
영산은 가난과 질병으로 하루하루 비참한 삶을 살아가는 절망적인 대조동
주민들에게 더 이상 예수 믿고 천국 가자는 말조차 꺼내기 힘들었다.

영산은 자신이 전하는 복음에 대해 사람들의 반응이 너무 냉담한 것에
충격을 받았다. 영산은 처음에 목회에 임하면서 신학교에서 배운 이론적
이고 전통적인 복음을 가지고, 열심히 전도하고 심방하면서 목회를 어려
움 없이 해 나갈 수 있으리라고 예상했었다. 그러나 이것은 대단한 오해였
다. 영산이 자신의 설교 내용을 가만히 돌아보니 대부분이 기독교의 윤리
나 도덕, 천국과 지옥, 그리고 영적인 축복과 은혜에 대해서만 전하고 있었
다. 그러나 전도의 대상인 대조동 주민들은 지독한 가난과 병에 짓눌려 살
아가고 있었기 때문에, 영산이 전하는 윤리와 도덕이나 심지어 천국과 지
옥에 대해서도 전혀 관심이 없었다. 그들에게 당장 절실히 필요한 것은 따
뜻한 밥 한 공기와 약 한 봉지였다. 그것이 바로 그들에게는 복음이었다.[40]
영산은 천막 교회 목회의 시작부터 신학교에서 배운 교리적이고 전통적인

---

39) Ibid., 277.
40) 조용기, "목회자와 설교 철학," 『교회성장』 제1집 (1981): 12-13.

복음과 목회 현실 사이의 엄청난 괴리를 뼈아프게 체험해야 했다. 영산은 이런 절망적인 목회 현실 속에서, 목회를 어떻게 해야 할지 심각한 고민에 빠지지 않을 수 없었다. [41)]

2) 새로운 성경 읽기와 삼박자 구원

영산은 자신이 심각한 목회적 위기에 처했음을 직감하고, 목회를 다시 시작해야겠다는 각오로 마음을 비우고 절박한 심정으로 성경을 새롭게 읽기 시작했다. 당시 상황에 대해 영산은 이렇게 고백한다.

> 저는 새로운 삶을 출발해야겠다는 생각으로 성경을 다시 공부했습니다. 진정한 기독교란 무엇인가? 이것을 알기 위하여 아주 절박한 심정으로 마태복음부터 새로이 공부하기 시작했습니다. 마태복음부터 사도행전까지 읽는 중에 저는 우리 주 예수님이 제가 신학교에서 배운 예수님과는 다른 분이시라는 놀라운 사실을 발견하게 된 것입니다. 예수님께서는 당시의 그 *절박한 상황* 가운데서 이상적이거나 환상적인 복음만 외치신 것이 아니라 실제 그들에게 *필요한 것들을* 채

---

41)   영산에게 또 다른 큰 고민 중의 하나는 종종 천막 교회에 와서 행패를 부리는 동네 불량배들의 전도 문제였다. 이들은 종종 천막 교회에 와서 무엇이든지 돈이 될 것 같은 물건들은 다 가져다가 술을 사 먹었다. 사실 이들도 불쌍한 처지에 있는 사람들이었다. 이들은 한국 전쟁 당시 유격대나 헌병대 출신으로 한때는 나라를 위해 목숨을 걸고 일했으나, 전쟁이 끝난 후 국가나 이웃으로부터 아무 인정도 받지 못하자 현실에 대한 불만과 절망만을 안고 허송세월을 하고 있었다. 이들에게 먼 훗날의 천국은 관심 밖의 이야기였다. 이들 중, 후에 예수를 믿고 훌륭한 목사가 된 사람들도 있다. 참조. Ibid., 14.

워 주셨던 것입니다. [42]

영산은 성경을 마태복음부터 새로운 마음으로 읽으며 예수님의 목회에 관해 이전에 알지 못했던 사실을 깨닫게 되었다. 그는 예수께서 단지 "복음"만 전하신 것이 아니라, 수많은 병든 사람들을 "치료"해 주시고, 귀신 들려 고통당하는 사람에게서 귀신들을 내쫓아 주시고, 배고픈 사람들에게는 "필요한 양식"으로 배불리 먹여 주시며 목회를 하신 사실을 알게 되었다. 영산은 수많은 무리가 예수님을 따라다닌 것은 바로 자기들의 **필요**가 충족되었기 때문임을 깨닫게 되었다. 영산은 사도행전을 읽으며, 사도행전에 나타난 사도들 역시 예수님과 마찬가지로 병자들을 고쳐 주고, 귀신 들려 고통을 받는 사람들에게서 귀신들을 내쫓아 주는 등 현실적인 인간의 문제를 해결해 주면서 복음을 전한 사실을 알았다. 영산은 성경을 읽으며 현실적인 인간의 "필요"와 "문제"를 해결하지 못하는 기독교는 무의미한 종교에 불과하다는 것을 뼛속까지 사무치도록 느꼈다. 이런 사실을 절실히 깨달은 영산은 정말 살아 계신 예수님과 함께 예수님이 하셨던 목회를 하기로 결심하게 된 것이다. [43]

영산은 영혼의 문제와 함께 현실적인 문제를 해결해 주는 예수님의 복음이 바로 "삼박자 구원"임을 알게 되었다. [44] 그는 예수님이 현재 우리의 문제를 해결해 주신다는 "현재적 복음"인 "삼박자 구원"의 복음을 전하기 시작했다. [45] 나아가서 영산은 성경을 더 깊이 읽은 후에 "삼박자 구원"의

42) 조용기, "선교와 목회," 『성령』 제4집 (1988): 26-27. 필자의 강조.
43) Ibid., 27.
44) 조용기, "목회자와 설교 철학," 『교회성장』 제1집 (1981): 15.
45) 조용기, "성령과 목회 (1)," 『교회성장』 제3집 (1983): 34.

근거를 예수 그리스도의 십자가에서 얻게 되었다.[46]

영산은 천막 교회 목회에서 크게 깨달은 것이 두 가지라고 고백한다. 하나는 자신이 아무리 설교를 잘한다 해도 현재 배고픈 사람에게 "필요"한 도움을 주지 못하면 아무 소용이 없다는 것이고, 다른 하나는 오직 "하나님의 말씀"으로 인생 문제를 해결해 주어야 한다는 것이었다.[47]

영산은 성경을 새롭게 읽고 깨달은 마음을 가지고, 일전에 전도한 두 가정을 다시 방문하여 이번에는 새롭게 접근하였다. 영산과 최자실 전도사는 무성이네 집에 가서는 먼저 그 가정의 현실적인 필요부터 해결해 주었다. 우선, 참담한 형편에 있는 무성이 엄마와 더러운 아이들을 씻겨 주었다. 그리고 집 청소도 깨끗이 해 주고 빨래도 해 주었다. 이렇게 집안을 말끔하게 정돈시키고 난 후, 찬송을 부르고 통성으로 기도를 시작하였다. 영산과 최자실 전도사는 예수 이름으로 중풍을 가져온 귀신을 단호히 내쫓았다. 그리고 예수의 이름으로 일어나라고 담대히 명령하였다. 그러자 무성이 엄마가 벽을 붙잡고 서서히 일어서더니 조심스럽게 한 발자국씩 걷기 시작한 것이다. 무성이 엄마는 몸이 점점 좋아져 혼자 부업에 나와 일할 수 있게 되었다. 무성이 엄마가 중풍에서 완전히 고침을 받은 후 곱게 단장하고 건강한 몸으로 천막 교회에 참석한 날, 온 동네는 발칵 뒤집어졌다.[48]

또한 영산은 "예수 믿고 천당에 갑시다"라고 말하며 전통적인 전도를 한 그 부인 집을 다시 찾아갔다. 이번에는 전과 다르게 접근했다. 오늘은 천국과 지옥에 대해서 말하려고 온 것이 아니라 좋은 소식을 전하러 왔다고 영산은 말을 꺼냈다. 그리고 그 가정의 "현실적인 문제들"이 모두 해결될

---

46)   조용기, "나의 목회와 설교,"『교회성장: 교회성장과 성도관리』(서울: 서울서적, 1987), 44.
47)   조용기, "선교와 목회,"『성령』제4집 (1988): 30.
48)   참조. 국제신학연구원 편,『여의도의 목회자: 조용기 목사 일대기』, 267-271.

수 있다고 말해 주었다. 영산은 하나님께서는 아주머니 남편을 알코올 중독에서 벗어나게 해 주시고 직장도 주시고, 아주머니 위장병과 심장병도 고쳐 주시고, 아이들이 모두 학교에 갈 수 있게 해 주신다고 전했다.

자신의 현실적인 문제들이 모두 해결될 수 있다는 영산의 말에 이 부인의 마음이 움직였다. 그녀는 이전과 같이 영산에게 거부반응을 보이지 않고 관심을 기울였고, 열 명의 아이들을 모두 데리고 천막 교회에 나오기 시작한 것이다. 그날부터 영산은 그 가정을 위해 간절히 기도했고 결국 하나님의 놀라운 역사를 체험하게 되었다. 그 부인의 위장병이 나았고, 남편도 알코올 중독에서 깨끗이 나음을 받았고, 아이들도 모두 대학까지 공부를 마치는 놀라운 일이 일어난 것이다.[49]

요약하면 영산은 절망적인 목회 현장에서 새로운 마음으로 성경을 읽다가, 예수님은 복음 전파와 함께 병자들을 고쳐 주시고 배고픈 자들을 먹여 주시며 사람들의 "현실적인 필요"를 채워 주는 목회를 하신 사실을 깨닫게 되었다. 영산은 영혼의 문제와 함께 현실적인 문제를 해결해 주는 예수님의 복음이 바로 "삼박자 구원"임을 알게 되었고, 자신도 현실적인 필요와 문제를 해결해 주는 "삼박자 구원"의 복음을 전하기로 작정한 것이다.

영산이 "삼박자 구원"에 대한 성경 말씀의 근거를 찾고 있었을 때, 그의 마음에 불같이 다가온 말씀이 바로 요한삼서 1장 2절이었다:[50] "사랑하는 자여 네 영혼이 잘됨 같이 네가 범사에 잘되고 강건하기를 내가 간구하노라."[51] 영산은 이 성경 말씀이야말로 "삼박자 구원"과 연관된 말씀임을 알

---

49) 참조. Ibid., 278-285; 조용기, 『교회성장: 교회성장과 성도관리』, 43.

50) 조용기, "목회자와 설교 철학," 『교회성장』 제1집 (1981): 18

51) 본 서에서 인용하는 성경구절은 대한성서공회에서 편찬한 〈개역개정판〉을 따르고 있다.

게 되었다.[52] 그는 이 말씀을 깊이 묵상하는 가운데 영혼이 잘된 사람은 범사에 잘되고 강건하게 된다는 것이 하나님의 근본적인 뜻임을 깨닫게 되었다.[53] 영산은 이런 깨달음을 통하여 요한삼서 1장 2절의 말씀을 자신의 목회와 신학의 가장 중요한 말씀으로 삼게 된 것이다.

또한 영산은 요한삼서 1장 2절의 말씀을 통해 우리가 믿는 하나님이야말로 "좋으신 하나님"이란 사실을 깨닫게 되었다. 이 말씀을 통하여 영산의 하나님 이해에 결정적인 변화가 일어났다. 그에게 하나님은 더 이상 무서운 하나님이거나 두려워 떨어야만 하는 하나님이 아니라, "삼박자 구원"을 주시는 "좋으신 하나님"이다. 영산은 목회 초기부터 좋으신 하나님을 굳게 믿으며 앞으로 사람들의 "필요"를 채워 주는 목회를 하기로 결단했다.[54]

3. 영산의 "희망의 신학"의 태동

영산이 절망에 빠져 있는 대조동 주민들에게 성경을 새롭게 읽으며 깨달은 확신을 갖고 "삼박자 구원"의 복음을 계속해서 외치자, 그들은 점차 "희망"을 갖고 부르짖어 기도하기 시작했다. 그들은 하나님께 자신들에게

---

52) 조용기, "내가 체험한 실질적인 교회성장," 『내가 체험한 실질적인 교회성장』 (서울: 서울서적, 1985), 150.

53) 그는 이런 깨달음으로 성경을 읽기 시작하니 성경 전체가 "삼박자 구원"으로 꿰뚫어지기 시작했다고 말한다. 조용기, "목회자와 설교 철학," 『교회성장』 제1집 (1981): 18.

54) 영산은 요한삼서 1장 2절이 우리를 향한 "성부 하나님의 소원"일 뿐 아니라 "예수님과 성령님의 소원"이라고 언급한 바 있다. 그렇다면 요한삼서 1장 2절은 우리를 향한 "삼위일체 하나님의 소원"인 것이다. 조용기, "나는 나의 자화상을 본다," 〈순복음가족신문〉 제1812호(2015. 3. 22.).

필요한 양식과 병을 고쳐 달라고 간절히 매달려 부르짖었다. 이를 통해, 영산은 절망에 처한 사람들에게 희망을 줄 수 있는 가장 강력한 메시지는 바로 "삼박자 구원"임을 목회 현장에서 직접 눈으로 목격했다.[55] 영산은 자신의 목회 현장에서의 체험을 통하여 장차 자신이 어떤 목회를 해야 할지를 분명히 깨닫게 되었다. 그것은 다름 아닌 절망에 빠진 사람들에게 "희망"을 주는 일이었다. 영산은 천막 교회의 목회 현장에서 "절대 절망"에 처한 인간에게 "절대 희망"을 전해야겠다는 단호한 결심을 하게 되었다. 영산이 천막 교회 목회 당시에는 "희망의 신학"이란 용어를 사용하지는 않았지만, 이미 그의 신학은 천막 교회의 현장에서 **희망의 신학**으로 태동한 것이다.

본 장에서 다룬 내용을 간략히 정리해 보기로 하자. 영산은 어린 시절과 청소년 시절에 가난과 질병으로 인한 고통과 "절망"을 뼈저리게 체험하였다. 그러나 죽음을 눈앞에 둔 절대 절망의 순간에 성경을 통해 "희망"을 발견하였고, 환상 중에 예수님을 만나 치료를 받고 구원과 소명도 받았다. 영산의 처음 목회의 현장도 "절망" 그 자체였다. 대조동 주민들은 죄와 가난과 질병으로 처참한 고통 속에 하루하루 살아가던 절망적인 사람들이었다. 영산은 이들에게 아무리 전통적인 복음을 전해도 전혀 소용이 없었다. 영산은 절망의 벽에 부딪혔을 때 새로운 각오와 새 마음으로 성경을 읽다가 예수님의 목회에 관한 놀라운 사실을 깨닫게 되었다. 예수님은 사람들의 **필요**를 채워 주시며 복음을 전하신 것이다. 영산도 예수님의 목회를 따라 절망에 처한 대조동 사람들에게 현실적인 필요를 채워 주는 "삼박자 구원"의 복음을 전하자, 그들은 "희망"을 갖고 기도하며 일어서기 시작한 것

---

55) 조용기, "나의 목회와 설교,"『교회성장: 교회성장과 성도관리』(서울: 서울서적, 1987), 45.

이다. 이런 배경에서 영산의 신학은 천막 교회에서 "희망의 신학"으로 태동하게 된 것이다. 그러므로 영산의 "희망의 신학" 태동의 밑바탕에는 그가 삶의 현장과 목회 현장에서 뼈저리게 체험한 "절망"과 "희망"이 깔려 있다. 영산의 신학은 복잡하지 않고 간단명료하다.[56] 영산 신학은 **절망**에 처한 인간에게 **희망**을 주어 살려 내는 데에 그 핵심이 있는 것이다.[57]

---

56) 그동안 영산 신학에 관해 학자들의 많은 연구가 있었다. 필자가 판단하기에, 그 연구 가운데는 영산 신학의 진수에 관해 올바르게 이해하고 평가하는 논문들도 있었지만, 영산이 말하거나 의도하지도 않은 내용을 스스로 판단하여 영산의 사상이라고 주장함으로 영산 신학을 너무 어렵고 복잡하게 만들어 놓은 논문들도 있는 것 같다.

57) 여기서 한 가지 더 지적하고 싶은 것은, 영산 신학의 주요 내용이 이미 첫 목회지인 천막 교회에서 거의 형성되었다는 점이다. 사람들의 필요를 채워 주는 메시지, 삼박자 구원, 십자가를 통한 전인구원, 요한삼서 1장 2절과 좋으신 하나님, 목회에 있어서 기도의 중요성, 그리고 성경 말씀 중심의 목회 등이 모두 천막 교회의 목회 현장에서 나온 것들이다.

제3장
영산 신학의 기반: 성경과 체험

영산 신학을 논할 때 가장 먼저 언급해야 할 점은 그의 신학이 철저히 "성경"과 "체험"의 기반 위에 세워졌다는 것이다. 이것은 영산의 삶과 목회 현장에서 기인한 것이다. 다시 말해 영산 신학에 있어 "성경"과 "체험"은 자연스럽게 그 핵심적인 자리를 차지하게 된 것이다.

1. 성경

1) 설교와 목회와 신학의 기반으로서의 성경

필자가 앞에서 언급한 바와 같이, 영산은 삶과 목회의 절망적 상황에서 성경을 통하여 희망을 얻게 되었다. 이런 경험은 영산이 전적으로 성경에 기반하여 설교하고 목회하도록 만들어 주었다. 그는 현실적인 고통 가운데 있는 사람들에게 하나님의 말씀으로 그들의 현실적인 필요를 채워 주었을 때, 그들이 용기를 가지고 다시 일어나고 교회가 부흥하는 것을 보았다. 영산은 목회 초기인 천막 교회에서, 고통과 절망에 처한 사람들에게 오직 "성경 말씀"으로 그들의 현실적인 인생 문제를 해결해 주어야 한다는

결심을 하였다.[58]

이런 결심은 영산이 성령을 "인격적인 하나님"으로 깨달은 후 더욱 확고하게 되었다. 그는 성령이 "인격적인 하나님"이라는 계시를 받고 성령과의 친밀한 인격적 교제를 부단히 나누었고, 그의 목회에는 큰 변화가 일어나기 시작했다. 영산은 자신에게 일어난 변화에 대해 다음과 같이 고백한다.

> 제가 성령님을 이처럼 인격적으로 모셔 들이자 제 목회에는 놀라운 변화가 생기기 시작했습니다. 우선 여러 가지 책들 즉 정치, 경제, 교육, 문화 등에 관한 책이 멀어졌고 *오직 성경만*을 읽게 되었습니다. 그리고 교인들의 영혼이 살아나는 것을 감지할 수 있었습니다.[59]

영산이 성령을 인격적인 하나님으로 모시고 성령과의 친밀한 인격적인 교제를 나누게 되자, "오직 성경만"이 목회에서 가장 중요한 책임을 확신하게 되었고, "오직 성경 중심만"이 참다운 목회 방법이라는 것을 깨닫게 되었다. 그리고 그런 깨달음을 가지고 성경을 읽자 성경 말씀이 살아서 움직이기 시작하는 것을 체험하였다.[60] 이런 경험을 통하여 영산은 철저히 "성경"에 기반하여 설교하고 목회하게 된 것이다.

영산은 전 목회 기간에 걸쳐 이런 그의 결심을 철저히 실천하였다. 그는 성경 말씀에 근거하지 않은 설교는 하지 않았다. 영산은 매주 설교할 때마

---

58) 조용기, "선교와 목회," 『성령』 제4집 (1988): 30.

59) 조용기, "내가 체험한 실질적인 교회성장," 『내가 체험한 실질적인 교회성장』, 147. 필자의 강조.

60) Ibid., 147-148.

다 하나님이 성도들에게 전하기 원하시는 "성경 말씀"[61]을 받아 준비하였
고, 설교 준비 후에는 늘 결사적인 기도를 하였다. 그리고 기도 후에는 성
령의 능력에 사로잡혀 "성경 말씀" 그대로 힘차게 설교하였다. 그러자 하
나님의 역사가 이전보다 강하게 일어나는 것을 체험하였다.[62] 이런 "성경
중심의 설교"는 영산의 목회 내내 지속되었다. 영산은 "설교"란 곧 "성경에
있는 말씀"을 전하는 것을 의미한다고 단정한다.[63] 한마디로, 영산의 설교
와 목회와 신학의 든든한 기반은 바로 "성경"이었다.

2) 희망의 재료로서의 성경

영산의 목회의 주 관심은 절망에 처한 성도들에게 "희망"을 불어넣어 일
으키는 데 있다. 그리고 이 희망은 오직 성경 말씀을 통하여 온다는 사실
을 목회 현장에서 체험을 통하여 깨닫게 되었다. 따라서 영산은 성도들에
게 희망을 주기 위하여 정치적이나 철학적인 메시지를 전하지 않았다. 그
는 오직 하나님의 말씀인 "성경"을 통하여 희망을 불어넣어 주었다.

영산은 천막 교회에서부터 한평생 "희망의 복음"을 전하였는데, 그것이

---

61) 영산은 성경 말씀을 두 가지로 구분하여 이해한다. 하나는, 창세기에서 요한계시록까지
    의 "기록된 말씀"(헬, "로고스"/*logos*)이고, 다른 하나는 특별한 상황에서 특별한 사람에게
    주어지는 "선포된 말씀"(헬, "레마"/*rhema*)이다. 전자는 하나님에 대한 일반적인 지식을
    알려주는 말씀이지만, 후자는 하나님의 믿음이 주어지는 말씀으로 기적을 일으키는 말씀
    이다. "레마"는 우리가 성경을 읽다가 순식간에 성령께서 마음에 감동과 확신을 주시는
    말씀을 말한다. "레마"를 받으면 평안과 큰 기쁨이 넘치게 된다. 참조. 조용기, 『4차원의
    영적 세계』 (서울: 서울말씀사, 1996), 108-133; idem, "베드로의 믿음," 〈순복음가족신문〉
    제1682호(2012.7.1.); idem, "믿음의 기도," 〈순복음가족신문〉 제1781호(2014.7.27.).
62) 조용기, "내가 체험한 실질적인 교회성장," 『내가 체험한 실질적인 교회성장』, 138.
63) 조용기, 『나는 이렇게 설교한다: 성공적인 목회 설교』 (서울: 서울말씀사, 1996), 158, 161.

바로 고통과 절망에 처한 사람들에게 현실적인 필요를 채워 주고 희망을 주는 "오중복음"과 "삼중축복"이었다. 우리가 뒤에서 고찰하겠지만, "오중복음"과 "삼중축복"은 예수 그리스도의 십자가로부터 나온 것으로 철저히 "성경"에 기반을 두고 있다. 다시 말해, 영산이 목회 내내 전한 희망의 복음은 전적으로 "성경 말씀"으로부터 나온 것이다. 이처럼 영산의 목회와 신학에 있어 성경은 "희망의 원천적 재료"였다.

3) 최고의 권위로서의 성경

영산은 성경이 사람의 말이 아니라 "하나님의 말씀"이라고 확고히 주장한다.

(1) 계시된 하나님의 말씀

성경은 "계시된 하나님의 말씀"이다. [64] 계시[65]란 하나님이 인간에게 자신을 드러내 주는 것을 말한다. 하나님께서 성경을 통하여 자신을 드러내 주시지 않는다면, 인간은 결코 하나님을 알 수도 없고 따라서 구원받을 길도 찾을 수 없다. 성경은 하나님의 뜻이 계시된 하나님의 말씀으로서 인간은 이 성경을 통해서 하나님의 뜻을 알고 구원의 길을 발견할 수 있다. 영산은 "인간의 지식은 감각적이지만 성경 말씀은 계시적인 지식"이라고 강

---

64) 조용기, 『순복음의 진리 (상)』 (서울: 영산출판사, 1979), 24.

65) "계시"란 하나님의 주도와 허용이 없이는 사람들의 접근이 불가능한 진리가 하나님에 의해 드러나는 것을 말한다. R. W. Yarbrough, "계시," 『IVP 성경신학사전』 데스몬드 알렉산더, 브라이언 로즈너, D.A. 카슨, 그레엄 골즈워디 편, 권연경 외 역 (서울: IVP, 2004), 559.

조한다.[66]

(2) 성령의 감동으로 된 하나님의 말씀

영산은 성경이 하나님의 감동으로 기록된 책임을 분명히 한다.[67] 이 사실은 성경 자체가 증언한다.

> 모든 성경은 하나님의 감동[68]으로 된 것으로 교훈과 책망과 바르게 함과 의로 교육하기에 유익하니(딤후 3:16).

> 먼저 알 것은 성경의 모든 예언은 사사로이 풀 것이 아니니 예언은 언제든지 사람의 뜻으로 낸 것이 아니요 오직 성령의 감동하심을 받은 사람들이 하나님께 받아 말한 것임이라(벧후 1:20-21).

이 구절들은 모든 성경이 하나님으로부터 기원하였다는 점을 분명히 밝혀 준다. 모든 성경은 하나님의 감동으로 된 것이다. 여기서 "하나님의 감동으로 된"의 문자적 의미는 "하나님이 숨을 불어넣으신"이다. 이것은 모든 성경이 하나님으로부터 나왔다는 사실을 말해 준다. 성경은 모두 "하나님으로부터" 나온 말씀이고, "하나님께 받아" 말한 것이다. 다시 말해 성경은 그 기원이 바로 하나님 자신이요, 그 당연한 결과로 성경은 "하나님의 말씀"이다.

---

66) 조용기, "믿음이란?," 〈순복음가족신문〉 제1692호(2012. 9. 16.).

67) 조용기, "어떻게 믿고 체험할 것인가?," 〈순복음소식〉 제446호(1987. 4. 19.).

68) 개역개정판 성경 본문 아래의 난외주에는 "또는 '영감'으로" 나와 있다. 표준새번역에는 "하나님의 영감으로"로 되어 있다.

또한 성경은 성령의 감동하심을 받은 하나님의 말씀이다. 여기서 감동 (영감)은 "하나님의 성령이 성경 저술가들의 지, 정, 의를 감동시키는 상 태"를 말한다. [69] 이것은 성경이 사람의 뜻대로 나온 것이 아니고 오직 성령 의 감동하심을 통하여 하나님으로부터 받은 말씀임을 말해 준다. 이처럼 성경은 성령의 감동하심을 받은 하나님의 말씀으로서의 권위를 갖는다.

이와 같이 영산은 성경을 "계시된 하나님의 말씀"이요, "성령의 감동으로 된 하나님의 말씀"으로 "절대 무오한 말씀"[70]으로 이해한다. 따라서 영산은 성경이 성도의 신앙과 생활에 있어 "최종적인 권위를 갖는 책"이라고 주장 한다. [71] 영산은 이 성경을 자신의 신학의 든든한 기반으로 삼았다.

2. 체험

1) 체험으로부터 나온 메시지

영산은 목회 초기인 천막 교회에서부터 목회를 마칠 때까지 수많은 신 앙 "체험"을 하였다. 영산은 먼저 삼위일체 하나님을 깊이 체험했다. [72] 영 산은 천막 교회의 절망적인 현장에서 절박한 심정으로 기도하며 성경을 읽다가 하나님을 "좋으신 하나님"으로 체험했다. 그래서 그는 목회 내내

---

69) 조용기, 『순복음의 진리 (상)』, 28.
70) 조용기, "설교자와 기도생활," 『성령』 제5집 (1989): 37.
71) 조용기, 『나는 이렇게 설교한다: 성공적인 목회 설교』, 158.
72) 참조. 조용기, "나의 목회와 선교," 『교회성장: 교회성장과 선교 2세기의 사명』 (서울: 서울 서적, 1988), 17-23.

하나님은 "좋으신 하나님"이라고 담대히 외친 것이다. 또한 영산은 자신이 죽음의 문턱에서 부활하신 예수님을 직접 만나 병 고침을 받는 체험을 했다. 이 때문에 그는 목회 내내 신유의 복음을 집요하게 전하며 신유 사역을 강력히 전개할 수 있었다.

나아가서 영산이 목회 초기부터 성령의 충만함을 강조하며 강력한 성령 사역을 전개한 것은, 그가 성령의 충만함을 직접 체험하였고 개인 신앙과 목회 사역에 있어 성령의 충만함이 얼마나 중요한지 체험적으로 알았기 때문이다. 그리고 영산이 성령과의 친밀한 교제를 나누며 성령과 동역함으로 대교회로 성장하게 된 것은, 그가 비몽사몽 중에 성령은 인격적인 존재라는 계시를 받은 체험이 있었기 때문이다. 이처럼 영산이 한평생 전한 메시지는 모두 그의 신앙 "체험"에서 나온 것들이다.

영산은 하나님을 바로 알 수 있는 길은 "체험"을 통하는 것이라고 확고히 말한다.[73] 하나님은 인간의 눈으로 볼 수도 없고 인간의 힘으로 알 수도 없고 그의 존재를 증명할 수도 없다. 영산은 이런 상황에서 하나님을 증거하기 위해서는 하나님을 직접 "체험"하고, 그 체험적 확신을 가지고 증거할 수밖에 없다고 단언한다.[74] 이같이 영산은 신앙은 머리로 깨달아서 믿어지는 것이 아니기 때문에 신앙생활에서 "체험"이 중요하다고 역설한다.[75]

여기서 한 가지 지적하고 싶은 것은 영산의 수많은 "신앙 체험"은 주로 그의 "기도" 생활을 통하여 이루어졌다는 점이다. 영산은 한평생 목회 생

---

[73]   영산은 학문적으로 공부해서 알게 된 하나님과, 개인의 깊은 신앙 체험을 통해서 알게 된 하나님은 그 차이가 크다고 지적한다. 조용기, "설교자와 기도생활," 『성령』 제5집 (1989): 26.

[74]   조용기, "나의 목회와 선교," 『교회성장: 교회성장과 선교 2세기의 사명』, 17-18.

[75]   Ibid., 22.

활에서 기도를 최우선 순위로 정하고 매일 전력을 기울여 기도에 힘쓰며 목회하였다.[76] 그 결과, 영산은 수많은 기도의 응답을 체험하며 목회를 해 나갔다. 주위의 많은 사람이 부정적인 말을 하여도 영산은 기도해서 응답을 받은 것은 끝까지 밀고 나갔다. 그로 인해 영산은 목회 현장에서 기적을 수없이 체험하게 된 것이다.[77] 이처럼 영산이 수많은 "신앙 체험"을 하게 된 것은 그의 끊임없는 "기도" 생활의 당연한 결과였다. 영산은 이런 확고한 체험적 신앙을 갖고 있기에 기도하지 않으면 하나님의 응답을 받을 수 없다고 잘라 말한다.[78]

한마디로, 영산은 목회 초기인 천막 교회에서부터 목회를 마칠 때까지 온 힘을 기울여 기도에 힘썼고, 그 결과로 수많은 신앙 체험을 하였다. 그리고 영산이 전한 "메시지"는 모두 그가 직접 경험한 신앙 "체험"에서 나온 것이다.

2) 체험 이해

영산이 말하는 체험이 구체적으로 어떤 의미인지 분명히 아는 것은 매우 중요한 문제다. 영산에게 "체험"이란 성경 말씀과 유리된 어떤 특별한 경험이 아니다. 그에 있어 "체험"은 "성경 말씀 자체"를 경험하는 것을 말한다. 이런 의미에서 영산은 성경 "말씀에 선다고 하는 것은 바로 체험을

---

76)　영산은 처음 목회지인 천막 교회에서는 하루에 보통 5시간씩 기도하였다. 그리고 목회가 한참 부흥되던 여의도 시대에도 할 일들이 산적해 있었지만, 하루에 평균 3시간을 기도하였고 시간적 여유가 있는 날은 5시간 정도 기도하였다. 영산의 일생은 "기도의 일생"이었다고 말할 수 있다.

77)　조용기, "내가 체험한 실질적인 교회성장,"『내가 체험한 실질적인 교회성장』, 144.

78)　Ibid., 145.

가진다는 것"이라고 역설한다. [79] 영산은 자신이 몸소 "성경 말씀"을 실천하여 말씀 그대로의 뼈저린 체험을 한 후, 그 "체험"과 "성경 말씀"에 근거하여 확신을 갖고 복음을 전했다. [80] 이처럼 영산 신학에 있어 "체험"과 "성경 말씀"은 서로 매우 밀접한 관계에 있다.

어떤 사람은 자신들은 성경 말씀을 믿지, 체험은 믿을 수 없다고 말하는데 영산은 이 말은 모순이라고 지적한다. 왜냐하면 성경 말씀은 성도의 삶에서 그대로 체험되어야 하는 말씀이기 때문이다. 영산에 있어 성경 말씀을 믿는다는 것은 그 성경 말씀 그대로의 체험을 가진다는 것을 의미한다.

예를 들어, 사도행전 1장 8절 말씀을 생각해 보자. "오직 성령이 너희에게 임하시면 너희가 권능을 받고 예루살렘과 온 유대와 사마리아와 땅 끝까지 이르러 내 증인이 되리라 하시니라." 이 성경 말씀을 진실로 믿는다면 예수님이 약속하신 성령침례(행 1:5)를 체험함으로 권능을 받아야 하고, 그 결과 땅 끝까지 이르러 예수님의 증인이 되어야만 한다. 이처럼 "성경 말씀"이 실제의 성도의 삶에서 그 성경 말씀 그대로의 "체험"이 뒤따라야 하는 것이다. 따라서 체험은 배제해 놓고 말씀만 믿는다고 말하는 것은 모순된 것이라고 영산은 지적한다. [81]

영산은 성도가 성경 말씀을 통하여 "지금" 하나님을 만날 수 있다고 강조한다. 왜냐하면 하나님은 말씀 속에 계시기 때문이다. 그는 성경은 옛날에 일어난 이야기일 뿐 아니라, 오늘 우리의 삶 속에 기적이 일어날 것을 말씀하고 있는 "현재성이 있는 책"이라고 역설한다. 영산은 성경 말씀이 현재 성도의 삶 속에 역사하고 있다고 다음과 같이 주장한다.

---

79) 조용기, "나의 목회와 선교,"『교회성장: 교회성장과 선교 2세기의 사명』, 23.
80) 조용기, "물질 축복의 법칙,"〈순복음의 말씀〉제22호(1975. 7. 27.).
81) 조용기, "나의 목회와 선교,"『교회성장: 교회성장과 선교 2세기의 사명』, 23.

그러므로 말씀이 우리를 구원하는 복음이며, 현재 말씀을 듣고, 현재 말씀을 믿고, 현재 말씀을 시인하면 성령이 인을 쳐서 현재 하나님의 자녀로 만들어 주시는 것입니다. 그러므로 우리는 말씀이 현재 우리 의 삶 속에 역사하고 있음을 조금도 의심하지 말아야 할 것입니다.[82]

한마디로, 영산 신학에서 "체험"은 바로 "성경 말씀" 자체를 경험하는 것 으로, 결국 "체험"과 "성경"은 하나이다.

3) 체험의 역할

영산에 의하면, "체험"은 하나님께서 살아 계신다는 확신을 갖게 해 준 다. 또한 누구도 막을 수 없는 불같은 열심을 일으켜 담대히 전도할 수 있 게 만들어 준다.[83] 영산은 예수님의 제자들이 오순절 날 성령의 체험을 하 였기 때문에 체험적인 신앙을 가지고 담대히 예수 그리스도를 전할 수 있 었다고 지적한다.[84] 나아가서 영산은 "체험"을 통해 하나님의 말씀과 교회 를 더욱 사랑하고 기도하기를 즐거워하게 된다고 말한다.[85] 그러므로 영 산은 단적으로 신앙은 "체험"이 수반되어야 한다고 주장한다.[86]

앞에서 언급한 것처럼 "성경 말씀"이 성도의 삶에서 그 말씀 그대로 "체 험"되어야 한다. 다시 말해 성경 말씀은 체험으로 확증되어야 한다. 즉 "체

---

82) 조용기, "하나님의 말씀," 〈순복음가족신문〉 제1811호(2015.3.8.). 필자의 강조.

83) 조용기, "나의 목회와 선교,"『교회성장: 교회성장과 선교 2세기의 사명』 21-22.

84) 조용기, "체험하는 복음," 〈순복음가족신문〉 제1932호(2017.8.20.).

85) 조용기, "나의 피난처요 나의 요새요 나의 의뢰하는 하나님," 〈순복음가족신문〉 제1752호 (2013.12.22.).

86) 조용기, "체험하는 복음," 〈순복음가족신문〉 제1932호(2017.8.20.).

험"은 "성경 말씀"을 확증하는 역할을 한다. 그러나 또한 그 반대도 강조되어야 한다. 즉, "체험"이 앞선 것은 "성경 말씀"의 확증을 구해야 한다. 영산은 성령을 통해 개인적으로 체험하게 된 것(예를 들어, 마음의 소원, 묵시, 꿈, 환상 등)은 성경 말씀의 확증을 구해야 한다는 점을 강조한다.[87] 왜냐하면 "성경 말씀"이 성도의 신앙과 생활에 있어 "최종적인 절대 권위"를 갖기 때문이다. 영산 자신은 성령이 "인격적인 존재"라는 계시를 받았을때, 즉시로 성경으로 돌아가 그 계시가 성경 말씀과 일치하는지 확증해 보려고 하였다. 그는 성경을 읽다가 성령이 "인격적인 분"임을 성경에서 분명히 확증하게 되었다. 이처럼 "체험"이 앞선 것은 반드시 "성경"을 통하여 확증되어야 하고, 성경에 위배 되는 체험은 무시해야 한다. 한마디로, 영산 신학에서 "체험"은 "성경 말씀"을 확증해 주는 중요한 역할을 담당하고 있으며, 그의 신학의 한 기반을 차지하고 있는 것이다.[88]

3. 성경과 체험의 상관관계

영산 신학에 있어 "성경"과 "체험" 사이의 상관관계를 바로 이해한다는 것은 매우 중요한 문제이다. 필자가 앞에서 언급한 바와 같이, 영산 신학에서 "성경"과 "체험"은 서로 뗄 수 없는 것으로 하나이다. 왜냐하면, 영산은 "체험"을 "성경 말씀 그대로의 체험"으로 이해하고 있기 때문이다. 이처럼 영산 신학에서 "성경"과 "체험"은 서로 동떨어진 것이 아니다. 영산 신

---

87) 조용기, "성령의 인도함을 받는 삶," 〈순복음의 말씀〉 제279호 (1984. 2. 5.).

88) 오순절 신학의 한 특징은 "체험"을 강조하는 것이다. 영산 역시 오순절주의자로서 "체험"을 자신의 신학의 한 기반으로 삼고 있다.

학에서 "성경"과 "체험"은 서로 분리되지 않고 일체로서 하나로 연합되어 있다.[89]

여기서 주목해 보아야 할 점이 있다. 영산이 "체험"을 "성경 그대로의 체험"이라고 언급하는 것은, 그가 "성경 말씀"이 성도의 삶에서 그대로 "체험"되어야 한다는 점을 지적하는 것이다. 이처럼 영산 신학에서 "성경"과 "체험"과 "삶"은 서로 **일체**이다. 다시 말해 영산은 "성경 말씀의 생활화"를 강조하고 있는 것이다.

요약하면 영산 신학에서 "성경"은 최고의 권위를 갖는다. 하나님의 말씀인 "성경"은 하나님의 백성인 성도의 삶과 신앙생활에서 그대로 "체험"되어야 한다. 따라서 영산 신학에서 "성경"과 "체험"은 손등과 손바닥처럼 결코 분리할 수 없도록 하나로 연합되어 있다. 영산은 서로 뗄 수 없는 "성경"과 "체험"을 자신의 신학이 굳게 설 수 있는 든든한 기반으로 삼은 것이다.[90]

---

89) 조용기, "물질 축복의 법칙," 〈순복음의 말씀〉 제22호(1975.7.27.); idem, "나의 목회와 선교," 『교회성장: 교회성장과 선교 2세기의 사명』, 23.

90) 본 장에서 필자가 주장하고 싶은 점은 영산 신학의 기반이 철저히 "성경과 체험" 위에 세워졌다는 것이다. 본 장은 "영산의 성경론"을 구체적으로 다룰 자리가 아니라고 판단되어 다루지 않았다. 영산은 성경론에 있어 대체로 복음주의 전통과 맥을 같이한다. 참조. 조용기, 『순복음의 진리 (상)』, 24-39. "영산의 성경론"에 관한 글들은 다음을 참조하라. 김희성, "조용기 목사의 성경론," 『영산신학저널』 제3호 (2004): 96-121; 한상인, "영산 조용기 목사의 성경론," 『영산신학저널』 제3호 (2004): 39-65.

제4장
영산 신학의 출발점: 인간 이해

영산은 62년 동안 참으로 방대한 설교를 하였고 그가 설교한 주제들도 다양하다. 이런 상황에서 영산의 "희망의 신학"을 전개해 나갈 출발점을 바로 결정한다는 것은 쉽지 않아 보인다. 영산의 "희망의 신학"을 어디에서 시작할 것인가?

필자는 앞에서 영산 신학이 그의 삶과 목회의 절망적 현장에서 "희망의 신학"으로 태동하게 되었다고 언급하였다. 여기서 영산의 "희망의 신학"의 출발점에 관한 암시를 얻을 수 있을 것이다. 다시 말해 영산 신학은 "절망"에서 시작하는 것이 가장 적절하다고 본다. 그런데 영산이 여러 신학적 주제 중에 "절망"을 강조한 것은 "인간론"뿐이다.[91] 영산은 아담의 후손인 인간을 "절대 절망적 존재"로 이해한다. 그러므로 영산의 "희망의 신학"은 그의 "인간 이해"에서 시작하는 것이 적절할 것이다.[92]

---

91) 영산의 신론, 기독론, 성령론, 교회론, 종말론 등, 주요 신학적 주제들은 모두 절망과 거리가 멀다. 오히려 긍정적이고 희망적인 것들이다. 그러나 영산의 "인간론"은 그 강조점이 "절망"에 있다.

92) 영산의 여러 독특한 신학 사상들이 그의 "인간 이해"와 밀접히 연관된다는 점도 주목된다. 예를 들어, 영산의 한 독특한 신학 사상인 "좋으신 하나님" 사상은 그의 "인간론"과 밀접히 연관되어 있다. 하나님은 인간이 살아갈 수 있는 모든 것을 예비해 놓으신 "좋으신 하나님"이시고, 궁극적으로 인간에게 좋은 것을 주시기를 원하시는 "좋으신 하나님"이시다. 또한 영산의 독특한 신학 사상인 "삼중구원"("전인구원")은 인간의 "완전 타락"("삼중 타락")을 전제로 한다. 인간의 "삼중 타락"에서의 "삼중구원"이다. 그리고 영산의 또 다른 독

1. 인간 창조

1) 창조 이야기[93]에 나타난 하나님

성경의 첫 구절은 의미심장한 선언으로 시작한다. "태초에 하나님이 천지를 창조하시니라"(창 1:1). 이 말씀에 의하면 하나님의 존재는 이미 대전제로 되어 있고, 천지는 이 하나님으로부터 비롯된 것이다. 이처럼 성경은 하나님의 존재 여부를 의심하지 않고 기정사실화한다. 영산에 의하면, 이 구절은 하나님을 "창조적 주권자"로 선언하는 말씀이다.[94] 영산은 하나님이 영원한 주권을 가지신 "절대 주권자"로서 친히 창조하신 천지와 만물에 대해 그 책임을 다하신다고 말한다.[95] 이처럼 영산은 하나님이 우주의 "절

특한 신학 사상인 "인격 중심의 성령론" 역시 구원받은 인간의 삶과 신앙과 긴밀한 연관을 갖는다. 영산에게 있어 성령 하나님은 단지 구원받은 인간이 체험해야 할 대상이 아니라, 친밀한 인격적 교제를 나누어야 할 장엄한 인격적인 하나님이시다. 그러므로 성령을 통해 구원받은 인간은 천국에 이를 때까지 성령의 도우심과 인도하심을 받기 위하여 늘 성령과 친밀한 인격적인 교제를 나누어야 한다. 더 나아가 영산의 독특한 신학 사상인 "4차원의 영성" 역시 그의 인간 이해와 긴밀하게 연관된다. "4차원의 영성"은 그리스도의 십자가를 통해 이루어 놓으신 "삼중구원"의 은혜를 구원받은 신자의 삶에서 누릴 수 있는 방법을 가르쳐 준다. 이처럼 영산의 독특한 주요 신학 사상들이 모두 그의 인간 이해와 밀접히 연관되어 있다는 점도 주목할 만하다.

93) 창세기에 보면, 창조 이야기가 두 번 나온다. 첫 번째 창조 이야기는 창세기 1장 1절-2장 3절이고, 두 번째 창조 이야기는 창세기 2장 4-25절이다.

94) 조용기, "하나님의 은혜를 헛되게 하지 말라," 〈순복음의 말씀〉 제284호(1984. 3. 11.). 창세기 1장 1절에서 "창조하다"(히, "바라"/bārā')라는 동사는 무엇을 "무(無)에서 창조한다"는 의미를 내포하고 있다. 게르하르트 폰 라트, 『창세기』 한국신학연구소 역 (서울: 한국신학연구소, 1981), 51. 하나님은 말씀으로 천지를 창조하셨다. 창세기 1장의 창조 이야기에서 "하나님이 말씀하셨다"는 표현이 10번 나온다(창 1:3, 6, 9, 11, 14, 20, 24, 26, 28, 29).

95) 조용기, "하나님의 은혜를 헛되게 하지 말라," 〈순복음의 말씀〉 제284호(1984. 3. 11.).

대 주권자 되시는 하나님"이라고 역설한다.[96]

또한 영산은 창조에 나타난 하나님은 "좋으신 하나님"이라고 주장한다. 하나님께서는 창조의 행위를 마치신 후, 그 창조한 것이 "하나님이 보시기에 좋았더라"라고 말씀하셨다(창 1:4, 10, 12, 18, 21, 25, 31). 특히, 하나님께서 창조의 모든 사역을 다 마치신 후에 제일 마지막으로 승인하는 말씀은 이렇다. "하나님이 지으신 그 모든 것을 보시니 보시기에 *심히* 좋았더라"(창 1:31). 이 마지막 승인의 말씀은 "지으신 그 모든 것"이 암시하듯, 하나님이 창조하신 "모든 창조"에 적용된다. 그리고 "심히 좋았더라"라는 표현은 무엇보다도 창조주 하나님의 성격을 가리키는 말이다.[97] 다시 말해, 하나님은 가장 선하신 분이시다. 그 당연한 결과로 선하신 하나님이 창조하신 모든 피조 세계에 그의 선하심이 나타난 것이다.

좋으신 하나님은 인간을 창조하시기 전에 **먼저** 인간이 살아가는 데 필요한 모든 물질세계를 예비하신 분이다. 그러므로 영산은 하나님이 이 우주에 존재하는 피조물 가운데 인간에게 특별한 관심을 기울이고 계신다고 말한다. 그는 "하나님께서는 *인간을 위해* 엿새 동안 천지와 만물을 예비하신 것입니다. 그러므로 이 우주를 통틀어 하나님의 최대 관심사는 *인간*입니다"라고 언급한다.[98]

창조 이야기에 나타난 하나님의 선하심은, 인간을 창조한 후 하나님이 인간을 위해 행하신 일들을 통하여 더욱 분명히 드러난다. 하나님이 인간을 창조하신 후 가장 먼저 하신 일은 그들에게 **복**을 주신 일이다(창

---

96) "절대 주권자" 되시는 하나님은 우리가 뒤에서 다루게 될 두 번째 창조 이야기에서도 분명히 드러난다. "선악을 알게 하는 나무"(창 2:17)는 바로 "하나님의 주권"을 상징하는 것이다.

97) 고든 웬함, 『창세기 1-15』(서울: 솔로몬, 2006), 131.

98) 조용기, "하나님, 나, 그리고 세상,"〈순복음소식〉제418호(1986.10.5.). 필자의 강조.

1:28). 또한 양식도 주셨고(창 1:29), 안식의 선물도 주셨고(창 2:3), 하나님이 예비하신 에덴동산에 거주하게 하셨다(창 2:8). 에덴은 생명의 나무와 생명의 강들과 부요가 넘치는 기쁨과 행복의 동산이었다(창 2:9-14). 이같이 하나님은 **인간을 위해** 모든 필요한 것들을 예비해 놓으시고 넘치는 복을 베풀어 주신 "좋으신 하나님"이시다. 한마디로, 영산은 창조 이야기에 나타난 하나님은 우주의 **절대 주권자 하나님**이요 **좋으신 하나님**이라고 주장한다. 영산에 의하면, 하나님은 "절대 주권자이신 좋으신 하나님"이시다. [99]

인간에 관한 하나님의 특별한 관심은 인간을 각별하게 지으신 이야기를 통해서도 잘 드러나고 있다.

2) 하나님의 형상대로 지음 받은 인간

하나님은 다른 피조물의 창조 때와는 달리 인간을 각별하게 만드셨다. 성경은 하나님의 인간 창조에 관해 이렇게 말한다.

> 하나님이 이르시되 *우리의 형상을 따라 우리의 모양대로* 우리가 사람을 만들고 그들로 바다의 물고기와 하늘의 새와 가축과 온 땅과 땅에 기는 모든 것을 다스리게 하자 하시고 하나님이 자기 형상 곧 *하나님의 형상대로* 사람을 창조하시되 남자와 여자를 창조하시고(창 1:26-27).

---

99)   참조. 조용기, "하나님의 은혜를 헛되게 하지 말라," 〈순복음의 말씀〉 제284호(1984.3.11.); idem, "현실적 관심사와 영원의 관심사," 〈순복음소식〉 제458호(1987.7.12.); idem, "천지와 만물이 다 이루어지니라, 다 이루었다," 〈순복음가족신문〉 제1712호(2013.2.17.).

인간이 하나님의 형상과 모양대로[100] 지음 받았다는 것은 신체적인 외형적 모습을 말하는 것은 아닐 것이다. 하나님은 영으로서 눈으로 볼 수도 없고 어떤 형상으로도 생각할 수 없는 존재이다. 그러면 인간이 하나님의 형상대로 지음을 받았다는 것은 어떤 의미를 갖는가? 영산은 다음과 같은 의미가 있다고 이해한다.[101]

첫째, 인간은 "영적인 존재"로 지음을 받았다는 의미이다. 하나님은 영 (요 4:24)이시기 때문에, 인간이 하나님의 형상과 모양대로 지음을 받았다는 것은 "영적인 존재"로 지음을 받았다는 말이다. 영은 죽지 않고 영원히 존재한다. 따라서 인간은 영원히 존재하는 "영적인 존재"로서 어떤 물질세계보다 더 귀한 존재로 지음을 받았다. 이렇게 "영적인 존재"로 지음을 받았기 때문에 인간은 하나님과 영적인 교제를 나눌 수 있다. 영적인 교제의 대표적인 수단은 "기도"이다. 하나님이 창조하신 피조물 중 오직 인간만이 기도를 통해 하나님과 교제를 나눌 수 있다. 기도는 하나님의 형상대로 지음을 받은 인간만이 누릴 수 있는 특권이다. 하나님과 인간 사이에 이런 영적인 교제가 가능한 것은 인간이 하나님의 형상대로 지음 받은 증거이다.

둘째, 인간은 "도덕적 성품"을 지닌 존재로 지음을 받았다는 의미이다. 인간은 하나님이 가지고 계신 도덕적 성품, 예를 들어, 선, 정직, 공의 등을 가지고 있다. 인간은 이런 도덕적 성품이 있어 선과 악을 분별하게 된다. 짐승의 세계에는 도덕이 있을 수 없다. 도덕적 성품은 다른 어떤 피조물도 받지 못하였고, 오직 하나님의 형상을 따라 지음 받은 인간만이 지니게 되었다.

셋째, 인간이 가지고 있는 "지적 능력"이다. 하나님은 인간에게 하나님

---

100) "형상"과 "모양"은 서로 바꿔 쓸 수 있는 말이다(창 5:3). 참조. 고든 웬함, 『창세기 1-15』, 124-125.

101) 참조. 조용기, 『순복음의 진리 (하)』 (서울: 영산출판사, 1979), 259-261.

을 닮은 생각을 주셨다.[102] 하나님께서는 각종 들짐승과 공중의 각종 새들을 지으신 후 아담이 무엇이라고 부르나 보시려고 그것들을 아담에게로 이끌어 가셨다. 아담은 그의 "지적 능력"이 얼마나 탁월했던지 모든 짐승들과 새들에게 다 이름을 정해 주었다(창 2:19). 이처럼 하나님의 형상대로 지음 받은 인간은 잠재적으로 엄청난 "지적 능력"을 가지고 있다. 인간은 이성을 통해 위대한 창조의 능력을 발휘할 수 있다.

넷째, 인간이 부여받은 만물 "지배권"이다. 영산은 하나님께서 인간을 하나님의 형상과 모양대로 만드신 목적은 하나님을 대신하여 창조하신 피조물들을 다스리기 위함이라고 말한다.[103] 하나님은 인간을 하나님의 대리인으로 창조한 것이다. 하나님께서는 인간을 자기의 형상대로 창조하시고 만물을 지배하고 다스리는 대리권을 인간에게 주셨다(창 1:26-28).[104] 그러므로 하나님의 형상대로 지음 받은 인간은 이 땅에서 하나님을 대신하여 피조 세계를 다스리고 통치하는 "하나님의 대리자"가 된 것이다.[105] 또한 하나님의 대리자인 인간은 보통의 존재가 아니고 "왕 같은" 존재의 대리인이다. 영산은 하나님이 인간을 "만물을 다스리는 왕 같은 존재요, 희망적인 존재"로 지으셨다고 역설한다.[106]

영산은 만물을 다스리고 지배하는 인간의 권한에 있어 특히 "말의 힘"을 강조한다. 그는 하나님이 말씀으로 천지를 창조하셨듯이, 하나님의 형상과 모양대로 지음 받은 인간 역시 "말"을 통해 창조하고 다스려야 한다고

---

102) 조용기, "나, 나의 생각," 〈순복음의 말씀〉 제143호(1981. 6. 28.).

103) 조용기, "말하는 은사," 〈순복음가족신문〉 제2031호(2019. 9. 1.).

104) 조용기, "하나님이 주신 권세," 〈순복음가족신문〉 제2036호(2019. 10. 13.).

105) 고든 웬함, 『창세기 1-15』, 126.

106) 조용기, "나에게 희망이 있는가," 〈순복음가족신문〉 제2043호(2019. 12. 1.).

주장한다.

> 하나님의 형상과 모양대로 지음 받은 우리는 하나님처럼 말을 통해
> 땅과 생물을 다스려야 합니다. 말에는 그렇게 기막히게 놀라운 힘이
> 있는 것입니다.[107]

이와 같이 인간이 하나님과 "영적인 교제"를 나눌 수 있으며, "도덕적 성품"을 지니며, 놀라운 "지적 능력"을 가지며, 왕 같은 하나님의 대리자로서 만물을 지배하고 다스릴 수 있는 "지배권"을 부여받은 것은 모두 인간이 하나님의 형상대로 지음을 받았다는 말에 내포된 의미이다.

영산은 인간이 하나님의 형상과 모양대로 지음을 받았기 때문에 위대하고 존귀한 존재라고 이렇게 말한다.

> 여러분과 나는 하나의 아메바에서 진화된 인간이 아니라 천지와 만물을 지으신 우주의 절대 주권자 되신 하나님께서 당신의 형상과 모양대로 지어 주신 *위대한 존재*라는 것을 알 수 있습니다. 우리는 하나의 동물에서 진화된 비극적인 존재가 아니라 하나님의 손에서 직접 지음을 받은 *위대하고 장엄한 존재*입니다. 이렇기 때문에 한 사람 한 사람은 하나님 앞에서 얼마나 *존귀하고 귀한 존재*인지 말로 형언할 수 없습니다.[108]

---

107)   조용기, "하나님이 가라사대," 〈순복음가족신문〉 제1758호(2014. 2. 2.). 필자의 강조.
108)   조용기, "나는 누구인가?," 〈순복음의 말씀〉 제150호(1981. 8. 16.). 필자의 강조.

요약하면, 하나님의 형상대로 지음 받은 인간은 영적인 존재로서 그 안에 놀라운 도덕적, 지적 능력과 만물을 다스리고 지배하는 권한을 갖게 된 위대하고 존귀한 존재이다. 그러므로 영산은 인간이 하나님의 "최고의 걸작품"이라고 말한다. [109]

3) 완전하게 창조된 인간

하나님께서 다른 피조물을 창조하실 때는 말씀으로 명령하여 창조하셨으나, 인간만은 특별한 방법으로 창조하셨다. 하나님께서 직접 땅의 흙으로 빚어 인간을 지으시고 그 코에 생기를 불어넣어 생령이 되게 하셨다. "여호와 하나님이 땅의 흙으로 사람을 지으시고 생기를 그 코에 불어 넣으시니 사람이 생령이 되니라"(창 2:7). 여기서 "생기"는 "생명의 숨"(혹은 "생명의 호흡")을 말하는데, 이것은 "영"과 바꿔 쓸 수 있는 말이다. [110] 다시 말해, 하나님이 흙으로 사람을 지으시고 그 코에 "하나님의 영"을 불어넣으시니 사람이 생령이 된 것이다. 이처럼 모든 피조물 가운데 오직 인간만이 그 속에 "하나님의 영"을 받은 존재가 되었다. 이런 점에서 인간은 일반 피조물과 다른 특별한 존재가 된 것이다.

영산은 인간이 영, 혼, 육으로 구성되어 있다는 "삼분설"을 따른다. [111] 그는 삼분설의 성경적 근거로 데살로니가전서 5장 23절을 든다. "평강의 하

---

109) 조용기, "삶의 환경은 주어진 것보다 만들어 가는 것," 〈순복음가족신문〉 제1809호(2015. 2. 22.).

110) Robert G. Bratcher, "Biblical Words Describing Man: Breath, Life, Spirit," *The Bible Translator*, Vol. 34 No. 2 (1983): 201. 참조. 고든 웬함, 『창세기 1-15』, 173.

111) 다른 입장으로 "이분설"이 있는데, 이는 인간이 영/혼과 육으로 구성되어 있다고 본다.

나님이 친히 너희를 온전히 거룩하게 하시고 또 너희의 온 영과 혼과 몸이 우리 주 예수 그리스도께서 강림하실 때에 흠 없게 보존되기를 원하노라."

영산은 인간의 영, 혼, 육은 각각 맡은 사명이 다르고, 서로 간에 질서가 있도록 창조되었다고 주장한다.[112)]

첫째, 영은 하나님을 모시는 그릇이다. 따라서 인간은 영을 통해서만 하나님과 교통할 수 있다. 인간은 영을 통하여 하나님께 기도하고, 찬양하고, 예배하며, 그의 뜻을 알 수 있다. 또한 영은 그 안에 양심이 자리 잡고 있어서 인간이 행할 도리와 방향을 제시해 준다. 이처럼 영은 하나님과 교통할 수 있는 유일한 수단이 된다.

둘째, 혼은 그 속에 인격을 담고 있다. 인격이란 사람이 사고하고, 감정을 느끼고, 결단을 내리는 지정의(知情意), 곧 자아의식을 말한다. 사람은 혼을 통하여 생각하고, 희로애락의 감정을 느끼고, 의지적 결단을 내린다.

셋째, 육은 오관(五官)이라는 감각기관을 가지고 있다. 육은 오관, 즉 보고, 듣고, 냄새 맡고, 맛보고, 감각하는 기능을 가지고 있어, 혼으로 하여금 세상을 인식하게 해 준다. 이처럼 영산은 하나님께서 인간을 지으실 때 영과 혼과 육이 각각 맡은 직분이 있었다고 이해한다.

또한 영산은 영과 혼과 육 사이에는 하나님이 세워 놓으신 질서가 있었다고 설명한다. 그 질서는 영이 하나님의 뜻을 따라 혼을 지배하고 육을 굴복시키며, 혼은 육을 지배하며, 육은 영과 혼의 지시대로 순종하는 모습을 말한다. 영산은 이같이 하나님께서 인간을 완전하게 창조하였다고 이해한다.[113)] 그에 의하면, 하나님의 인간 창조는 한마디로 "완전 창조"("전인

---

112) 참조. 조용기, 『삼박자 구원』 (서울: 영산출판사, 1977), 36-38; 최문홍, "영산 조용기 목사의 인간 이해," 『성령과 신학』 Vol. 23 (2007): 102.

113) 참조. 조용기, "영으로 사는 사람," 〈순복음의 말씀〉 제190호(1982. 5. 23.); idem, 『삼박자

[全 시] 창조")다.

요약하면 창조 이야기에서 창조주 하나님은 절대 주권자이신 "좋으신 하나님"으로 나타난다. 이것은 특히 하나님이 인간을 하나님의 형상대로 지은 사실을 통해 더욱 분명하게 드러났다. 하나님의 형상대로 지음을 받은 인간은 영적인 존재로서 하나님과 영적인 교제를 나눌 수 있으며, 하나님이 부여하신 엄청난 잠재 능력과 만물 지배권을 부여받았다. 영산은 그의 목회를 통하여 하나님이 인간에게 굉장한 잠재 능력을 주셨기 때문에, 인간이 "할 수 있다"는 긍정적인 생각과 태도를 갖는다면 그 속에 있는 능력이 놀랍게 발휘된다고 거듭 역설하였다.[114]

2. 인간의 타락

1) 죄의 시작

성경은 죄의 시작에 관하여 분명히 말해 준다. 하나님께서는 첫 인간인 아담을 지으신 후 에덴에 살게 하셨다. 에덴은 생명의 나무가 있고, 생명의 강물이 흐르고, 풍성한 재화가 있어서, 사람이 살아가기에 조금도 부족함이 없는 완전한 처소였다. 하나님께서는 이 풍요로운 에덴동산을 아담을 관리자로 삼아 다스리며 지키게 하셨다. 하나님께서는 아담에게 모든 것을 다 허락하셨으나 한 가지만은 분명히 금하셨다. 그것은 선악을 알게

구원』, 36-38; idem, 『5중복음과 삼박자축복』 (서울: 영산출판사, 1983), 57-59.

114)   참조. 조용기, "항상 긍정적으로," 〈순복음가족신문〉 제1615호(2011. 2. 27.).

하는 나무의 열매였다. "선악을 알게 하는 나무의 열매는 먹지 말라 네가 먹는 날에는 반드시 죽으리라 하시니라"(창 2:17). 이 구절에서 "선악을 알게 하는 나무"는 무엇을 의미하는가? 영산은 이 나무는 "하나님의 주권"을 상징하는 것으로 본다.[115] 그는 선악과는 스스로 주인이 되게 하는 과실이라고 이해한다. 오직 하나님만이 이 우주의 절대 주인이신데, 만일 아담과 하와가 이 선악과를 따먹고 주인 노릇을 하게 된다면, 자신들을 창조하신 하나님과 다툼이 벌어지게 된다.[116] 하나님께서는 이 선악을 알게 하는 나무를 세우심으로, 아담이 그 동산의 주인이 아니라 관리자임을 명심하고 절대로 이 나무에 손대지 말 것을 경고하신 것이다.

그럼에도 불구하고 아담과 하와는 뱀의 형상을 한 마귀의 간교한 유혹에 넘어갔다. 마귀는 먼저 하와에게 접근하여 유혹하였다. 마귀는 하와에게 "너희가 결코 죽지 아니하리라"(창 3:4) 하고 하나님의 말씀에 대한 의심을 심어 주었다. 또한 마귀는 "너희가" 그 실과를 먹는 날에는 "하나님과 같이 된다"(창 3:5)는 탐심과 욕심을 심어 주었다.[117] 이 말은 그들이 그 실과를 먹으면 관리자가 아니라 주권자가 될 수 있다는 유혹의 말이었다. 하와는 그 마음속에 탐욕이 생겨 그 실과를 따먹고 아담에게도 주어 먹게 함으로 하나님을 반역하게 되었다. 영산은 아담과 하와가 하나님의 명령에 반역하고 모반함으로 죄가 이 세상에 들어오게 되었다고 다음과 같이 언급한다.

---

115) 참조. 조용기, "먼저냐, 나중이냐?,"〈순복음의 말씀〉제149호(1981. 8. 9.); idem, "죄와 의,"
      〈순복음의 말씀〉제207호(1982. 9. 19.); idem, "죽은 자, 살아난 자, 묶인 자, 놓여난 자,"
      〈순복음의 말씀〉제227호(1983. 2. 6.); idem,『5중복음과 삼박자축복』, 155.

116) 조용기, "주인,"〈순복음가족신문〉제1757호(2014. 1. 26.).

117) 조용기, "탐심과 욕심의 비극,"〈순복음가족신문〉제1720호(2013. 4. 21.).

관리자가 아니라 주권자가 될 수 있다는 마귀의 말에 탐욕이 생겨 그 실과를 따먹고 하나님을 반역하고 말았습니다. 이것이 바로 반역죄요 모반죄입니다. 이렇게 하나님의 뜻에 반역하고 모반함으로 죄가 이 세상에 들어오게 된 것입니다. 이러므로 죄란 하나님의 근본 뜻에서 빗나갔다는 말입니다. 하나님 앞에서 관리자로 살아야 될 인간이 빗나가 주권자가 되고 주인이 되려고 반역과 모반의 죄를 짓고 쫓겨남으로 죄가 들어오고 그 죄를 따라서 아담과 하와의 후손들은 죄인이 되어 버리고 말았던 것입니다.[118]

이처럼 아담과 하와가 마귀의 유혹에 넘어가 하나님을 반역함으로 죄가 세상에 들어오게 되었고, 그들의 후손들인 인류는 모두 죄인이 되어 버리고 말았다(롬 5:12). 영산은 죄와 마귀는 불가분의 관계로 하나로 연합되어 있고, 죄는 "살아 움직이는 마귀 바로 그 자체"라고 강조한다.[119]

2) 인간의 완전 타락

인류의 조상 아담과 하와가 하나님을 반역하고 죄를 지었을 때, 그 죄의 결과로 그들의 생애 속에 치명적인 죽음이 다가오게 되었다. 영산은 "삼중 형벌"이 임하게 되었다고 주장한다.[120]

---

118)   조용기, "죄와 의," 〈순복음의 말씀〉 제207호(1982. 9. 19.).

119)   조용기, 『순복음의 진리 (하)』, 284.

120)   참조. 조용기, "안 보이게 임하는 천국," 〈순복음의 말씀〉 제259호(1983. 9. 18.); 최문홍, "영산 조용기 목사의 인간 이해," 『성령과 신학』 Vol. 23 (2007): 104.

첫째 형벌은 "영의 죽음"이다. 아담과 하와가 범죄함으로 하나님의 심판을 받아 에덴에서 쫓겨나 하나님과 단절되었다(창 3:23-24). 그들은 하나님 없는 막막한 세계에서 영적으로 죽게 되었다. 영이 죽는다는 것은 하나님과의 영적 교통이 끊어진다는 의미이다. 아담과 하와는 범죄함으로 하나님과의 영적인 교통이 단절된 절망적인 존재로 전락하고 만 것이다.

둘째 형벌은 "환경적인 저주"이다. 아담은 하나님으로부터 만물을 지배하고 다스리는 지배권을 받았던 자연과 환경의 주인이었다. 그러나 주인이 타락하고 형벌을 받자 그 지배 아래 있던 모든 자연환경도 다 형벌 아래들어가게 되었다. 땅은 저주받아 저주의 가시덤불과 엉겅퀴를 내게 되었다(창 3:17-18). 아담도 양식을 얻기 위해 평생 얼굴에 땀을 흘리며 수고해야만 하는 저주를 받게 되었다.

셋째 형벌은 "육체의 죽음"이다. 아담이 하나님께 범죄하여 타락하자 얼굴에 땀이 흘러야 식물을 먹고, 결국에는 한 줌의 흙으로 돌아가야만 하는 운명에 처하게 되었다(창 3:19). 인간은 땀을 흘리며 살다가 갖가지 병에시달려 육체를 도적질 당하다가 끝내는 흙으로 돌아가고 만다. 다시 말해, 죽음으로 끝나는 것이다.

이처럼 아담과 하와가 타락하자 그들은 하나님과 단절되어 영이 죽게되었고, 저주와 질병과 죽음의 재앙을 피할 수 없게 되었다. 영산은 이것이 바로 아담과 하와의 범죄로 말미암아 인류를 덮고 있는 "완전 타락"("전인[全人] 타락" 혹은 "삼중[三重] 타락")의 재앙이라고 말한다.[121] 영산에 의하면 하나님을 떠나 완전 타락한 인간은 "절망적인 존재"다.[122]

---

121) 참조. 조용기, 『새로운 자화상: 보라 새것이 되었도다』 (서울: 서울말씀사, 2004), 56-62.
122) 조용기, "성령의 역사와 설교," 『성령』 제5집 (1989): 152.

영산은 위에서 인간의 "완전 타락"을 성경 창세기의 관련 본문에 근거하여 강하게 주장하였다. 그런데 그가 인간의 완전 타락을 힘 있게 강조하는 이면에는 절망적인 인간의 실존에 대한 자신의 뼈에 사무친 체험도 깔려 있다고 본다. 우리가 앞에서 살펴보았듯이, 영산은 어린 시절과 청소년 시절에 가난을 몸서리치도록 경험하였고, 폐병 3기로 죽음의 문턱까지 이르러서는 처절한 삶의 고통과 절망을 뼈저리게 체험하였다. 목회 초기 천막교회 시절에도 그의 목회 대상자들은 모두 죄와 가난과 질병에 시달리는 절망에 빠진 사람들이었다. 영산은 그들과 함께 절망에서 벗어나기 위해 결사적인 씨름을 해야만 했다. 이런 몸서리나는 체험을 통하여 영산은 절망적인 인간의 실존을 뼈저리게 느꼈을 것이다. 필자는 영산이 하나님께 범죄하여 절망 가운데 떨어진 인간의 실상을 역설하는 데 그의 삶과 목회에서의 생생한 체험이 도움을 주었을 것이라고 생각한다.

우리는 본 장에서 영산의 인간 이해를 살펴보았다. 하나님은 다른 피조물과는 다르게 인간을 하나님의 형상과 모양을 따라 창조하셨다. 모든 피조물 가운데 유일하게 인간만이 하나님과 교제를 나눌 수 있는 영적인 존재로, 도덕적이고 지적 능력을 지닌 존재로, 만물을 다스릴 수 있는 왕 같은 지배권을 부여받은 하나님의 대리자로 지음을 받았다. 또한 하나님은 인간을 구성하고 있는 영, 혼, 육에 각각 맡은 직분과 서로 간에 올바른 질서가 유지되도록 완전하게 창조하셨다. 이렇게 완전하게 창조된 인간은 그 안에 하나님이 부여하신 엄청난 잠재 능력을 지니고, 하나님이 예비하신 풍요로운 에덴동산에서 그 동산을 가꾸고 다스리며 행복하게 살 수 있었다.[123]

---

123) 영산은 "인간은 원래 행복하기 위해서 지음을 받은 것"이라고 말한다. 조용기, "행복을

그러나 아담과 하와는 마귀의 유혹에 넘어가 하나님의 명령에 불순종함으로 완전히 타락하고 말았다. 그들이 하나님께 범죄한 결과 "삼중 형벌"이 임하게 되었다. 아담과 하와에게 하나님과의 교통이 단절되는 "영의 죽음"과 "환경적인 저주", 그리고 결국 흙으로 돌아가야만 하는 "육체의 죽음"이 다가왔다. 이렇게 인간은 범죄함으로 "완전 타락"의 재앙에 떨어진 절망적 존재가 되고 말았다. 한마디로, 영산은 인간을 완전히 타락한 **절대 절망적 존재**로 간주한다.

찾아서," 〈순복음가족신문〉 제1635호(2011. 7. 24.).

영산(靈山)

조용기 신학

성경, 십자가, 성령 중심의 희망

제5장
예수 그리스도의 십자가: 희망의 원천

필자가 앞에서 언급한 바와 같이 영산은 자신의 삶과 목회를 통하여 수많은 신앙 체험을 하였다. 그리고 이 체험은 영산의 신앙을 확고하고 살아 있도록 만들어 주었다. 그는 신앙은 머리로 깨달아서 믿어지는 것이 아니라 "체험"이 중요하다고 지적한다.[124]

따라서 본 장에서 영산이 이해한 예수 그리스도의 십자가를 고찰하기 전에, 먼저 그가 실제로 체험한 예수님의 십자가에 관하여 언급하고자 한다. 이렇게 영산의 "십자가 체험"에서 시작하는 것이 그의 십자가 이해를 파악하는 데 도움을 줄 것이다. 영산은 늘 자신의 신앙 체험에 입각하여 확신을 가지고 복음을 전했다.

1. 영산의 십자가 체험

영산은 환상 중에 예수를 만나는 체험을 두 번 하였다. 첫 번째는, 폐병 3기로 죽음을 눈앞에 둔 절망적인 상황에서 부활하신 예수님을 만나 치료받고 소명을 받은 환상이었다. 두 번째는, 예수님의 십자가의 고난을 뼈저

---

124) 조용기, "나의 목회와 선교," 『교회성장: 교회성장과 선교 2세기의 사명』, 22.

리게 체험한 환상이었다. 필자는 앞(제2장)에서 첫 번째 환상에 관하여 말하였으므로 여기서는 두 번째 환상에 관하여 말하려고 한다.

1) 환상 중에 본 예수님의 십자가 고난[125]

어느 고난 주간의 금요일 밤, 영산이 예수님의 십자가의 고난을 묵상하며 기도하던 중, 환상 중에 예수님이 십자가에 매달려 너무 괴로워하는 모습을 보았다. 영산은 예수님의 모습이 너무 처참하여 환상을 보며 눈물을 펑펑 쏟았다고 한다. 영산은 환상에서 깨어난 후, 환상 중에 보았던 십자가에 못 박힌 예수님을 바라보면서 성령의 감동을 받아 다음과 같은 찬송시를 썼다.

얼마나 아프셨나 못 박힌 그 손과 발
죄 없이 십자가에 매달리신 예수님
하늘도 모든 땅도 초목들도 다 울고
해조차 힘을 잃고 온 누리 비치잖네

나의 죄 너희의 죄 우리의 모든 죄를
모두 다 사하시려 십자가 달리신 주
얼굴과 손과 발에 흐르는 그 귀한 피
골고다 언덕 위를 피로 붉게 적셨네

---

125) 이 부분에 대해 필자의 다른 글도 참조하라. 참조. 최문홍, "영산 신학의 기반," 『영산신학저널』 Vol. 46 (2018): 93-94.

아아 끝 없어라 주의 사랑 언제나
아아 영원토록 구원의 강물 넘치네[126)]

영산은 이 환상의 체험을 통하여 예수께서 당하신 십자가의 고통을 더욱 뼈저리게 느끼게 되었고, 예수님의 십자가 대속의 은혜의 귀중함을 다시금 절실히 깨달았다. 영산은 평생의 목회를 통하여 혼신의 힘을 다하여 십자가 중심의 메시지를 외쳤는데, 그가 환상 중에 뼈저리게 체험한 예수님의 십자가의 고난이 큰 도움을 주었을 것이다.

2) 예수님이 당하신 십자가의 고통

영산은 예수님의 십자가 대속의 의미를 말하기 전에, 먼저 예수님이 당하신 십자가의 고통에 관해 자주 강조한다. 이것은 영산이 환상을 통하여 예수께서 십자가에서 고통당하시는 처참한 모습을 친히 보았기 때문이라고 여겨진다. 그는 예수님이 세 가지 측면에서 고통을 당하였다고 역설한다.

---

126) 이 찬송시가 새 찬송가에 실린 "얼마나 아프셨나"(614장)이다. 작곡자는 그의 아내인 피아노 전공자 김성혜이다. 그녀는 어느 날 새벽에 멜로디가 들려와 얼른 일어나 귀에 들리는 대로 받아 적었다고 한다. 그리고 영산이 쓴 찬송시와 자신이 받아 적은 멜로디를 맞추어 보니 가사와 곡이 기가 막힐 정도로 잘 들어맞았다고 한다. 그래서 그녀는 이 곡은 하나님이 주신 곡이었다고 고백한 바 있다. 그녀는 하나님이 주신 멜로디를 받아 적었을 뿐이므로 자신이 작곡자가 아니라고 말한다. 이런 작곡의 사연은 필자가 작곡자로부터 직접 들은 것이다. 참조. 김성혜,『네 입을 넓게 열라』(서울: 서울말씀사, 2005), 133-134. 영산이 예수님의 십자가를 묵상하며 쓴 다른 찬송시도 여러 편이 있다. 참조. "겟세마네 동산에서"(복음성가 167장); "내 평생 살아온 길"(복음성가 352장). 참조. 순복음음악연구소 편,『복음성가』(서울: 서울말씀사, 2001). "예수님의 크신 은혜"(새복음성가 9장). 참조.『은혜로운 새복음성가』(서울: 서울말씀사, 2020).

(1) 육체적 고통

영산은 예수님이 도저히 인간의 말로는 형용하기 어려운 "육체적 고통"을 당하셨다고 강조한다.[127] 예수님은 "십자가형"을 당하셨다. "십자가형"[128]은 당시 로마 제국에서 사용하였던 가장 잔인한 사형법의 한 형태였다.[129] 왜냐하면 십자가형은 죄수로 하여금 극심한 고통을 최대한 오래도록 느끼며 서서히 죽게 하는 잔인한 처형법이었기 때문이다.

"십자가형"은 먼저 죄수에 대한 "채찍질"로부터 시작된다(마 27:26; 막 15:15; 요 19:1). 처형할 죄수의 허리까지 옷을 벗기고 채찍질을 하는데, 이때 사용하는 채찍은 평범한 채찍이 아니었다. 채찍 끝에는 갈라진 뼛조각이나 거친 쇠붙이를 매달아 놓아, 그 채찍으로 죄수를 때리면 채찍에 붙어 있는 날카로운 뼛조각이나 쇠붙이 조각이 몸에 파고 들어가 등이 갈기갈기 찢겨 나갔다.[130] 예수님도 인류의 모든 죄를 대신 짊어지시고 십자가에 못 박히시기 전, 로마 군병들로부터 이와 같은 무시무시한 채찍을 맞아 등이 갈기갈기 찢겨 나가는 혹독한 육체적 고통을 당하셨다.

예수님은 "채찍"으로 맞을 뿐만 아니라 "주먹"과 "손바닥"으로도 맞았다(마 26:67; 막 14:67; 눅 22:63). 그리고 군병들은 예수님을 관정 안으로 끌고 들어가 예수님을 왕에 빗대어 조롱하기 위하여 그의 옷을 벗기고 왕에

---

127) 조용기, "예수님이 당하신 십자가 고통," 〈순복음가족신문〉 제1646호(2011. 10. 9.).

128) "십자가형"은 페르시아 시대로부터 시작하여 헬라 제국을 거쳐 로마 제국에도 도입되어 사용되었던 처형 방법이었다. 참조. J. Schneider, "스타우로스(헬/stauros)," *TDNT*, Vol. VII, eds. G. Kittel and G. Friedrich (Grand Rapids: Wm. B. Eerdmans Publishing Company, 1971), 572.

129) Ibid.

130) 참조. 알리스터 맥그래스, 『내가 정말 몰랐던 예수 십자가』, 박삼영 역 (서울: 규장, 2004), 15; 조용기, "예수님이 당하신 십자가 고통," 〈순복음가족신문〉 제1646호(2011. 10. 9.).

게 어울리는 자색 옷을 입히고, 가시로 왕관을 만들어 그의 머리에 눌러 씌우고 그의 오른손에 갈대를 쥐여 주었다. 그런 후 그들은 통치자에게 하듯 예수님 앞에서 무릎을 꿇고 희롱하였다. "유대인의 왕이여 평안할지어다"(마 27:27-29).[131] 군병들은 예수님에게 침을 뱉고 갈대를 빼앗아 그의 머리를 쳤다(마 27:30; 막 15:17-19). 영산은 로마 군인들이 가시로 왕관을 만들어서 예수님에게 막 누르면서 씌워 예수님의 온 얼굴은 피투성이가 되었을 것이라고 말한다.[132]

그다음 처형 과정은 죄수로 하여금 자기가 처형될 무거운 나무 십자가[133]를 지고 처형 장소까지 운반하는 일이었다. 그러나 예수님은 이미 너무 지치셨기에 그 무거운 십자가를 지고 갈 힘조차 없었다. 예수님은 체포당하시기 전날, 겟세마네 동산에서 기도하실 때 온 힘을 다하여 간절히 기도하셨다. 누가는 예수께서 얼마나 간절히 기도하셨던지 "땀이 땅에 떨어지는 핏방울 같이 되었다"고 전한다(눅 22:44). 이 겟세마네 동산에서의 기도를 통하여 예수님은 이미 몸이 많이 지치셨을 것이다. 거기에다 예수님은 체포되신 후 유대인의 공회 앞에 끌려가 재판을 받으셨고, 공회는 예수님을 사형하려고 결의하고 그를 결박하여 끌고 가서 총독 빌라도에게 넘겨주었다. 예수님은 이런 여러 과정을 통하여 심히 지쳐 있어 십자가를 지고 갈 수가 없었다. 그래서 로마의 군인들은 구레네 사람 시몬에게 억지로 예수님의 십자가를 지고 가게 한 것이다(마 27:32; 막 15:21; 눅 23:26).

---

131) 참조. 도날드 헤그너, 『마태복음 14-28』, 채천석 역 (서울: 도서출판 솔로몬, 2008), 1248.

132) 조용기, "고난받으신 예수님," 〈순복음가족신문〉 제1867호(2016.5.8.).

133) 죄수들이 처형 장소까지 지고 간 것은 수직 기둥에 매다는 무거운 "가로대"였다. 로마인들은 이 십자가의 가로대를 "파티불룸"(patibulum)이라고 불렀다. 참조. 알리스터 맥그래스, 『내가 정말 몰랐던 예수 십자가』, 16.

죄수가 십자가를 지고 처형 장소에 도착하면 그의 옷을 벗기고 십자가에 못 박는다. 죄수는 양손을 벌린 채 가로 막대에 양손이 못에 박혔고, 그 것을 그대로 들어 올려 수직 기둥에 고정시켰다.[134] 그리고 그의 양발을 수직 기둥에 대못으로 박았다.[135]

예수님도 인류의 모든 죄를 대신 짊어지시고 이렇게 십자가에 못 박히셨다. 십자가에 못 박히심은 예수님이 당하신 육체적 고통의 절정이었다. 예수님은 오전 9시에 십자가에 못 박혀 6시간 동안 십자가에 매달려 고통당하시다가 오후 3시에 운명하셨다(마 27:45-50; 막 15:33-37; 눅 23:44-46). 이와 같이 예수님은 인류의 죄를 대속하시기 위하여 극심한 "육체적 고통"을 당하셨다. 예수님은 완전한 하나님이면서 동시에 완전한 사람이시기에, 사람이 느낄 수 있는 고통을 그대로 다 느끼셨다.

(2) 정신적 고통

예수님은 육체적 고통뿐 아니라 "정신적 고통"도 당하셨다. 예수님은 십자가형을 앞두고 겟세마네에서 기도하시기 전 "고민하고 슬퍼하셨다"(마 26:37). 체포의 순간이 다가오자 예수님은 심히 고통스러우셨다. 영산은 예수님이 고민하고 슬퍼하신 것은 인성을 가지신 예수님이 "십자가를 짊어지는 무시무시한 고통 앞에서 고민하고 슬퍼하신 것"이요, 또한 "앞으로

---

134) 레이몬드 E. 브라운,『요한복음 II: 영광의 책』 최흥진 역 (서울: CLC, 2013), 1686.

135) 1968년에 십자가에서 처형되었던 여호하난의 납골단지의 발견으로 예수께서 어떻게 십자가에 못 박혔는지를 알려 주는 고고학적 증거가 드러났다. 이 납골단지는 주후 20년대 말의 것이었다. 그 유물에서 오른쪽 발목뼈를 관통한 길이 11.5cm의 대못을 분명히 볼 수 있었다고 한다. 참조. 크레이그 A. 에반스,『마가복음 8:27-16:20』 김철 역 (서울: 도서출판 솔로몬, 2002), 763-764.

다가올 일을 다 알고 계셨기 때문"이었다고 이해한다.[136] 그리고 예수님이 겟세마네 동산에서 "내 마음이 심히 고민하여 죽게 되었다"(마 26:38; 막 14:34)고 말씀하신 것은, 자신의 마음이 심히 고민하여 "죽을 지경에까지" 이르렀다고 말씀하신 것이다.

영산은 예수님이 당하신 정신적 고통은 이사야 53장 7-8절에 나타나 있다고 말한다.[137]

> 그가 곤욕을 당하여 괴로울 때에도 그의 입을 열지 아니하였음이여
> 마치 도수장으로 끌려 가는 어린 양과 털 깎는 자 앞에서 잠잠한 양
> 같이 그의 입을 열지 아니하였도다 그는 곤욕과 심문을 당하고 끌려
> 갔으나 그 세대 중에 누가 생각하기를 그가 살아 있는 자들의 땅에서
> 끊어짐은 마땅히 형벌 받을 내 백성의 허물 때문이라 하였으리요.

이 본문은 장차 오실 "하나님의 종"인 예수님에 관한 이사야의 예언이다.[138] 그 내용은 예수님의 수난에 관한 것으로 예언자 이사야는 그의 체포당하심과 정죄당하심과 처형당하심에 대해 묘사하고 있다. 예수님은 체포되어 공회 앞에 서서 심문을 받으시며 괴로우셨지만, 자기에 대한 거짓 증언들에 대해 침묵하시고 입을 열지 않으셨다(막 14:60-61). 이 본문 7절에서 이사야는 이것을 마치 도수장으로 끌려가는 어린 양과 털 깎는 자 앞에서 잠잠한 양에 비유하였다. 또한 8절에서 예수님이 곤욕과 심문을 당하

---

136) 조용기, 『마태복음 강해 IV』 (서울: 서울말씀사, 2008), 245.
137) 조용기, "예수님이 당하신 십자가 고통," 〈순복음가족신문〉 제1646호(2011.10.9.).
138) 이 본문은 "하나님의 종의 노래"라고 불리는데, 이사야에 네 번 나타난다. 이사야 42:1-4; 49:1-6; 50:4-9; 52:13-53:12.

고 살아 있는 자들의 땅에서 끊어졌다는 것은 예수님이 체포되어 심문당하고 유죄판결을 받아 처형되었다는 의미이다. 이 본문에서 이사야가 강조하고자 하는 점은 예수님이 이렇게 극심한 고난을 당할 때 "외톨이"였으며, 아무도 그를 위해 걱정하지 않았다는 것이다.[139] 이처럼 예수님께서 극심한 "정신적 고통"을 당하신 것이다.

예수님은 인류의 모든 죄와 허물을 청산해 주시기 위하여 홀로 정신적인 고통을 감당하셨다. 예수님은 죄인인 인간 때문에 십자가에서 절대적인 고독과 고통을 당한 것이라고 영산은 주장한다.[140]

(3) 영적 고통

예수님은 영적으로도 엄청난 고통을 당하셨다. 십자가에 못 박혀 6시간 동안이나 고통당하시던 예수님은 오후 3시쯤 크게 외치셨다. 마태는 다음과 같이 보도한다.

> 제구시쯤에 예수께서 크게 소리 질러 이르시되 엘리 엘리 라마 사박다니 하시니 이는 곧 나의 하나님, 나의 하나님, 어찌하여 나를 버리셨나이까 하는 뜻이라(마 27:46).

예수님의 수난 이야기는 겟세마네 동산에서 "기도"로 시작되었고(마 26:39), 이제 지나가기를 바랐던 "그 잔"을 마시는 경험을 하면서 큰 소리로 외치시는 예수님의 "기도"로 끝나고 있다. 영산은 십자가 위에서 드린

---

139) 클라우스 베스터만, 『이사야 (III)』 (서울: 한국신학연구소, 1990), 305.
140) 조용기, "예수님이 당하신 십자가 고통," 〈순복음가족신문〉 제1646호(2011.10.9.).

예수님의 기도에 하나님은 아무 대답도 하지 않으셨다고 말하면서, "이처럼 예수님은 우리 인류의 모든 죄를 걸머지고 아버지로부터 버려졌습니다"라고 지적한다.[141] 인류의 모든 죄를 걸머진 희생 제물로서 예수님은 자신의 아버지와의 교제가 단절되고, 아버지로부터 버림을 받는 극심한 "영적 고통"을 당하신 것이다. 영산은 예수님이 받은 육체적 고통보다도 하나님께 버림받은 "영적 고통"이 훨씬 더 고통스러웠을 것이라고 역설한다.[142] 이와 같이 예수님은 인류의 죄를 청산하기 위하여 십자가 처형을 받으시며 극심한 육체적, 정신적, 영적 고통을 당하셨다.

영산은 환상을 통하여 예수님이 십자가에 못 박혀 처절하게 고통당하시는 모습을 보았기 때문에, 예수 그리스도의 십자가의 복음을 전할 때 더욱 확신을 가지고 단호하게 선포한 것이다.

2. 예수님의 십자가 대속[143]

영산의 예수 그리스도의 십자가 이해에서 "십자가 대속"은 그 핵심을 차지한다. 영산은 절망에 처한 인간에게 용기와 희망을 줄 수 있는 길은 "예수님의 십자가" 이외에는 없다고 단언한다.[144] 그러므로 영산에게 "예수님

---

141) Ibid.
142) 조용기, "십자가 위에서 본 예수," 〈순복음의 말씀〉 제72호(1980. 2. 17.).
143) "대속"(代贖)은 예수님이 십자가의 보혈로 인류의 죄를 대신 씻어 구원한 일을 가리키는 말이다. "대속"은 "속죄"나 "속량"과 유사한 의미이다. 영산은 자신의 설교에서 다른 용어보다도 "대속"이란 용어를 선호한 것 같다. 따라서 본 서에서도 주로 "대속"이란 용어를 사용하고자 한다.
144) 조용기, "심은 대로 거둔다," 〈순복음가족신문〉 제1652호(2011. 11. 27.).

의 십자가 대속" 사건은 절대 절망의 인간이 절대 희망으로 옮겨 갈 수 있는 결정적인 전환점인 것이다.

1) "삼대재앙"에서 "삼중축복"("삼중구원")으로[145]

우리는 앞 장에서 영산이 인간을 영과 환경과 육체의 죽음, 즉 "삼대재앙"에 빠진 "절대 절망적 존재"로 간주한다고 살펴보았다. 영산은 예수님의 십자가 대속을 통하여 인간에게 다가온 "삼대재앙"이 "삼중축복"으로 바뀌게 되었다고 확고히 말한다.[146] 영산에게 있어, 인간에게 다가온 "재앙"이나 "타락"은 모두 "삼중적" 구조를 갖는다. "영"과 "환경"과 "육체"의 죽음의 재앙이요 타락이다. 그러므로 예수님을 통한 "대속"이나 "구원"도 마땅히 "삼중적" 구조가 필요한 것이다.

(1) 죄에서의 대속

예수님의 십자가 대속의 사건에 있어, 영산은 예수님께서 인간을 **먼저** "죄에서 대속"하셨다고 다음과 같이 설명한다.

> *먼저 예수님께서는 우리의 죄를 대속하셨습니다. 예수님께서 양손과 양발을 대못에 박히우시고, 머리에 가시관을 쓰시고 허리에 창을 받아 물과 피를 쏟으신 것은 바로 여러분과 나의 죄를 대속하기 위해서*

---

145) "삼중축복"은 "삼중구원" 혹은 "전인구원"과 바뀌 쓸 수 있는 말이다. 다시 말해, 그 내용이 같다.

146) 조용기, 『새로운 자화상: 보라 새것이 되었도다』, 66.

였습니다.[147]

영산은 죄에서의 대속의 성경적 근거로 종종 이사야 53장을 든다. "그
가 찔림은 우리의 허물 때문이요 그가 상함은 우리의 죄악 때문이라"(사
53:5). 이사야 53장은 이사야가 고난받는 하나님의 종으로 장차 오실 예수
그리스도의 고난을 예언한 본문이다. 영산은 이 구절을 다음과 같이 설명
한다.

> 우리가 일생을 살아가면서 지은 *죄악*과 *허물*을 하나님께서는 우리에
> 게 책임 지우지 아니하시고 그 아들 *예수에게* 책임 지워서 손과 발을
> 대못으로 박고 머리에 가시관을 씌우셨습니다. 예수님은 우리의 원
> 죄와 자범죄 때문에 상처를 입으셨던 것입니다. 예수님은 우리를 *대
> 신*하여 찔리고 상하셨습니다.[148]

예수님은 우리 인류의 일생의 허물과 죄악을 사하시려고 인류를 대신하
여 가시에 찔리시고 상하신 것이다.

신약성경의 저자들도 죄에서의 대속을 예수님의 십자가와 밀접히 연
관하여 진술하고 있다. 마가는 인류의 죄를 사하기 위한 예수님의 죽음
이 "대속적인" 죽음이었음을 분명히 말한다. "인자가 온 것은 섬김을 받으
려 함이 아니라 도리어 섬기려 하고 자기 목숨을 많은 사람의 *대속물*로 주
려 함이니라"(막 10:45). 이 말씀은 예수님이 자신의 십자가의 죽음을 염두

---

147) 조용기, "신앙과 고통의 문제,"〈순복음의 말씀〉제170호(1982.1.3.). 필자의 강조.
148) 조용기, "십자가 위에서 본 예수,"〈순복음의 말씀〉제72호(1980.2.17.). 필자의 강조.

에 두고 하신 것이다. 바울도 예수님의 십자가의 죽음을 통하여 우리의 죄가 사함을 받았고, 예수님의 부활을 통하여 우리가 의롭게 되었다고 선언한다. "예수는 우리가 범죄한 것 때문에 내줌이 되고 또한 우리를 의롭다 하시기 위하여 살아나셨느니라"(롬 4:25). 베드로도 예수님이 우리의 죄를 자신의 몸에 짊어지고 십자가에 달리셨다고 진술한다. "친히 나무에 달려 그 몸으로 우리 죄를 담당하셨으니 이는 우리로 죄에 대하여 죽고 의에 대하여 살게 하려 하심이라"(벧전 2:24).

한마디로, 예수께서는 아담의 타락으로 인해 모든 인류에게 미치게 된 절망적인 죄의 문제를 십자가의 대속을 통하여 온전히 청산하심으로 인류가 구원받을 수 있는 희망의 길을 열어 놓으셨다. 기독교는 전통적으로 예수님의 십자가 대속을 "죄"에서의 대속에 한정하여 이해하여 왔다. 그러나 영산의 대속론은 전통적인 대속론을 넘어선다.

(2) 질병에서의 대속

영산은 예수님의 십자가 대속의 은혜에는 "죄"에서의 대속뿐 아니라 육체의 "질병"에서의 대속도 포함되어 있다고 주장한다. 그는 자주 이사야 53장을 인용한다.

> 그는 실로 우리의 질고를 지고 우리의 슬픔을 당하였거늘 우리는 생각하기를 그는 징벌을 받아 하나님께 맞으며 고난을 당한다 하였노라(사 53:4).

이사야는 장차 오실 하나님의 종인 예수 그리스도가 우리의 질고를 짊어지셨다고 말한다. 여기서 "질고"란 "병"을 말한다. 즉, 이 구절은 장차 예수님이 십자가 대속의 고난을 통하여 우리의 병을 짊어지고 청산하실 것을 예언한 말씀이다.

영산이 강조하는 또 다른 본문은 베드로전서 2장 24절이다. "그가 채찍에 맞음으로 너희는 나음을 얻었나니."[149] 베드로는 예수님이 채찍에 맞음으로 우리는 나음을 받았다고 분명히 말한다. 우리가 앞에서 언급한 것처럼, "채찍 맞음"은 예수님의 십자가 처형에서 가장 먼저 집행되었던 일이다. 예수님에게 십자가 처형이 내려졌을 때 예수님은 제일 먼저 채찍을 맞았고, 이는 곧 우리의 치유를 위함이었다. 이같이 예수님의 "십자가"와 "치유"는 결코 뗄 수 없는 관계에 있다. 다시 말해 예수님의 십자가 대속에 "질병"에서의 대속도 포함되어 있는 것이다.

영산이 주장하는 십자가 대속의 은혜인 "질병에서의 대속"은 질병으로 말미암아 고통과 절망에 빠진 인간에게 참으로 기쁨과 희망의 소식인 것이다.

(3) 저주와 가난에서의 대속

영산은 여기서 한 걸음 더 나아가 예수님의 십자가의 대속에는 "저주와 가난"에서의 대속도 포함되어 있다고 주장한다. 우리가 앞에서 살펴보았듯이, 아담의 범죄로 말미암아 모든 인류에게 절망적인 저주의 고통이 다가오게 되었다. 영산은 예수님이 십자가에서 이 저주를 다 청산해 주셨다고 말한다. 영산은 이런 주장의 근거로 갈라디아서 3장 13-14절을 든다.

---

149) 이 본문은 이사야 53장 5절("그가 채찍에 맞으므로 우리는 나음을 받았도다")의 인용이다.

그리스도께서 우리를 위하여 *저주*를 받은 바 되사 율법의 저주에서
우리를 속량하셨으니 기록된 바 나무에 달린 자마다 저주 아래에 있
는 자라 하였음이라 이는 그리스도 예수 안에서 *아브라함의 복*이 이
방인에게 미치게 하고 또 우리로 하여금 믿음으로 말미암아 성령의
약속을 받게 하려 함이라.

이 본문에서 "그리스도께서 우리를 위하여 저주를 받았다"는 것은, 그가
우리를 위하여 십자가에 달려 우리가 받아야 할 저주를 자기 몸에 대신 짊
어지셨다는 의미이다. 유대적 사고에 의하면, "나무에 달린다는 것"은 하
나님께 저주를 받은 것이다(신 21:23). 그리고 그리스도께서 저주를 받으
신 목적은 그리스도 예수 안에서 아브라함의 복이 이방인에게 미치게 하
는 것이라고 말한다(갈 3:14).[150] 이와 같이 영산은 예수님의 십자가 대속
에 "저주에서의 대속"도 포함되어 있다고 주장한다.

또한 영산은 예수님이 지상에서 사신 삶도 "대속적 삶"으로 이해한다.
그는 예수께서 가난하게 사신 이유는 우리를 부요하게 하기 위함이라고
역설한다.

우리 주 예수 그리스도의 은혜를 너희가 알거니와 부요하신 이로서
너희를 위하여 *가난*하게 되심은 그의 가난함으로 말미암아 너희를
*부요*하게 하려 하심이라(고후 8:9).

영산은 예수께서 마구간에서 태어나셨고, 공생애 기간 머리 둘 곳도 없

---

150) 조용기, 『5중복음과 삼박자축복』, 158.

을 정도로 가난하게 사신 이유는 그의 가난으로 말미암아 우리에게 부요
를 주기 위함이라고 해석한다.[151] 이처럼 영산은 예수 그리스도의 일생도
가난을 대속하신 "대속적 일생"으로 이해한다.

영산은 예수께서 우리에게 아브라함의 복을 주시기 위하여 십자가에 매
달려 처참한 고난을 당하셨기 때문에, 예수님을 믿는 신자들은 더 이상 저
주 가운데 살아서는 안 된다고 강조하여 말한다. 만일 신자들이 아브라함
의 복을 누리지 못한다면 우리를 위해 예수님이 가난하게 사심을 헛되게
하는 자가 되고 만다고 상기시킨다.[152] 그러므로 영산은 예수님을 믿은 신
자들은 예수께서 십자가의 고난을 통하여 이루어 놓으신 대속의 은혜인
아브라함의 복을 누리며 살아야 한다고 강조한다. 영산은 그것이 예수님
의 십자가의 엄청난 고난과 희생을 헛되이 하지 않는 길이요, 성경적인 하
나님의 뜻이요, 그리스도를 영화롭게 하는 길이라고 역설한다.[153]

요약하면, 예수 그리스도의 십자가의 대속에는 "죄"에서의 대속뿐 아니
라, "질병"과 "저주와 가난"에서의 대속도 분명히 포함되어 있다. 다시 말
해, 영산이 주장하는 예수님의 십자가 대속은 "죄"와 "질병"과 "저주"에서
의 대속, 즉 "삼중대속"이다. 이런 예수님의 십자가의 "삼중대속"을 통하
여, 아담의 범죄로 인류에게 다가온 "삼대재앙"이 청산되었고, 그 결과 "삼
중축복"("삼중구원")을 받을 수 있는 희망의 길이 열리게 된 것이다. 다시
말하면, 예수님의 십자가의 대속을 통하여 인간은 "절대 절망적 존재"에서
"절대 희망적 존재"로 결정적으로 바뀌게 된 것이다.

---

151) Ibid., 157.
152) Ibid.
153) Ibid., 157-158.

2) 십자가 대속의 다른 측면들

영산은 예수 그리스도의 십자가의 대속과 관련된 의미 있는 다른 측면 들도 강조한다.

(1) 하나님의 공의와 사랑

예수님의 십자가 대속은 "하나님의 공의"를 나타내는 사건이다. 아담과 하와가 하나님께 범죄함으로 에덴에서 쫓겨난 것처럼, 예수님이 인류의 모든 죄를 담당하셨을 때 예수님도 하나님의 심판을 받을 수밖에 없었다. 왜냐하면 하나님은 공의의 하나님이시기 때문이다. 영산은 죄의 성격을 이렇게 설명한다.

> 죄는 하나님 앞에서 저주를 받고 내어쫓김을 받는 것이 *죄*요, 하나님
> 의 아들이라고 하더라도 *죄*를 대신 짊어졌을 때는 처참하고 무자비
> 하게 *심판*받을 수밖에 없는 것이 *죄*입니다.[154]

하나님께서는 인류의 죄를 용서하시는 데 아무런 대가도 치르지 않고 용서하실 수는 없었다. 따라서 공의의 하나님께서는 그의 사랑하는 아들 예수님께 인류의 모든 죄를 짊어지게 하시고, 십자가에 못 박아 처참하게 심판하심으로 인류의 죄의 대가를 지불하신 것이다. 영산은 "하나님께서 는 독생자를 십자가에 못 박기까지 용서의 대가를 지불하시며 멸망해 가

---

154) 조용기, "십자가 고난의 뜻," 〈순복음의 말씀〉 제176호(1982. 2. 14.). 필자의 강조.

는 우리들을 구출하셨습니다"라고 말한다.[155] 이처럼 예수님의 십자가는 "하나님의 공의"를 잘 드러내 주는 사건이다.

다른 한편으로, 예수님의 십자가는 "하나님의 사랑"도 분명히 나타내는 사건이다. 하나님께서는 세상을 이처럼 사랑하사 독생자를 보내 주셨다(요 3:16). 여기서 "사랑하사"는 무조건적이고 일방적인 하나님의 절대적 사랑의 행위를 나타낸다. 바울은 이런 하나님의 절대적인 사랑은 우리가 아직 죄인 되었을 때 그리스도께서 우리를 위하여 십자가에 죽으심으로 확증되었다(롬 5:8)고 말한다. 다시 말해, 그리스도의 죽음은 우리를 위한 "하나님의 사랑"의 확실한 증거인 것이다.

영산은 예수께서 십자가에 못 박히실 때 죄인이 아니라 "죄"가 되셨다는 점을 지적한다.[156] "하나님이 죄를 알지도 못하신 이를 우리를 대신하여 *죄*로 삼으신 것은 우리로 하여금 그 안에서 하나님의 의가 되게 하려 하심이라"(고후 5:21). 하나님이 자기의 아들인 예수님을 우리를 대신하여 "죄"로 삼으시고 십자가에서 온 세상의 죄에 대한 심판을 받게 하셨다. 이 "하나님의 사랑"은 도저히 인간의 생각으로 측량할 수 없는 사랑이다. 영산은 다음과 같이 역설한다.

십자가에서 우리를 위하여 몸 찢고 피 흘리고 그 영혼을 쏟아 죽으심으로 우리를 대속하셨으니 이 십자가는 하나님의 그 *크고 깊고 위대하신 사랑*을 우리에게 보여 주는 표상이 아니고 무엇이겠습니까?[157]

---

155)　Ibid.
156)　Ibid.
157)　Ibid. 필자의 강조.

이와 같이 예수님의 십자가는 "하나님의 공의"와 "하나님의 사랑"이 함께 이루어진 오묘한 사건이다. 영산은 이에 대해 이렇게 설명한다.

> 십자가는 참으로 놀라운 기적의 상징입니다. 십자가 안에서 하나님의 *정의*가 세워지고 하나님의 *사랑*도 완전히 이루어졌기 때문입니다. 우리는 십자가를 통해 우리 죄에 대한 심판을 받았고, 십자가를 통해 하나님의 용서와 사랑도 받았습니다.[158]

(2) 화목 제물

영산은 예수님이 우리의 죄를 용서하기 위하여 "화목 제물"이 되신 사실을 강조한다. 인류의 조상 아담과 하와가 하나님께 범죄하였을 때, 하나님과의 영적 교통이 끊어졌고 하나님의 진노 아래 놓이게 되었다. 이 하나님의 무서운 진노를 청산해 주신 분이 예수님이시다. 예수님은 십자가에서 친히 "화목 제물"이 되심으로 우리가 받아 마땅한 하나님의 진노를 우리 대신 받으신 것이다. 예수님은 우리 죄를 위한 화목 제물일 뿐 아니라 온 세상의 죄를 위한 화목 제물이시다. 사도 요한은 이 사실을 이렇게 말한다. "그는 *우리 죄*를 위한 화목 제물이니 우리만 위할 뿐 아니요 온 *세상의 죄*를 위하심이라"(요일 2:2). 예수님이 십자가에서 친히 "화목 제물"이 되심으로 우리의 모든 죄를 사하여 주셨기 때문에, 이제 우리는 다시 하나님과 "화목"할 수 있게 되었다. 이것은 예수 그리스도의 십자가 보혈을 통하여 이루어진 것이다.[159]

---

158) 조용기, 『새로운 자화상: 보라 새것이 되었도다』, 66-67. 필자의 강조.
159) 조용기, "화해와 만남," 〈순복음가족신문〉 제1732호(2013.7.21.).

또한 사도 요한은 우리의 죄를 속하기 위하여 "화목 제물"을 보내신 분은 우리를 사랑하신 하나님이라고 말한다. "사랑은 여기 있으니 우리가 하나님을 사랑한 것이 아니요 *하나님*이 우리를 사랑하사 우리 죄를 속하기 위하여 *화목 제물*로 그 아들을 보내셨음이라"(요일 4:10). 하나님께서는 인류의 모든 죄를 사하시기 위하여 자기 아들을 화목 제물로 이 땅에 보내셨다. 사도 요한은 아들을 화목 제물로 보내신 이 사건을 통하여 우리를 향한 하나님의 사랑이 어떠한지 분명히 알 수 있다고 말한다.

영산은 우리가 이 세상에 사는 동안 만나는 부부의 만남, 부모 자식의 만남, 형제자매의 만남, 이웃과의 만남 등 인간의 모든 만남 중에 가장 중요하고 절대적인 만남은 바로 하나님과의 만남이라고 올바로 역설한다.[160] 영산은 하나님을 만나 하나님과 화해하게 된 신자의 화해의 사명에 대해 다음과 같이 강조하여 말한다.

> 이제 우리는 하나님과 *화해*를 통해 엄청난 사랑과 기쁨과 행복을 갖게 되었으니, 우리의 이웃에게 *화해*의 손을 내밀어야 됩니다. 우리의 마음속에 엄청난 사랑과 기쁨과 행복이 있으니 이웃 사람을 도와주고 싶은 마음이 생깁니다. … 예수 그리스도의 은혜를 통해 너무나 크고 위대한 *화해*를 가졌으니 세상의 어떠한 불화도 끌어안고 변화시킬 수 있습니다.[161]

---

160) Ibid.
161) Ibid. 필자의 강조.

(3) 예수 그리스도와의 연합

영산은 예수님의 십자가 대속은 예수님과 우리가 하나로 연합된 사건이라고 말한다. 예수님이 십자가에서 죽으실 때 옛 아담의 자손들도 예수님과 함께 법적으로 죽은 것이다. 영산은 예수님을 믿는다는 것은 "우리 옛사람이 그리스도와 함께 십자가에 못 박혀 죽는다는 뜻"이라고 설명한다.[162] 그리고 부활에 대해서도, "예수님이 부활할 때 혼자 부활한 것이 아니라 우리를 안고 함께 부활한 것"이라고 말한다.[163] 그러므로 예수님을 구주로 모신 사람은 예수님과 하나가 되었으므로, 예수 죽음 내 죽음, 예수 부활 내 부활, 예수 천국 내 천국이라고 고백할 수 있다. 영산은 이에 대해 다음과 같이 말한다.

> 예수님을 구주로 모신 사람은 예수님과 *함께* 죽고, 예수님과 함께 무덤에 묻히고, 예수님과 *함께* 부활한 존재입니다. 그러므로 우리는 이미 예수님과 *함께 하늘의 보좌*를 얻은 자들입니다. 우리가 예수님을 믿는 것은 마음으로 그냥 믿는 것으로 끝나는 것이 아니라, 예수 그리스도와 *하나*가 된 것을 의미합니다.[164]

영산은 예수님의 십자가 대속을 통하여 우리가 예수님과 함께 죽고 함께 부활한 사건을 침례(롬 6:4-6)의 의미를 가지고 다음과 같이 설명한다.

'침례'의 진정한 의미는 바로 예수님의 이름으로 물에 들어가는 순간

---

162)　조용기, "그리스도와 함께," 〈순복음가족신문〉 제1729호(2013. 6. 30.).

163)　Ibid.

164)　Ibid. 필자의 강조.

우리의 옛 사람이 수장되어 죽고, 물에서 올라올 때는 십자가의 공로로 *부활*해서 일어났다는 것을 만천하에 공개하는 것입니다. 그래서 침례를 받음으로 말미암아 우리는 그리스도와 *함께 죽어* 장사 지낸 바 되었고, 이제 예수의 사람이 되었음을 알리는 것입니다. 침례를 받고 나면 이제 우리는 세상의 사람이 아닌 예수의 사람인 것입니다.[165]

또한 영산은 예수 그리스도를 구주로 모신 신자는 예수님과 하나로 연합된 사람이므로 예수님과 하나 된 은혜를 삶에서 누려야 한다고 역설한다. 그는 종종 고린도후서 4장 10절을 들어 설명한다. "우리가 항상 예수의 죽음을 몸에 짊어짐은 예수의 생명이 또한 우리 몸에 나타나게 하려 함이라." 영산은 "예수의 죽음을 몸에 걸머진다"는 것은 "예수님이 우리를 위해서 죽으신 것을 깊이 생각하는 것"이라고 해석한다.[166] 영산은 예수님이 왜 우리를 위해 죽으셨는지 깊이 생각하면, 예수님의 부활의 생명이 우리 몸에 나타나게 된다고 말한다. 영산은 예수님의 부활의 생명은 용서와 의의 생명, 거룩함과 성령충만의 생명, 치료의 생명, 아브라함의 축복의 생명, 부활 영생 천국의 생명으로 나타난다고 주장한다.[167]

(4) 해방과 자유

영산은 예수 그리스도의 십자가 대속으로 말미암아 우리가 "해방과 자유"를 누리게 되었다고 강조하여 말한다. 그는 우리가 세 영역에서 해방과 자유를 얻게 되었다고 말한다.

---

165) Ibid. 필자의 강조.
166) 조용기, "우리가 항상 짊어지는 예수님의 죽음," 〈순복음가족신문〉 제1533호(2009. 6. 14.).
167) Ibid.

첫째, 우리는 "죄와 죄책에서" 해방을 받았다. 아담의 후손인 인류는 모두 죄 가운데 잉태되어 죄를 먹고 마시며 살아간다. 그러므로 모든 인간은 죄로 인해 하나님 앞에 나타날 수 없는 존재들이 되었다(롬 3:23). 죄로 말미암아 모든 인간은 고통과 절망 가운데 살 수밖에 없었다. 그런데 둘째 아담으로 오신 예수님이 우리의 과거의 죄, 현재의 죄, 미래의 죄를 다 청산하여 주심으로 우리를 죄의 세력에서 놓여나게 하셨다. 이제 우리는 예수님 안에서 "죄와 죄책"으로부터 해방을 얻게 된 것이다.[168] 그리고 이 해방은 죄를 한 번도 짓지 않은 사람처럼 인정해 주시는 완전한 해방이다. 영산은 예수님을 믿으면 일평생 "죄를 한 번도 짓지 않은 사람처럼 취급해 주시고 하나님 앞에 부끄럼 없이 설 수 있는 자격"을 주신다고 지적한다.[169]

나아가서 영산은 우리가 얻은 죄 사함은 일시적인 것이 아니라 영원한 것이라고 다음과 같이 역설한다.

> 하나님은 우리에게 십자가를 통해서 *영원한* 죄 사함을 주셨습니다. 조금 죄를 지었다가 용서받고 또 죄를 지어서 또 버림받고 그런 것이 아닙니다. 한 번 그리스도에게서 죄 용서를 받으면 또 용서받고, 또 용서받고, 또 용서받습니다. 우리가 예수님을 버리지 않고 예수님 안에 있는 이상 *영원한* 용서를 받으며 하나님께 사랑을 받을 수 있는 것입니다. 그러므로 예수 그리스도의 구원이란 세상 사람으로 상상할 수가 없는 구원인 것입니다.[170]

---

168) 조용기, "나는 누구인가?," 〈순복음의 말씀〉 제203호(1982. 8. 22.).

169) 조용기, "자유와 해방," 〈순복음가족신문〉 제1799호(2014. 11. 30.).

170) 조용기, "다 이루었다 하시고," 〈순복음가족신문〉 제1839호(2015. 10. 11.). 필자의 강조.

둘째, 우리는 "마귀의 속박에서" 해방을 받았다. 마귀가 아담과 하와와 그들의 후손인 우리를 속박한 것은 바로 죄 때문이었다. 그런데 예수님이 십자가에서 우리의 모든 죄를 갚아 버렸기 때문에 마귀는 더 이상 우리를 속박하고 괴롭힐 아무 권한도 없게 되었다. 영산은 예수님이 십자가를 통하여 죄를 청산하고 마귀를 무력화시키고 승리한 사실을 다음과 같이 설명한다.

> 예수님은 필설로 형용할 수 없는 고통을 끝까지 견디시고 죽으심으로 첫 아담이 저지른 죄의 대가를 다 갚으시고 마귀의 정사와 권세를 벗어 버려 밝히 승리하시고 우리에게 *자유와 해방*을 주신 것입니다. 그러므로 십자가를 통해서 마귀는 참패했습니다.[171]

영산은 이처럼 "십자가는 인류에게 있어서 가장 위대한 승리의 표상"이라고 말한다.[172] 그는 예수께서 십자가에서 마귀의 권세를 무력화시켰으므로 신자들은 더 이상 마귀에게 종 노릇 해서는 안 된다고 주장한다. 영산은 예수님으로 말미암아 마귀의 속박에서 해방과 자유를 얻었음에도 불구하고, 적지 않은 신자들이 마귀의 노예가 되어 끌려가고 있다고 하며 안타까운 마음을 가지고 다음과 같이 자신의 심정을 토로한다.

> 하나님을 반역한 죄의 값으로 마귀의 종이 되었던 아담과 하와의 자손들은 이제 예수 그리스도로 말미암아 이제 다 *해방*을 얻었습니다.

---

171) 조용기, "예수님의 부활," 〈순복음가족신문〉 제1671호 (2012. 4. 15.). 필자의 강조.
172) 조용기, "십자가의 위대한 승리," 〈순복음 소식〉 제448호 (1987. 5. 3.).

진리를 알면 누구든지 이제는 *자유*를 얻을 수 있습니다. 그런데 사람들이 이 해방과 자유의 복음을 듣고도 세상의 원수 *마귀와 죄의 노예*가 돼 그대로 끌려가는 것을 보면 실로 탄식하지 않을 수 없습니다.[173]

성경은 마귀를 대적하라고 말한다. "그런즉 너희는 하나님께 복종할지어다 마귀를 대적하라 그리하면 너희를 피하리라"(약 4:7). 영산은 십자가를 통해 승리를 얻은 우리는 더 이상 마귀에게 속지 말고 마귀를 물리쳐야 한다고 이렇게 확고히 말한다.

우리는 예수 그리스도의 십자가를 통해 승리를 얻었습니다. 우리는 더 이상 마귀의 권세하에 있지 않습니다, 우리는 하늘나라의 권세를 부여받은 능력 있는 그리스도인입니다. 주를 믿는 여러분은 더 이상 마귀에게 속지 말고 예수 그리스도를 의지하여 마귀를 물리치고 하나님께 영광을 돌리는 삶을 살게 되기를 주님의 이름으로 축원합니다.[174]

셋째, 우리는 "죽음의 공포에서" 해방을 받았다. 영산은 예수님이 우리를 절망적인 죽음의 고통과 공포에서 놓아주기 위하여 대신 죽음을 걸머지고 죽음의 고통과 공포를 당했다고 주장한다.[175] 히브리서 저자도 예수님의 십자가 죽음을 통하여 한평생 죽음의 공포에 포로 된 모든 자들에게 자유를 주셨다고 말한다. "자녀들은 혈과 육에 속하였으매 그도 또한 같은

---

173) 조용기, "예수님 안에 있는 해방과 자유," 〈순복음가족신문〉 제1731호(2013. 7. 14.). 필자의 강조.

174) 조용기, "십자가의 위대한 승리," 〈순복음 소식〉 제448호(1987. 5. 3.).

175) 조용기, "예수님이 당하신 십자가 고통," 〈순복음가족신문〉 제1646호(2011. 10. 9.).

모양으로 혈과 육을 함께 지니심은 죽음을 통하여 죽음의 세력을 잡은 자 곧 마귀를 멸하시며 또 죽기를 무서워하므로 한평생 매여 종 노릇 하는 모든 자들을 놓아 주려 하심이니"(히 2:14-15).

영산은 이 본문을 이 세상에서 신자들의 실제의 죽음의 상황에 적용하여 다음과 같이 설명한다.

> 죽음을 통하여 죽음의 세력을 잡고 협박 공갈하는 마귀를 없애 버렸습니다. 마귀를 무력화시켜 버렸습니다. 그래서 우리로 하여금 평안하고 기쁜 마음으로 죽음을 맞이하고 이 세상에서 저 영원한 세상으로 들어갈 수 있도록 길을 열어 주시기 위해서 주님께서 그렇게 하신 것입니다.[176]

예수님이 십자가에서 죽으시고 부활하심으로 죽음을 정복하고 사망은 철폐되었다. 영산은 예수님께서 십자가 위에서 "다 이루었다"(요 19:30)고 외치셨을 때 인류의 원수 된 사망이 철폐되었다고 주장한다.[177] 바울도 죽음에 대한 신자의 궁극적인 승리를 이렇게 외쳤다. "사망아 너의 승리가 어디 있느냐 사망아 네가 쏘는 것이 어디 있느냐"(고전 15:55). 예수님도 "나는 부활이요 생명이니 나를 믿는 자는 죽어도 살겠고 무릇 살아서 나를 믿는 자는 영원히 죽지 아니하리니 이것을 네가 믿느냐"(요 11:25-26)고 말씀하셨다. 예수님의 십자가의 죽음과 부활을 통하여 우리는 "죽음의 공포에서" 해방과 자유를 얻게 된 것이다.

---

176) Ibid.
177) 조용기, "나는 누구인가?," 〈순복음의 말씀〉 제203호(1982.8.22.).

이와 같이 예수 그리스도께서 십자가에 못 박혀 죽으시고 부활하심으로 우리는 "죄와 죄책"과 "마귀의 속박"과 "죽음의 공포"에서 해방과 자유를 얻게 되었다. 영산은 예수님의 은혜로 우리에게 주어진 해방과 자유를 누리는 것은 우리 자신에게 달려 있다고 상기시킨다.[178] 영산은 우리가 해방과 자유를 누리기 위해서는 예수께서 십자가를 통하여 이루어 놓으신 사실을 의심 없이 믿고, 믿음에 굳게 서야 한다고 역설한다. 하나님은 각 신자에게 믿음의 분량을 주셨기 때문에 우리는 믿음에 설 수 있다(롬 12:3). 또한 예수님이 십자가의 고난을 통하여 우리를 종의 멍에로부터 해방시켜 주셨기에, 다시는 종의 멍에를 메지 말라고 말한다(갈 5:1). 영산은 종의 멍에를 다시 메지 말아야 할 것을 강조하면서, 그 방법으로 입술의 고백의 중요성을 다음과 같이 말한다.

우리는 다시는 종의 멍에를 메지 말아야 합니다. 예수님이 그 종의 멍에를 십자가에서 다 깨뜨린 것을 알고 날마다 입술로 *시인*해야 하며, 혹시라도 그 멍에가 따라오면 "예수님이 대신했으니 물러가라! 나는 이 종의 멍에를 메지 않는다"라고 입술로 *대적*해야 하는 것입니다. … *입술의 고백*은 우리를 강하게 만듭니다. *입술의 고백*은 우리의 영적인 생명과 힘을 얻게 만들어서 말로써 마귀를 공격하면 한 길로 왔다가 일곱 길로 쫓겨나가게 하는 능력이 되는 것입니다.[179]

178)   조용기, "자유와 해방," 〈순복음가족신문〉 제1799호(2014. 11. 30.).
179)   Ibid. 필자의 강조.

3) 전통적인 기독교 대속론에 끼친 영산의 공헌

우리가 앞에서 고찰한 바와 같이, 영산의 대속론은 기독교의 전통적인 대속론을 넘어선다. 기독교는 전통적으로 예수 그리스도의 대속을 인간을 "죄"에서 구원한 것으로 한정하여 이해하여 왔다. 그러나 영산은 예수님의 십자가 대속에는 "죄"에서의 대속뿐만 아니라 "질병"과 "저주와 가난"에서의 대속도 포함되어 있다고 폭넓게 이해한다. 이 점에 관해, 오순절 안팎의 여러 학자들은 영산의 대속론을 가치가 높은 것으로 평가한다. 오순절주의자인 마원석 박사는 영산의 삼중구원론에 있어 특히 "축복"의 요소를 구원에 포함시킨 통전적 견해는 전통적 기독교 안에서 영적 중심의 구원에 대한 견해에 도전하는 것으로, 한편으로는 한국 기독교 신앙에 거의 혁명적 변화를 가져왔으며, 다른 한편으로는 영적, 환경적, 육체적 구원의 세 요소 사이에 적절한 균형을 유지하도록 도전을 제기하였다고 긍정적으로 평가한다.[180] 나사렛 교단에 속한 임승안 박사도 영산이 십자가의 대속의 은총에 "죄"의 문제뿐 아니라 "질병"과 "가난"의 문제까지도 포함된다는 전인구원의 길을 성경에서 발견하였다고 지적한다. 그는 그리스도의 대속에 대한 영산의 이 주장은 루터가 해설한 복음의 의미를 넘어서는 것이라고 높이 평가한다. 그는 이런 이해는 전통적인 기독교 구속론이 발견하지 못한 바를 영산이 발견해 낸 것으로, 기독교 신학의 구속론에 대한 영산의 공헌으로 돌린다.[181] 성결 교단에 속한 박명수 박사도 영산의 전인구원은 영

---

180) 마원석, "조용기 목사의 축복 신학," 〈2003 영산국제신학심포지엄〉, 한세대학교 순복음신학연구소 주관(2003. 5. 15.), 212-213.

181) 임승안, "영산 조용기의 구원론," 〈제4회 영산강좌〉, 한세대학교 영산신학대학원 . 영산신학연구소 주관(2004. 3. 2~6. 14.), 109.

혼 구원만을 강조하는 전통 신학에 대한 도전이라고 평가하면서, 영산 신학의 특징을 "축복"을 신학화하여 자신의 주요 메시지로 삼았다는 데서 찾는다.[182]

이처럼 영산의 대속론은 기독교의 전통적인 대속론을 넘어서고 있으며, 이것은 영산의 공헌으로 높이 평가할 수 있을 것이다.

3. 예수 그리스도의 십자가 대속에 기반한 희망의 복음

지금까지 영산의 신학은 대체로 "오중복음"과 "삼중축복"과 "4차원의 영성"으로 요약되어 왔다. 그러나 영산의 신학 형성을 시간적으로 고려해 보면, 그의 신학은 가장 먼저 대조동 천막 교회에서 "삼박자 구원"("삼중축복")[183]으로 시작되었다. 그리고 서대문 시절을 거치며 영산의 신학은 "오중복음"으로 확장되기 시작하여 여의도 시대에 들어와 확고히 자리를 잡게 되었고, 또 여의도 시대에 그의 신학은 "4차원의 영성"으로 더욱 심화되었다. 따라서 영산의 신학이 형성된 순서는 "삼중축복→오중복음→4차원의 영성"의 순이다. 그러나 영산은 그의 신학이 확고히 형성된 이후, 설교를 통하여 그의 사상과 신학을 전할 때 주로 "오중복음"을 먼저 언급하였고 이어서 "삼중축복"을 말하였다. 그러므로 필자는 영산의 신학이 형성된 후 그가 전하고 가르쳤던 순서를 따라서 "오중복음"을 먼저 다루고, 이어

---

182) 박명수, "오순절 운동과 조용기 목사의 신학," 국제신학연구원 편, 『조용기 목사의 성령 운동 연구』 (서울: 서울말씀사, 2000), 24-25, 41.

183) "삼박자 구원"은 "삼박자 축복", "삼중구원", "삼중축복", "전인구원"과 바꿔 쓸 수 있는 용어다. 모든 용어가 내포하는 의미는 같다.

서 "삼중축복"과 "4차원의 영성"을 다루고자 한다.[184]

1) 오중복음

(1) 용어의 기원과 "오중"에 내포된 의미

"오중복음"이란 예수 그리스도께서 십자가의 대속을 통하여 이루어 놓으신 복음의 핵심적 주제들을 일컫는 말이다. 즉, "오중복음"은 중생의 복음, 성령충만의 복음, 신유의 복음, 축복의 복음, 재림의 복음을 말한다. 이 "오중복음"은 그 구조가 성결교의 사중복음과 유사하다. 성결교의 사중복음은 중생의 복음, 성결의 복음, 신유의 복음, 재림의 복음이다.[185] 영산은 성결교의 사중복음에서 두 가지를 수정하였다. 먼저, "성결의 복음"을 오순절 신앙에 맞게 "성령충만의 복음"으로 바꾸었다. 그리고 복음의 한 핵심이라고 믿는 "축복의 복음"을 새로 보완하여 자신의 "오중복음"을 만들었다. 영산이 "축복"을 자신의 신학의 한 요소로 삼았다는 것은 나름대로의 독창성을 갖는 것으로 높이 평가할 수 있을 것이다.

혹자는 "오중복음"이 성경 전체를 다 포함하고 있느냐는 질문을 할지 모른다. 이에 대하여 답변을 하자면, "오중복음"은 성경이 말하는 복음의 "핵심적 주제들"을 내포하고 있다고 말할 수 있다. 그것은 중생(거듭남), 성령충만, 신유, 축복, 재림이다. 이 다섯 주제들은 마치 건물의 토대나 기둥과

---

184) 이런 순서는 영산의 설교를 들었던 평신도들에게도 자연스럽고 유익할 것으로 판단한다. 또한 이런 순서는 평신도들을 염두에 두고 집필한 본 서의 집필 목적과도 부합한다고 말할 수 있다.

185) 참조. A.B. Simpson, 『사중의 복음』, 손택구 역 (서울: 예수교대한성결교회 출판부, 1980).

같은 것으로 복음에 없어서는 안 될 필수적인 요소들이다.[186] 그러므로 "오중"이란 복음의 핵심적 주제들을 표현하는 말로서, 영산 신학의 밑바탕을 구성하고 있는 것이다.

(2) 십자가 대속에 기반한 희망의 오중복음

영산의 희망의 오중복음은 철저히 예수 그리스도의 십자가로부터 나온다.[187] 필자는 이미 앞에서 예수님의 십자가 대속이 "삼중대속"임을 살펴보았다. 다시 말해, "중생의 복음", "신유의 복음" 그리고 "축복의 복음"이 십자가에 기반한 사실을 밝혔다. 여기서는 가급적 중복된 진술을 피하면서, 영산이 오중복음의 각 복음에서 강조하였던 의미 있는 내용들을 중심으로 살펴보고자 한다. 그리고 앞에서 다루지 않은 "성령충만의 복음"과 "재림의 복음"이 어떻게 십자가와 밀접히 연관되어 있는지 고찰해 보고자 한다.

가. 중생의 복음

영산은 예수님의 십자가의 죽음이 없이는 결코 죄 사함이 있을 수 없음을 분명히 한다(사 53:5; 막 10:45; 롬 5:8). 그는 예수님의 십자가 대속의 고난을 통하여 인류 가운데 전적인 변화가 일어났다고 강조한다.

---

186)   조용기, "나는 이렇게 설교한다,"『교회성장: 설교와 목회자 관리』(서울: 서울서적, 1986), 129, 138; 최문홍, "순복음 신학의 성서적 기초,"『순신대학교논문집』제3호 (1992): 144; idem, "4차원의 영성: 영산의 삶과 목회와 신학의 원동력,"『영산신학저널』Vol. 29 (2013): 105-106.

187)   영산의 희망의 오중복음을 예수 그리스도의 십자가에 철저히 연관하여 연구한 다음의 글도 참조해 보라. 이영훈, "예수 그리스도의 십자가: 영산의 50년 목회와 영성의 뿌리," 〈2011 영산국제신학심포지엄〉, 한세대학교 영산신학연구소 주관(2011. 5. 12.), 137-146.

인류 역사의 분수령인 십자가

영산은 예수님의 십자가의 수난을 통하여 옛 시대와 새 시대가 확연히 구분되게 되었다고 다음과 같이 역설한다.

> 예수님의 십자가 수난은 인류의 분수령입니다. 예수님이 십자가에 못 박히기 전은 *옛 시대*이고, 십자가에 못 박혔다가 죽은 자 가운데서 부활하신 후는 *새 시대*입니다. *옛 시대*와 *새 시대*가 예수님의 십자가 를 통하여 확연하게 나누어지는 것입니다.[188]

영산은 옛 시대에 속한 옛사람은 영적으로 죽은 사람이요 죄악의 종이 요 마귀에게 속한 자이지만, 예수님의 십자가의 죽음과 부활을 통하여 새 시대에 속한 새사람이 되면 영이 살아나고, 죄에서 용서받아 의롭다 함을 받은 사람이 되고, 하나님이 거하는 사람이 된다고 설명한다.[189] 이렇게 영 산은 예수님의 십자가 사건을 통하여 인류에게 극적인 변화가 일어났다고 역설한다.

오직 믿음으로 얻는 중생

영산은 인간의 구원은 "오직 믿음"으로만 가능하다는 점을 강조한다. 다 시 말해, 영산은 기독교의 전통적인 교리인 이신득의(以信得義)의 입장에 굳건히 선다.[190] 그는 인간이 아무리 선행을 많이 하더라도 결코 그것으로 구원에 이르지는 못한다는 점을 분명히 한다. 여기서 영산이 성도의 선행

---

188)   조용기, 『새로운 자화상: 보라 새것이 되었도다』, 13. 필자의 강조.
189)   Ibid., 14-17.
190)   조용기, "나는 이렇게 설교한다," 『교회성장: 설교와 목회자 관리』, 131.

을 소홀히 여겼다고 생각해서는 안 된다. 영산의 강조점은 인간이 어떤 선한 행위로도 결코 구원에 이를 수 없다는 점에 있다. 영산은 구원받은 신자에게 마땅히 따라야 할 선행에 대해 늘 힘차게 주장하였다(엡 2:10; 약 2:17, 26).[191]

한마디로, 구원은 하나님이 보내신 그의 아들 구원자 예수님을 "믿음"으로만 얻게 된다(요 3:16; 롬 3:27-28; 5:5). 또한 이 구원은 오직 "하나님의 은혜"(롬 3:23-24; 엡 2:5, 8)로 가능한 것으로 "하나님의 선물"(엡 2:8)임을 분명히 한다.[192]

중생한 신자의 실상

영산은 예수님의 십자가 대속의 은혜로 죄 용서함을 받고 의롭다 함을 입은 신자의 실상이 얼마나 놀라운지 늘 강조하였다. 그는 "의롭다"는 것은 다음의 세 가지 사실을 모두 충족하는 것이라고 설명한다. 첫째, 하나님 앞에서 법적으로 죄를 한 번도 안 지은 것처럼 인정받는 상태를 말한다. 둘째, 마귀에게 참소를 당하지 않는 자격을 말한다. 셋째, 하나님 앞에 부끄러움이 없이 설 수 있는 자격을 말한다.[193] 영산은 이렇게 예수님의 십자가 대속의 은혜를 통해 구원받은 신자의 올바른 실상과 정체성을 일깨워 주기 위해 무척 힘썼다. 그는 예수님의 십자가 대속의 은혜로 구원받은 성도는 늘 자신의 실상을 바로 알고 구원받은 자다운 삶을 살아야 한다고

---

191) 필자는 제7장에서 받은 축복을 나눔으로써 영산 신학이 완성에 이른다는 점을 강조할 것이다.

192) 조용기, "구원," 〈순복음가족신문〉 제1765호(2014. 3. 23.); idem, "해방과 자유," 〈순복음 가족신문〉 제1817호(2015. 4. 26.).

193) 조용기, "나는 누구인가?," 〈순복음의 말씀〉 제150호(1981. 8. 16.).

역설하였다.

중생에 있어 보혈의 중요성

영산은 인간의 거듭남에 있어 예수님의 "보혈"의 중요성을 분명히 강조하였다. 예수님은 십자가에 못 박혀 피를 흘리심으로 인간의 모든 죄를 청산하셨다. "피흘림이 없은즉 사함이 없느니라"(히 9:22). 그는 그리스도께서 십자가에서 흘리신 보혈은 모든 인간의 죄를 다 청산하는 위대한 능력이 있다고 지적하면서, 죄인들이 구원받기 위해 그리스도의 보혈이 반드시 필요함을 다음과 같이 역설한다.

> 죄인에게 있어서 예수 그리스도의 *보혈*은 필수적인 것입니다. 기독
> 교는 바로 죄인들에게 위대한 예수 그리스도의 *보혈*을 증거합니다.
> 이것이 기독교와 세상 종교의 다른 점입니다. … 죄 가운데 태어난
> 인간은 반드시 예수 그리스도의 *보혈*을 통해서만이 의로움을 얻을
> 수 있습니다.[194]

이처럼 영산은 죄인이 구원받을 수 있는 길은 오직 십자가에 못 박혀 돌아가신 예수 그리스도의 보혈을 통해서만 가능하다고 주장한다. 사도 바울과 베드로 역시 이런 사실을 지지한다. 사도 바울은 그리스도의 십자가의 죽음을 종종 "그리스도의 피"와 연관하여 진술한다. 예를 들어, "그의 *십자가의 피*로 화평을 이루사"(골 1:20), "이제 우리가 *그의 피*로 말미암아 의롭다 하심을 받았으니"(롬 5:9), "우리는 그리스도 안에서 그의 은혜의 풍

---

194)　조용기, "보혈의 신비," 〈순복음의 말씀〉 제360호(1985. 8. 25.). 필자의 강조.

성함을 따라 *그의 피*로 말미암아 속량 곧 죄 사함을 받았느니라"(엡 1:7).
또한 베드로도 그리스도의 십자가의 죽음이 "그리스도의 피"와 연관되어
있음을 분명히 밝히고 있다. "너희가 알거니와 너희 조상이 물려 준 헛된
행실에서 대속함을 받은 것은 은이나 금 같이 없어질 것으로 된 것이 아니
요 오직 흠 없고 점 없는 어린 양 같은 *그리스도의 보배로운 피*로 된 것이
니라"(벧전 1:18-19).

십자가 고난의 가치와 신자의 가치

영산은 예수님의 십자가의 고난의 가치와 구원받은 한 신자의 가치를
남달리 강조한다. 예수께서는 인류를 구원하시기 위하여 십자가에 매달려
말로 형언할 수 없는 고통을 당하셨다. 우리가 앞에서 살펴보았듯이, 예수
께서는 십자가의 처형을 통하여 엄청난 육체적, 정신적, 영적 고통을 당하
셨다. 이런 처절한 십자가의 고통을 통하여 인간에게 구원의 길을 열어 놓
으신 것이다. 그러므로 영산은 예수님의 십자가 고난의 은혜는 결코 값싼
은혜가 아니라 "값으로 계산할 수 없는 놀라운 은혜"라고 말한다. [195]

영산은 한편으로는 예수님의 십자가 고난의 은혜의 귀중함을 강조하면
서, 다른 한편으로는 이러한 놀라운 은혜를 받게 된 인간 한 사람 한 사람
의 가치가 얼마나 귀한지를 다음과 같이 강조한다.

> 하나님의 아들을 피 흘려 죽이시기까지 대가를 지불하고 우리를 사
> 실 정도로, 우리 인간은 하나님께서 보실 때 *귀한 존재*인 것입니다
> (벧전 2:9). 그러므로 우리는 하나님께서 독생자를 내어 주기까지 *귀*

---

195)   조용기, 『새로운 자화상: 보라 새것이 되었도다』, 49.

*하게 여기시는 존재라는 것을 깨닫고 창조의 의미와 자존심(하나님
의 형상)을 회복할 수 있어야 합니다.*[196]

요약하면, 영산은 "중생의 복음"에서 예수 그리스도의 십자가 대속을 통
하여 인류에게 일어난 극적인 변화, 오직 믿음으로 가능한 구원, 중생한 신
자의 놀라운 실상, 죄인을 구원하는 그리스도의 보혈의 중요성, 그리고 그
리스도의 십자가 고난의 가치와 구원받은 신자 한 사람 한 사람의 가치를
특별히 강조하였다. 영산이 전한 이런 "중생의 복음"은 죄의 포로가 되어
절망 가운데 살아가는 인류에게 진실로 "희망의 복음"인 것이다.

나. 성령충만의 복음

십자가와 성령충만

예수님의 십자가와 성령의 충만함은 서로 뗄 수 없는 밀접한 관계에 있
다. 십자가에서 죽으시고 부활하신 예수님은 승천하시기 전에 제자들을
증인으로 임명하신 후(눅 24:48), 놀라운 약속의 말씀을 주셨다. "볼지어다
내가 *내 아버지께서 약속하신 것*을 너희에게 보내리니 너희는 위로부터
능력으로 입혀질 때까지 이 성에 머물라"(눅 24:49).

이 구절에서 "내 아버지께서 약속하신 것"은 누가가 기록한 또 하나의 책
인 사도행전을 통하여 분명히 알 수 있다. 사도행전 1장 4-5절에 의하면
"아버지께서 약속하신 것"은 바로 "성령으로 침례받는 것"이다.[197] 이 "내
아버지께서 약속하신 것"의 성취는 예수님의 십자가의 죽음과 부활 이후

---

196) 조용기, 『오중복음과 삼중축복』(서울: 서울말씀사, 1998), 66. 필자의 강조.
197) "*내 아버지께서 약속하신 것*"(눅 24:49)과 "*아버지께서 약속하신 것*"(행 1:4)은 그 내용상
      아무 차이가 없다. 모두 같은 것, 곧 "성령침례"를 지시하는 것이다.

오순절 날에 실현되었다. 오순절 날 다락방에 모인 제자들은 모두 성령의
충만함을 받고 성령이 말하게 하심을 따라 다른 언어들로 말하기를 시작
하였다(행 2:4). 그리고 사도들을 대표하여 베드로가 오순절 설교를 하였
다(행 2:14-36). 베드로는 이 설교에서 성령이 예수님의 죽음과 부활과 승
귀[198]의 결과로 부어지게 되었다는 사실을 분명히 밝히고 있다.

> 이 예수를 하나님이 *살리신지라* 우리가 다 이 일에 증인이로다 하나
> 님이 오른손으로 예수를 *높이시매 그가 약속하신 성령을* 아버지께 받
> 아서 너희가 보고 듣는 이것을 부어주셨느니라(행 2:32-33).

　베드로의 설교에서 "하나님이 오른손으로 예수를 높였다"는 것은 "하나
님이 예수를 자기의 오른편으로 높였다"는 의미이다.[199] 그렇다면 이 말씀
은 하나님께서 예수님을 죽음에서 부활시켜 자신의 오른편에 앉히셨고,
예수님은 아버지로부터 약속하신 성령을 받아 제자들에게 부어 주셨다는
의미이다. 그러므로 오순절 날 성령의 충만함이 임한 것은 예수님이 십자
가에서 죽으시고 부활하시고 승귀하신 결과로 나타난 것이다. 따라서 "성
령의 충만함"은 예수님의 죽음과 부활과 승귀를 전제하고 있다. 이같이 예
수님의 **십자가**와 **성령의 충만함**은 떼려야 뗄 수 없는 밀접한 관계에 있다.

영산의 목회와 성령충만
　영산의 첫 목회 현장이었던 당시 천막 교회의 상황은 참으로 처참하였

---

198)　"승귀"(昇貴)는 하나님께서 부활하신 예수님을 주와 그리스도로 높인 것을 말한다.
199)　조셉 A. 피츠마이어, 『사도행전 주해』, 박미경 역 (왜관: 분도출판사, 2015), 375.

다. 교인들은 대다수 가난으로 굶주리고 외롭고 병든 사람들이었다. 영산 은 천막 교회에서부터 이런 가난하고 병든 사람들을 대상으로 성령 운동 을 전개했다. 영산은 그 당시의 자신의 심정을 이렇게 술회한다.

> 그때는 교회 성장이 뭔지도 잘 모를 때였습니다. 그러나 그들에게 성 령을 체험케 하기 위해서는 우선 제가 먼저 기도에 매달릴 수밖에 없 었습니다. 그때부터 꾸준히 철야기도를 하고 새벽기도를 했습니다. 교회를 *개척*하면서부터 거의 3년 동안은 방에서 잔 적이 없을 정도였 습니다. 그때는 하루에 네 시간 정도는 기도를 했습니다. 만일 방언 으로 기도하지 않았다면 그렇게 오랜 시간 동안 기도를 할 수 없었을 것입니다.[200]

영산은 이런 간절한 기도의 생활을 통하여 하나님께서 분명히 살아 계 신다는 확신을 갖게 되었고, 그런 확신에 힘입어 성도들에게 성령의 충만 함을 받아야 한다고 강력하게 선포할 수 있었다. 영산이 당시 성도들에게 늘 설교하는 메시지의 주 내용은 다음과 같은 것이었다. 먼저, 예수님의 이 름으로 회개하라. 그리고 하나님께 성령을 달라고 구하라. 그러면 하나님 이 성령을 주셔서 성령의 충만함을 체험하게 된다. 그리고 성령의 은사가 나타나게 된다.[201] 영산은 이런 메시지를 반복하여 전하며, 모든 성도들에 게 성령의 충만함을 받아야 한다고 강력하게 외쳤다. 영산이 성도들에게 성령의 체험을 강조하며 성령 운동을 전개하자 주변으로부터 많은 핍박이

---

200) 조용기, "나의 목회와 선교,"『교회성장: 교회성장과 선교 2세기의 사명』 20. 필자의 강조.
201) Ibid., 21. 필자의 강조.

따랐다. 그러나 영산은 어떠한 핍박에도 굴하지 않고 성도들에게 성령의 충만함을 체험할 것을 집요하게 역설하였다. 그 결과, 성도들은 성령의 충만함을 체험하게 되었고, 천막 교회는 놀랍게 성장하기 시작하였다.[202]

영산은 서대문에서 두 번째 교회를 시작할 때도 자신이 갖고 있는 것으로 할 수밖에 없었다고 고백한다. 그것은 사람들에게 "성령으로 충만함"을 받으라고 외치는 일이었다. 영산은 당시 상황을 다음과 같이 술회한다.

> 제가 1961년에 서대문으로 나왔는데, 서대문은 당시 한국 교계에서 훌륭하다고 인정받는 목사님들이 계시던 곳이었습니다. … 그분들과는 도저히 상대가 될 수 없었기 때문에 저는 *제가 가진 것* 가지고 할 수밖에 없다고 생각했습니다. 그래서 저는 한 달 동안 계속해서 부흥회를 열고는 *성령을 받으라*고 외쳤습니다. 그것밖에는 무기가 없었습니다. 그러자 하나님의 역사가 나타나기 시작했습니다. 많은 사람들이 성령을 받기 위해 모여들었습니다. 그렇게 모여든 것이 1964년에는 3천 명이 되었습니다.[203]

영산은 세 번째 목회지인 여의도에서도 성령 운동을 강력히 전개하였다. 그는 여의도순복음교회가 크게 성장하게 된 요인 중 하나는 당시 성령의 충만함을 체험하고 불같은 열심을 갖게 된 성도들, 특히 구역장들이 열

---

202) 영산은 당시 대조동에는 100여 명 모이는 장로교회와 50여 명 모이는 감리교회가 있었는데, 3년이 지난 후 그 교회들의 성도 수는 변함이 없었지만, 천막 교회는 거의 무의 상태에서 3년 만에 600명으로 성장하였다고 고백한다. Ibid.

203) Ibid. 필자의 강조.

정적으로 전도했기 때문이라고 말한다.[204] 영산은 성도들이 성령을 체험
하게 되면 어느 누구도 막을 수 없는 불같은 열심이 일어나게 되고, 그 열
심을 가지고 나가서 수많은 사람들을 전도하여 교회로 인도해 오기 때문
에 교회가 부흥하게 된다고 역설한다.

중생과 성령침례[205]

영산은 중생의 체험과 성령침례(성령세례)의 체험은 분명히 서로 다른
신앙 체험이라고 주장한다. 영산은 다음과 같이 자신의 입장을 분명히 밝
힌다.

> *중생*은 영생을 얻는 체험이요, *성령세례*는 중생한 성도가 하나님의
> 권능을 받아 능력 있는 그리스도의 증인이 되는 체험이다. 그러므로
> *중생*은 새 생명을 얻기 위하여 필히 체험해야 하고, *성령세례*는 하나
> 님의 사역을 행하는 데 있어서 놀라운 봉사적 권능을 얻기 위하여 성
> 도들이 반드시 체험해야만 하는 것이다.[206]

영산은 중생한 성도가 능력 있는 증인이 되기 위해서는 반드시 성령으

---

204) Ibid., 22. 영산은 여의도 시대에 성령을 체험하고 불같은 열심을 품게 된 구역장들이 전
     도하여 한 달에 1만 명, 일 년에 12만 명을 교회에 등록시켰다고 말한다.
205) 이 주제는 지난 반세기가 넘도록 신학자들 사이에서 뜨거운 논쟁을 벌여 온 문제이다.
     참조. 최문홍, 『누가의 성령론: 성령의 인격성 연구』 (군포: 한세대학교말씀사, 2002),
     171-193.
206) 조용기, 『성령론』 (서울: 서울말씀사, 1998), 114-115. 필자의 강조. 참조. 조용기, "중생
     과 성령세례," 〈순복음의 말씀〉 제26호(1975. 9. 3.). 영산은 이 두 신앙 체험이 동시에 일
     어날 수 있는 가능성도 열어 놓고 있다. 조용기, 『성령론』 (1998), 112.

로 침례를 받아야 한다고 주장한다. 예수님은 이 귀한 선물을 구하는 자에게 주시겠다고 약속하셨다(눅 11:13). 이 예수님의 약속을 따라 오순절 날 약 120명의 제자들은 마음을 같이하여 기도에 힘쓰다가 "성령의 충만함"[207]을 받았다(행 1:14; 2:4). 박해의 위협 가운데 있었던 초대 교회도 간절히 기도하다가 성령의 충만함을 받고 담대히 하나님의 말씀을 전했다(행 4:31). 이처럼 "기도"와 "성령충만"은 매우 밀접한 관계에 있다. 그러므로 오늘날도 누구든지 성령의 충만함을 받기 원하는 신자는 간절히 기도해야 한다.

영산은 자신의 가장 갈급하고 변함없는 기도 제목은 "제게 성령으로 충만하게 해 주옵소서"라고 밝힌 바 있다.[208] 영산은 자신이 먼저 성령으로 충만하기 위하여 늘 기도에 힘을 쏟으면서 강력한 성령 운동을 통하여 목회에 큰 결실을 맺게 된 것이다. 영산은 이렇게 역설한다.

만일 제가 다시 목회를 시작한다고 해도 *성령 운동*을 기초로 해서 목회를 할 것입니다. 오늘날은 *성령 시대*입니다. 오순절에 강림하신 성령께서는 교회를 통하여 역사하십니다. 성령님이 오셔서 교회를 시작하시고 교회를 통해 오늘날 하나님 아버지와 우리 주 예수 그리스도의 복음을 전하시는데 이 성령님과 동행하지 않고 목회를 한다는 것은 있을 수 없는 일입니다.[209]

---

207) 사도행전 저자인 누가에 있어 "성령의 침례"와 "성령의 충만함"은 바꿔 쓸 수 있는 말이다. 예수님은 사도들에게 "성령으로 침례"를 받을 것이라고 약속하셨으나(행 1:5), 이 약속의 성취는 오순절 날에 "성령의 충만함"으로 실현되었다(행 2:4).

208) 조용기, "나의 목회와 선교,"『교회성장: 교회성장과 선교 2세기의 사명』 22.

209) Ibid. 필자의 강조.

영산은 성령충만의 중요성에 대해 목회 내내 늘 힘차게 주장하였다. 우선 앞에서 언급한 것처럼, 성령으로 충만해야 담대한 증인이 될 수 있다(행 1:8; 4:31). 성령을 받기 전의 예수님의 제자들은 무기력하였다. 그러나 그들이 오순절 날 성령의 충만함을 받은 이후에는 담대히 복음을 전할 수 있었다(행 2:14-36). 또한 성령으로 충만해야 사역 현장에서 하나님의 권세와 능력과 역사가 나타나게 된다.[210] 나아가서 성령으로 충만해야 그리스도의 형상을 닮아 갈 수 있고 성공적인 신앙생활을 할 수 있다.[211]

한마디로, 오늘날 교회와 성도들이 무기력한 신앙에서 벗어나 주님께서 부탁하신 복음 증거의 사명을 감당하려면 반드시 성령의 충만함을 받아야 한다. 성령의 충만함을 받아 능력이 임하게 되면 순교적인 증인이 되어 하나님께서 각자에게 주신 사명을 능히 감당해 낼 수 있을 것이다.

성령충만과 방언

영산의 신학에 있어 크게 오해하는 문제의 하나는 "방언"일 것이다. 어디에서 시작되었는지는 알 수 없지만, 영산이 "방언을 하지 못하면 구원을 받지 못한 것"이라고 가르친다는 소문이 한동안 퍼진 적이 있다. 국내뿐 아니라 해외에서도 이런 말들이 돌아다녔다. 한 번은 미국의 모 대학 학장과 수행원 몇 사람이 영산을 방문한 적이 있었는데, 그때 그들이 영산에게 이렇게 물었다고 한다. "우리가 소문을 듣기로 조 목사는 방언을 안 하면 구원을 못 받은 것이라고 말씀하신다면서요?"[212] 이 질문에 대해 영산은 자신의 입장을 분명히 밝혔다. 그는 방언을 안 하면 구원을 못 받는다는

---

210)   조용기, "나는 이렇게 설교한다,"『교회성장: 설교와 목회자 관리』, 132.

211)   Ibid.

212)   Ibid., 131.

말은 성경 어디에도 없으며, 방언은 성령이 충만히 임하게 되면 성령의 은
사로서 받을 수 있는 것이고 방언이 결코 구원의 조건이 될 수 없다고 분명
히 말했다.[213] 영산은 방언보다 성령의 충만을 강조한다고 이렇게 말한다.

> 저는 방언을 강조하지 않습니다. 방언은 성령충만하면 하나님께서
> 주시는 은사로 받을 수 있습니다. 그 때문에 방언보다는 *성령충만*을
> *강조합니다.* 우리가 성령으로 충만할 때 능력 있는 사역을 할 수 있
> 습니다. 그 때문에 목회자에게 *성령충만*은 필수적입니다.[214]

여기서 영산이 "방언을 강조하지 않는다"고 말하였다고 그가 방언을 소
홀히 취급하였다고 생각해서는 안 될 것이다. 영산은 방언이 대개 성령충
만의 즉각적인 외적 표적으로 따르기 때문에, 성도들에게 방언을 받으라
고 강조하지 않고 성령충만을 받으라고 강조한 것이다.[215] 영산 자신은 방
언을 아주 많이 한다고 밝힌 바 있다. 방언은 하나님 앞에서 장시간 기도
할 수 있도록 도움을 주기 때문에, 영산은 방언을 "기도하는 언어"(prayer
language)라고 말한다.[216] 영산은 성령충만함과 방언의 유익을 잘 알고 있
다. 그는 다음과 같이 역설한다.

---

213) Ibid.
214) Ibid., 132. 필자의 강조.
215) 영산은 성령충만함의 외적 표적으로 방언, 하나님 높임, 예언 등 다양한 표적이 나타날
    수 있음을 인정한다. 그러나 방언이 가장 빈번히 나타났기 때문에 성령충만함의 가장 대
    표적인 외적 표적은 방언이라고 말한다. 참조. 조용기, 『성령론』(서울: 신망애사, 1971),
    147-164; idem, 『성령론』(1998), 115-118.
216) 조용기, "나는 이렇게 설교한다," 『교회성장: 설교와 목회자 관리』, 131-132.

성령충만함과 방언을 말하는 체험은 일반 교인들에게 믿음의 실상을 보여 주는 것입니다. 이것은 하나님은 저 멀리 구만리장천에 계신 막연한 하나님이 아니고, 현실 속에서 구체적으로 역사하시는 살아 계신 하나님이심을 나타내는 것입니다.[217]

요약하면, 영산은 천막 교회에서부터 시작하여 목회 내내 "성령충만의 복음"을 힘차게 전하였다. 그는 모든 성도에게 반드시 성령의 충만함을 받아야 한다고 외쳤고, 성도들이 성령의 충만함을 받자 불같은 열심을 가지고 전도하여 교회가 크게 부흥하게 된 것이다. 영산은 이런 성령충만은 중생과는 구분되는 신앙 체험임을 분명히 한다. 한마디로, 영산은 오순절주의자로서 오순절 신앙에 입각하여 목회를 한 것이다. 이 같은 "성령충만의 복음"이야말로 무기력하고 절망에 빠진 자들에게 "희망의 복음"인 것이다.

다. 신유의 복음

필자는 앞에서 영산이 말하는 예수님의 십자가 대속에는 "죄"에서의 대속뿐 아니라 "질병"에서의 대속도 포함되어 있다고 밝혔다. 이처럼 영산에 있어, "십자가"와 "신유"의 복음은 서로 떨어질 수 없다. 여기서는 영산이 "신유의 복음"을 전할 수밖에 없었던 환경과, 신유 사역을 위한 성경적인 근거를 중심으로 다루어 보고자 한다.

영산의 목회와 신유

영산은 청소년 시절 폐병 3기로 석 달밖에 못 산다는 선고를 받고 죽음의

---

217) 조용기, "나의 목회와 선교," 『교회성장: 교회성장과 선교 2세기의 사명』 21. 필자의 강조.

날만을 기다리는 극심한 "절망"에 빠진 적이 있다. 이런 상황에서 영산은 성경을 읽다가, 예수님께서 수많은 병자들을 고치시는 이야기를 접하고 성경대로라면 자신도 살 수 있다는 "희망"을 갖게 되었다. 그리고 영산은 금식기도 중 환상을 통하여 예수님을 만나 치료를 받게 되었고, 죽음 일보 직전에서 극적으로 살아나게 되었다. 영산은 자신이 직접 체험한 이런 병 고침을 통하여, 신유의 소중함을 뼛속에 사무치도록 체험했다. 영산은 장차 그의 목회에서 신유를 강조하지 않을 수 없었음을 다음과 같이 역설한다.

> 저는 의사가 석 달 만에 죽는다고 했는데 여섯 달 만에 하나님의 기적으로 살아난 것입니다. 그래서 저는 이 *신유*를 뼛속에 사무치도록 *체험*했습니다. 온 세상 사람이 다 하나님은 병을 안 고치신다고 해도 저는 죽음의 일보 직전에[서] 나았기 때문에 하나님께서 지금도 *신유*를 베푸신다는 것을 확신하며 이를 강조하는 것입니다.[218]

영산의 초기 천막 교회의 현장도 질병으로 인해 "절망" 그 자체였다. 그의 목회 현장은 병을 고치지 않고는 복음을 전할 수 없는 상황이었다. 영산은 이런 상황에서 새 출발 할 각오로 새 마음으로 성경을 다시 읽다가 놀라운 사실을 발견한 것이다. 예수님의 목회는 복음만 전한 것이 아니라, 사람들의 **필요**를 채워 주는 목회를 하신 것이다. 귀신 들려 고통당하는 사람들에게서 귀신들을 내쫓아 자유함을 주시고, 병든 사람들은 고쳐 주시고, 배고픈 사람들은 먹여 주시며 목회를 하셨던 것이다. 수많은 사람들이 예수님을 따라다닌 것은 이같이 자기들의 **필요**가 충족되었기 때문이었다.

---

218) 조용기, "나는 이렇게 설교한다." 『교회성장: 설교와 목회자 관리』. 134. 필자의 강조.

성경을 읽으며 이런 사실을 깨달은 영산은 사람들의 필요를 채워 주는 목회를 하기로 작정했다. 그는 다음과 같이 말한다.

> "그렇다. 확실히 예수님의 목회와 우리의 목회는 다르다. 현실적인 인간의 *필요*를 채워 줄 수 없는 기독교는 하나의 심리적이고 예술적인 종교로 전락할 수밖에 없으며 문제를 해결하지 못하는 기독교는 무의미한 종교에 불과하다"는 것을 뼛속까지 사무치도록 느꼈습니다. 저는 그 자리에서 정말 살아 계신 *예수님과 함께* 목회하기로 결심을 하였습니다. [219]

영산은 예수님의 목회처럼 사람들의 현실적인 필요를 채워 주는 목회를 하기로 결심했다. 병든 사람에게 절실히 필요한 것은 무엇보다 병 고침이었다. 그는 "복음 증거"와 함께 "신유" 사역을 본격적으로 해야겠다고 결심하였고, 그의 목회 내내 집요하게 병자들을 위해 신유 사역을 하였다. 영산은 복음을 전한 후, 언제나 병자들의 치료를 위해 기도하는 시간을 가졌다. [220]

이와 같이 영산은 자신이 질병으로 인해 죽음의 절망에서 극적으로 살아나는 체험을 하였고, 천막 교회의 목회 현장도 병을 고치지 않고는 결코 목회를 해 나갈 수 없는 환경이었기에 때문에, 그는 "신유의 복음"을 전하지 않을 수 없었다. 병든 사람들을 치료해 주며 "신유의 복음"을 전하는 것은 영산에게는 "운명적"인 일이었다. 영산 자신도 "제가 치료에 대한 복음을 전하는 것은 *운명적입니다*"라고 고백한 바 있다. [221]

---

219) 조용기, "선교와 목회," 『성령』제4집 (1988): 27. 필자의 강조.
220) 조용기, "나는 이렇게 설교한다," 『교회성장: 설교와 목회자 관리』, 134-135.
221) Ibid., 132. 필자의 강조.

신유의 성경적 기반

영산의 신유 사역은 자신과 목회 현장의 "체험"뿐 아니라 철저히 "성경"에 기반을 두고 실행되었다.

첫째, 신유는 예수님의 주된 사역이었다. 예수님의 사역에는 "복음 증거"와 함께 항상 "치료"가 동반되었다(마 4:23; 9:35).

둘째, 신유는 예수 그리스도의 명령이었다. 예수님은 열두 제자를 파송하시며 "복음을 전하고" 병든 자를 "고치라"고 명령하셨고(마 10:7-8), 칠십인의 제자들을 파송할 때도 병자들을 "고치고" 하나님의 나라가 가까이 왔다고 "전하라"고 명령하셨다(눅 10:9). 또한 예수님이 승천하시기 전, 제자들에게 마지막으로 주신 지상 명령에도, 온 천하에 다니며 만민에게 "복음을 전파"하고 병든 사람들을 "고치라"고 명령하셨다(막 16:15, 18). 이와 같이 예수님은 자신의 사역에서도 "복음 전파"와 "치유"를 함께 행하셨고, 제자들에게도 이 두 사역을 함께 행하도록 명령하신 것이다. 이처럼 "복음 증거"와 "신유"는 결코 분리될 수 없다.

셋째, 신유는 천국 임재의 증거가 된다. 예수께서는 자신이 하나님의 성령을 힘입어 귀신을 쫓아내고 병을 고치는 것은 하나님의 나라가 이미 너희에게 임한 것이라고 말씀하셨다(마 12:22, 28). 따라서 영산은 "천국의 임재"와 "치료"는 분리할 수 없다고 주장한다.

> *천국의 임재는 치료에 있고 천국을 가져다주시는 구주는 치료자이심*
> *을 성경은 밝히 증거하고 있으니 천국을 전파하는 사업과 역사는 치*

료를 떠나서는 있을 수 없는 것이다.[222]

넷째, 신유는 예수님의 십자가 대속의 은혜이다. 십자가 대속의 은혜에는 "죄"에서의 대속뿐 아니라 "질병"에서의 대속도 포함되어 있다. 예수님은 우리의 병을 짊어지셨고(사 53:4; 마 8:17), 우리의 치료를 위해 채찍에 맞으셨다(사 53:5; 벧전 2:24).

다섯째, "신유의 은사"는 하나님이 교회 중에 세우신 한 은사이다(고전 12:28). 하나님께서는 교회 안에 병 고침이 필요하기에 "병 고치는 은사"를 세워 놓으셨다. 영산은 "병 고침의 은사"를 받은 사람은 치료의 사명을 감당해야 한다고 다음과 같이 주장한다.

오늘날과 같이 성령이 충만히 부어지고 있는 은혜의 시대에 하나님의 성령께서 사모하는 자들에게 "병 고침의 은사"를 특별히 나타내 주십니다(고전 12:9). 그리고 이 은사를 맡은 자는 충실히 *치병의 임무*를 감당해야 할 것입니다. *병 고침의 은사*는 초대 교회 이후로 사라진 것이 아니고 말세로 접어든 오늘날의 교회 위에 더욱 활발히 나타나고 있으며 또 이 세상 끝날까지 계속해서 나타나게 될 것입니다.[223]

요약하면, 영산이 "신유의 복음"을 전한 것은 그에게 운명적인 일이었다. 그는 자신이 폐병으로 죽음의 문턱에서 극적으로 살아나 신유의 소중함을 뼈저리게 체험하였고, 천막 교회 목회 현장에서도 "신유의 복음"을

222)　조용기, 『병을 짊어지신 예수님』(서울: 기독교대한하나님의성회, 1966), 43. 필자의 강조.
223)　조용기, 『5중복음과 삼박자축복』, 193. 필자의 강조.

전하지 않고는 목회를 할 수 없는 상황이었다. 따라서 영산은 예수님의 목회처럼 "복음 전파"와 함께 "신유 사역"을 목회 내내 집요하게 행했던 것이다. 그리고 영산은 신유 사역을 철저히 성경의 기반 위에서 행하였다. 몸과 마음에 병이 들어 고통과 절망에 처한 사람들에게 "신유의 복음"은 그야말로 "희망의 복음"인 것이다.

라. 축복의 복음

영산은 예수 그리스도의 십자가 대속에는 죄에서의 대속뿐 아니라 저주와 가난에서의 대속도 포함된다고 강력하게 주장하였다. 다시 말해 예수님의 대속의 은혜에는 "축복"의 요소도 포함되어 있다는 것이다. 여기서는 영산이 "축복의 복음"을 전할 수밖에 없었던 상황과 축복의 복음을 위한 성경적 근거들을 중심으로 살펴보고자 한다.

영산은 왜 "축복의 복음"을 전할 수밖에 없었나?

영산은 가난한 환경에서 자랐다. 청소년 시절에는 부두에서 하역 노동도 하고 선로와 기차 밑에서 석탄도 주우면서, 가난이 얼마나 고통과 절망을 가져다주는지 뼈저리게 체험하였다. 또한 영산은 천막 교회 목회 현장에서도 가난을 몸서리치도록 체험했다.[224] 그리고 목회의 대상인 대조동 주민들도 가난에 찌들어 고통과 절망 속에 살아가고 있었다. 영산은 천막 교회 현장에서 가난이 얼마나 무섭고 저주스러운 일인지 다시 뼈에 사무치게 체험하였다. 가난과 저주는 결코 하나님의 뜻이 아니었다. 따라서 영산은 우선 성도들을 가난에서 해방시켜 줄 수 있는 "축복의 복음"을 전할

---

224) 참조. 최자실, 『나는 할렐루야 아줌마였다』, 226-230.

수밖에 없었다. 영산에게 "신유의 복음"을 전하는 것이 운명적이었듯, "축복의 복음"을 전하는 것도 그에게는 운명적인 일이었다.

성경에 기반한 축복

영산은 철저히 성경에 기반하여 "축복의 복음"을 전했다.[225] 그가 축복을 힘차게 외친 성경적 근거는 다음과 같다.

첫째, 축복은 인간을 향한 하나님의 근본적인 뜻이다.

구약성경의 창조 기사에 의하면, 하나님은 인간을 창조하시기 전에 물질세계를 먼저 지으셨다. 영산은 이 물질세계는 악마가 지은 것이 아니라 좋으신 하나님께서 지으셨다고 강조한다.[226] 그리고 하나님께서 인간을 하나님의 형상과 모양대로 지으시고 가장 먼저 하신 일이 그들에게 "복"을 주신 일이었다(창 1:28). 이에 더하여, 인간이 살아가는 데 필요한 "양식"도 주셨다(창 1:29).[227] 그러므로 영산은 인간이 "복"을 누리는 것은 하나님의 근본적인 뜻이라고 말한다.[228]

둘째, 하나님의 말씀을 순종하는 자에게 복을 약속하셨다.

성경은 하나님의 백성이 하나님의 말씀에 순종하면 일상생활의 모든 일에 복을 받을 것이라고 분명히 약속한다(신 28:1-6). 또한 하나님은 자기의 백성이 머리가 되고 꼬리가 되지 않게 하시며, 위에만 있고 아래에 있지 않

---

225) 영산은 자신이 "축복의 복음"을 전하게 된 것은 성경에 근거해 있고 또 가난과 저주가 하나님의 뜻이 아니라는 사실을 뼈저리게 체험했기 때문이라고 언급한다. 조용기, "나는 이렇게 설교한다," 『교회성장: 설교와 목회자 관리』, 135.
226) 조용기, "가난해야 좋은 신자인가?," 〈순복음의 말씀〉 제215호(1982. 11. 14.).
227) 조용기, 『5중복음과 삼박자축복』, 152.
228) 조용기, "가난해야 좋은 신자인가?," 〈순복음의 말씀〉 제215호(1982. 11. 14.).

게 하시겠다고 약속하셨다(신 28:13). 영산은 이 말씀에 근거해 하나님의 백성은 축복을 받게 되어 있다고 지적한다. [229] 나아가 영산은 구약의 족장들은 모두 거부(巨富)가 되었다고 말한다. [230] 하나님이 아브라함을 부르실 때 그에게 큰 민족을 이루고 복을 주시겠다고 약속하셨고(창 12:1-3), 아브라함이 애굽에서 나올 때는 가축과 은과 금이 풍부하였다(창 13:1). 그리고 아브라함의 아들 이삭도 하나님께서 복을 주심으로 거부가 되었고(창 26:12-14), 이삭의 아들 야곱도 지팡이 하나만 들고 집을 떠났으나 외삼촌 집에서 고향으로 돌아올 때는 거부가 되었다(창 32:10). 그러므로 영산은 이런 구약의 말씀들을 통하여 하나님의 백성들을 향한 하나님의 근원적인 뜻은 부귀와 창성에 있다고 확고히 말한다. [231]

영산은 "축복의 복음"을 전하는 신약성경적 근거도 분명히 제시한다.

셋째, 예수님의 일생은 가난을 대속하신 "대속적 일생"이다.

예수님은 태어나셨을 때 구유에 누우셨다(눅 2:7). 또한 예수님은 여우도 굴이 있고 공중의 새도 거처가 있지만, 자신은 머리 둘 곳조차 없을 정도로 일생을 고달프고 가난하게 사셨다(마 8:20; 눅 9:58). 이에 대해 사도 바울은 예수님이 왜 가난하게 사셨는지 분명히 말한다.

우리 주 예수 그리스도의 은혜를 너희가 알거니와 부요하신 이로서 너희를 위하여 가난하게 되심은 그의 가난함으로 말미암아 너희를 부요하게 하려 하심이라(고후 8:9).

---

229) 조용기, "나는 이렇게 설교한다," 『교회성장: 설교와 목회자 관리』, 135.
230) 조용기, "가난해야 좋은 신자인가?," 〈순복음의 말씀〉 제215호(1982.11.14.).
231) Ibid.

영산은 이 구절에서 예수님의 가난은 바로 우리에게 부요함을 주기 위함이었다고 지적한다.[232] 그러므로 영산은 신자가 특별한 이유 없이 가난하게 살아서는 안 된다고 말한다. 영산은 신자가 복음 사업이나 그리스도의 영광을 위하여 자원하여 물질을 다 바치고 가난하게 된 경우를 제외하고는, 부요하게 살아야 할 책임이 있다고 역설한다.[233]

넷째, 예수님의 십자가의 죽음은 저주를 대속하신 "대속적 죽음"이다.

예수님은 십자가의 죽음을 통하여 우리가 받아야 할 저주를 받으셨다. 성경은 예수님이 저주받은 목적을 분명히 밝힌다.

> 그리스도께서 우리를 위하여 저주를 받은 바 되사 율법의 저주에서 우리를 속량하셨으니 기록된 바 나무에 달린 자마다 저주 아래에 있는 자라 하였음이라 이는 그리스도 예수 안에서 아브라함의 복이 이방인에게 미치게 하고 또 우리로 하여금 믿음으로 말미암아 성령의 약속을 받게 하려 함이라(갈 3:13-14).

이 구절에서 그리스도께서 "나무에 달렸다"는 것은 십자가 사건을 가리키는 말로서, 하나님의 저주를 받았다는 의미이다(신 21:23). 그리고 그리스도께서 저주받으신 목적은 아브라함의 복이 예수 그리스도를 통하여 이방 사람들에게 미치게 하는 것이라고 분명히 말하고 있다.[234] 이처럼 영산은 철저히 성경에 기반하여 "축복의 복음"을 단호히 외쳤다.

---

232) 조용기, 『5중복음과 삼박자축복』, 157.
233) Ibid., 157-158.
234) 그리스도께서 저주를 받으신 또 다른 목적은 믿음으로 말미암아 성령을 받게 하려는 것이다(갈 3:14).

신자는 모두 거부가 될 수 있는가?

우리는 앞에서 하나님의 선택을 받은 구약의 세 족장은 모두 거부가 되었다고 언급한 바 있다. 그러면 "오늘날에도 하나님의 자녀들이 된다면 모두 거부가 될 수 있는가?"라는 물음이 생길 수 있다. 영산은 이 문제에 대하여 분명히 자신의 견해를 밝힌 바 있다. 우선 영산은 신자라고 모두 거부가 되는 것은 아니라고 분명히 말한다. 그러나 영산은 성경이 가르치고 있는 여러 종류의 복된 삶에 대해 말한다. 첫째, 다윗이 자신의 삶의 경험을 통해 고백한 것처럼, 하나님은 그의 자녀들에게 "부족함이 없는 삶"을 살도록 하신다(시 23:1). 둘째, 예수님께서 산상설교 중 주기도문을 통하여 가르친 것처럼, 하나님의 백성에게는 "일용할 양식이 채워지는 삶"이 약속되어 있다(마 6:11). 셋째, 바울의 고백과 같이 하나님의 뜻은 성도들이 "모든 쓸 것이 채워지는 삶"을 사는 것이다(빌 4:19). 넷째, 하나님께서는 신자들이 "넉넉한 삶"을 살기를 원하신다(고후 8:8-10). 다섯째, 우리가 앞에서 살펴본 것처럼, 예수님께서 십자가에서 가난과 저주를 청산하시고 신자들에게 아브라함의 복을 주셨으므로 신자들은 "아브라함의 복을 누리는 삶"을 살 수 있다. [235] 영산은 이와 같이 성경을 통하여 볼 때, 하나님의 근원적인 뜻이 무엇인지 알 수 있다고 다음과 같이 확고히 말한다.

위와 같은 사실을 보게 될 때 하나님의 근원적인 뜻은, 크리스천들이 가난과 저주에서 속량 받아 이 세상에 살면서 *필요한 것*을 공급받고, 넘치도록 넉넉해져서 남에게 *나누어주며* 살아가는 것임을 알 수 있는

---

235) 조용기, "가난해야 좋은 신자인가?," 〈순복음의 말씀〉 제215호(1982.11.14.).

것입니다. [236]

현대 교회와 물질

예수님께서는 승천하시기 전에 "너희는 온 천하에 다니며 만민에게 복음을 전파하라"(막 16:15)는 지상 명령을 주셨고, 또 종말에 관한 설교를 하시며 "이 천국 복음이 모든 민족에게 증언되기 위하여 온 세상에 전파되리니 그제야 끝이 오리라"(마 24:14)고 말씀하셨다. 오늘 지구상에 있는 모든 교회는 이 주님의 지상 명령을 충실히 수행해야만 한다. 이 중차대한 사명을 감당하기 위해 현대 교회는 당연히 많은 물질을 필요로 한다. 그러므로 영산은 성도들이 성경에 약속된 물질적인 축복을 받도록 주의 종들은 말씀으로 그들의 머릿속에서 가시와 엉겅퀴의 저주를 제하도록 설교해야 한다고 역설한다. 그는 주의 종들의 책임을 다음과 같이 주장한다.

"나는 못 한다. 나는 안 된다. 나는 할 수 없다. 나는 가난하다"는 생각의 *가시와 엉겅퀴*를 말씀으로 제해 주어야 된다는 말입니다. "믿음은 들음에서 나며 들음은 그리스도의 말씀으로 말미암았느니라"(롬 10:17)고 했는데 우리가 *그리스도의 말씀*으로 분명히 나팔을 불어 주어야 합니다. [237]

영산은 성경을 통하여 축복을 받는 것이 하나님의 근본적인 뜻이요, 예수님의 십자가 대속의 은혜임을 분명히 확신하였기 때문에, 목회 내내 신

---

236)   Ibid. 필자의 강조.
237)   조용기, "나는 이렇게 설교한다," 『교회성장: 설교와 목회자 관리』. 137. 필자의 강조.

자들에게 이 진리를 전하기 위하여 혼신의 힘을 쏟았다. 그는 자신이 목회 내내 많은 축복을 받으며 "축복의 복음"을 피맺히도록 전했다.

혹자는 신자들이 현세에서 축복을 누리는 것에 대해 부정적인 태도를 취하는 경향이 있는 것 같다. 다시 말해, 믿음이 좋은 신자는 현세에서 가 난하게 살아야 하고 부를 누려서는 안 된다는 생각이다. 이것은 성경의 가 르침을 떠난 잘못된 선입관에 불과하다. 우리가 앞에서 살펴본 것처럼, 주 님을 믿는 백성이 이 세상에서 부요를 누리는 것은 성경에 입각한 것으로 결코 잘못된 것이 아니다.

여기서 한 가지 생각해 볼 문제가 있다. 그것은 받은 물질의 축복을 어떻 게 사용하느냐의 문제가 중요하다는 점이다. 물질적인 축복을 받았을 때 그 물질에 집착해서 세속에 빠지게 되면, 죄를 짓게 되고 그 물질이 오히려 저주가 될 수 있다. 그러나 받은 물질적인 축복을 영혼을 구원하는 선교와 이웃을 돕기 위한 구제를 위해 올바로 사용한다면 하나님께 영광이 되는 것이다. 한마디로, 물질을 어떻게 사용하느냐의 문제가 중요한 것이다.

가난과 저주에 눌려 고통과 절망 속에 허덕이는 인류에게, 예수 그리스 도의 십자가에 기반한 "축복의 복음"이야말로 진실로 희망의 복음이 아닐 수 없다.

마. 재림의 복음

영산은 예수 그리스도의 재림은 어렴풋한 종교적인 환상이 아니라 성경 이 보여 주는 뚜렷한 미래사라고 단언한다.[238]

---

238) Ibid.

성경에 기반한 재림

영산은 성경을 한마디로 "예수 그리스도의 오심"에 대한 이야기로 간주
한다. 구약성경은 "장차 메시야가 오실 것이다"라는 예언으로 일관되어 있
고, 신약성경은 "때가 차매"(갈 4:4) 하나님이 그의 아들을 메시야 곧 그리
스도로 보내 주셨으며, "예수께서 다시 오신다"는 장엄하고도 영광스러
운 예수 그리스도의 재림에 관하여 분명히 강조하고 있다.[239] 성경은 예
수 그리스도의 재림의 날에 대하여 여러 용어로 표현한다. 예를 들어, "주
의 날"(살전 5:2; 살후 2:2; 벧전 3:10), "주 예수의 날"(고전 5:5), "그리스도
의 날"(빌 1:10; 2:16), "예수 그리스도의 날"(고전 1:18), "하나님의 날"(벧
전 3:12), "마지막 날"(요 12:48) 등으로 나타나고 있다. 이 모든 날들은 예
수 그리스도께서 재림하실 바로 "그날"을 가리키는 것이다(마 24:36; 히
10:25). 영산은 "예수님께서 다시 오실 "그날"을 기다리는 신앙은 성도에게
있어서 가장 소망적인 신앙"이라고 역설한다.[240]

십자가와 재림[241]

예수님은 자신이 다시 오실 것을 분명히 말씀하셨다.

그 때에 인자가 구름을 타고 큰 권능과 영광으로 오는 것을 사람들이
보리라(막 13:26. 참조. 마 24:30; 눅 21:27).

---

239) Ibid.

240) Ibid., 138.

241) 이 부분은 필자의 이전 논문을 참조하였다. 참조. 최문홍, "순복음 신학의 성서적 기초,"
『순신대학교논문집』 제3호 (1992): 135-147; idem, "순복음 신학과 그리스도의 십자가:
영산의 신학 연구," 『성령과 신학』 Vol. 19 (2003): 240-241.

그리고 누가는 사도행전 1장 9-11절에서 예수님의 재림에 대한 약속을 예수님의 승천 이야기와 함께 기술하면서 예수님의 재림에 대해 언급한다. 십자가에서 죽으시고 부활하신 예수께서는 그의 제자들에게 말씀을 마치신 후, 그들이 보는 가운데 하늘로 올라가셨다. 예수께서 올라가실 때 제자들이 자세히 하늘을 쳐다보고 있는데 흰 옷 입은 두 사람이 제자들의 곁에 서서 이렇게 말했다.

> 갈릴리 사람들아 어찌하여 서서 하늘을 쳐다보느냐 너희 가운데서
> 하늘로 올려지신 이 예수는 하늘로 가심을 본 그대로 오시리라 하였
> 느니라(행 1:11).

여기서 "흰 옷 입은 두 사람"은 두 천사를 가리키는 말이다. 두 천사의 말에 의하면 예수의 재림은 예수의 승천과 밀접히 연관된다. 다시 말해, "예수의 재림"은 그의 제자들이 "예수의 승천"을 "본 그대로" 확실히 이루어질 것이다. 천사의 말에서 "본 그대로"는 예수님의 재림을 특히 "구름"과 관련지어 하는 말일 것이다(행 1:9. 참조. 마 24:30; 계 1:7). 이 예수님의 재림은 예수님의 십자가의 죽음과 부활 그리고 승천이 일어난 후에야 가능하다. 이처럼 예수님의 십자가를 통하지 않는 재림은 있을 수 없다. 다시 말해, 예수님의 재림은 그의 죽음과 부활과 승천을 전제한다. 이처럼 예수님의 십자가와 그의 재림은 뗄 수 없는 관계에 있다. 재림 신앙의 뿌리는 십자가이다.

바울 서신에 나타난 성만찬의 말씀(고전 11:23-26)에도 예수님의 죽으심과 예수님의 재림이 함께 얽혀 있다.

너희가 이 떡을 먹으며 이 잔을 마실 때마다 주의 죽으심을 그가 오
실 때까지 전하는 것이니라(고전 11:26).

이 구절에 의하면 성만찬은 예수님의 죽으심을 그가 재림하실 때까지
전하는 예식이다. 성만찬에 참여하는 모든 성도들은 그 성만찬을 통하여
예수님께서 자신의 죄를 위해 죽으셨다는 사실을 기억하고 선포할 뿐 아
니라, 승천하신 주님께서 다시 오실 것을 기대하고 선포하는 것이다. 이처
럼 성만찬은 예수님의 십자가의 죽음과 그의 재림을 신비롭게 연결시킨
다. 성만찬에서 예수님의 죽으심과 재림은 결코 분리될 수 없다. 이와 같
이 예수님의 재림은 예수님의 십자가와 밀접한 관계에 있다.

예수 그리스도의 두 재림

영산은 성경이 예수 그리스도의 두 재림, 즉 "공중 재림"과 "지상 재림"에
관하여 말한다고 주장한다. 영산은 "공중 재림"의 근거로 데살로니가전서
4장 16-17절을 든다.

주께서 호령과 천사장의 소리와 하나님의 나팔 소리로 친히 하늘로부
터 강림하시리니 그리스도 안에서 죽은 자들이 먼저 일어나고 그 후에
우리 살아 남은 자들도 그들과 함께 구름 속으로 끌어 올려 공중에서
주를 영접하게 하시리니 그리하여 우리가 항상 주와 함께 있으리라.

이 본문은 바울이 데살로니가 교회 신자들에게 죽은 신자들의 부활에
관하여 말하는 것이다. 이 본문은 예수님의 공중 재림 시 일어날 사건의

순서를 분명히 말해 준다. 예수께서 공중에 재림하실 때, 첫째, 그리스도 안에서 죽은 자들, 곧 죽은 신자들이 먼저 부활하여 일어날 것이다. 둘째, 그 후에 죽지 않고 살아남아 있던 신자들이 먼저 부활한 신자들과 함께 구름 속으로 끌려 올라가 주님을 영접하게 될 것이다. 마지막으로, 주님을 만난 신자들은 주님과 함께 항상 있을 것이다. 이것은 예수 그리스도를 믿었던 신자들이 고대하였던 희망과 축복의 절정이 될 것이다.

영산은 지상 재림의 근거로 요한계시록 1장 7절을 든다.

> 볼지어다 그가 구름을 타고 오시리라 각 사람의 눈이 그를 보겠고 그를 찌른 자들도 볼 것이요 땅에 있는 모든 족속이 그로 말미암아 애곡하리니 그러하리라 아멘.

영산은 이 구절에서 각 사람의 눈과 예수 그리스도를 찌른 자들이 예수 그리스도를 보고, 땅에 있는 모든 족속이 예수님으로 말미암아 애곡할 것이라는 표현은 예수 그리스도의 지상 재림의 때를 말하는 것이라고 이해한다.[242] "지상 재림"이 "공중 재림"과 분명히 다른 점은 "공중 재림" 때는 신자들만이 체험하는 사건으로 어떤 불신자도 그 광경을 볼 수 없지만, "지상 재림" 때는 이 땅의 모든 사람들이 재림하시는 예수 그리스도를 볼 수 있다는 점이다. 이 구절에서 각 사람이 예수 그리스도를 보고 그를 찌른 자들도 보고 모든 족속이 애곡할 것이라는 말씀은 스가랴 12장 10절[243]

---

242) 조용기, 『요한계시록 강해』 (서울: 영산출판사, 1976), 18.

243) "내가 다윗의 집과 예루살렘 주민에게 은총과 간구하는 심령을 부어 주리니 그들이 그 찌른 바 그를 바라보고 그를 위하여 애통하기를 독자를 위하여 애통하듯 하며 그를 위하여 통곡하기를 장자를 위하여 통곡하듯 하리로다."

의 예언이 성취될 것을 말하는 것이다. 영산은 예수 그리스도께서 지상에 재림하실 때 유대인과 이방인이 모두 애곡하며 울부짖게 될 것이라고 말한다.[244]

이 세상과 사후 세계에서 모두 체험하는 천국과 지옥

영산은 천국과 지옥은 이미 이 세상에서 모두 체험할 수 있는 것이라고 다음과 같이 설명한다.

> 천국과 지옥은 이 세상과 사후의 세계에서 다 같이 체험하는 것입니다. *이 세상*에 사는 동안 마음에 천국이 임한 분은 *저세상 천국*에 반드시 갈 것이요, *이 세상*에서 마음에 지옥이 이뤄진 사람은 *저세상*에도 *지옥*에 반드시 갈 것입니다. "나는 우연히 천국에 갈 것이다." 그런 일은 절대로 없습니다. *이 세상*에서 예수 그리스도를 구주로 모시고 죄를 다 청산하고 평안을 마음에 가지고 하나님을 섬기며 산 사람은 이미 마음속에 천국이 이루어졌으니까 *저 영원한 천국*에 반드시 들어갑니다. 하지만 이 세상에서 세상의 쾌락을 좇아 살고 마귀를 따라 살고 육신의 정욕과 안목의 정욕과 이 세상의 자랑을 따라 산 사람은 마음에 벌써 지옥이 이루어져 있는 사람이므로 반드시 음부로 내려가게 되는 것입니다.[245]

영산은 천국은 내세에 그곳에 가서 비로소 누리게 되는 것이 아니라, **이**

---

244) 조용기, 『요한계시록 강해』, 21.
245) 조용기, "천국과 지옥," 〈순복음가족신문〉 제1531호(2009.5.24.). 필자의 강조.

며 이 세상에서부터 천국을 누릴 수 있고 또 누려야 한다고 강조한다. 지금 이 세상에 살고 있는 사람들은 "영원히 천국에 있을 것인가? 아니면 지옥에 있을 것인가?"의 가장 중요하고 심각한 문제를 이 땅에서 결정지어야 한다.

재림과 신자의 삶의 자세

영산은 "재림의 복음"을 믿는 신자들은 마땅히 주님의 재림을 준비해야 한다고 다음과 같이 강조한다. 첫째, 깨어 있어야 한다. 신자는 준비를 잘 한 다섯 처녀처럼 깨어서 기름을 준비하고 있어야 한다(마 25:10-13). 신자들은 하나님의 전신 갑주로 늘 무장을 하고 있어야 하고(엡 6:10-17), 기도와 말씀으로 깨어 있어야 한다. 둘째, 열심히 전도해야 한다. 전도는 예수님의 마지막 부탁이요, 예수님의 최대의 관심사이다. 그러므로 오늘날 신자와 교회가 무엇보다 집중해야 할 일은 열심히 전도하여 영혼을 구원하는 일이다. 예수님은 인류를 구원하기 위하여 십자가 처형을 당하시며 엄청난 대가를 지불하셨다. 피와 물을 다 쏟고 극심한 고통을 당하시면서도 온 인류가 구원받기를 원하셨다. 그러므로 먼저 믿게 된 신자들은 때를 얻든지 못 얻든지 전도에 힘써야 한다(딤후 4:2). 셋째, 주님의 재림을 사모하며 기다려야 한다. 신자의 궁극적인 소망은 이 세상에 있지 않고 그리스도의 재림과 영원한 천국에 있다. 그러므로 신자들은 이 세상에 취하지 말고 그리스도의 재림과 천국을 사모하고 기다리는 자세로 살아야 한다. 기다림은 신자의 믿음의 참됨과 거짓됨을 가려낼 것이다. 믿음이 약해질 때마다 더욱 기도함으로 성령의 도우심을 받아 주님의 재림을 사모하며 기

다려야 한다.[246]

여기서 한 가지 짚고 넘어가야 할 점이 있다. 영산의 오중복음의 마지막
은 "재림의 복음"인데, 그는 설교를 통해 "재림의 복음"을 종종 "부활과 영
생과 천국의 복음"으로 전했다는 점이다. 영산이 이렇게 전했다고 그가 재
림의 신앙을 소홀히 한 것은 결코 아니다. 영산은 "재림"과 더불어 계속 일
어날 미래사인 "부활과 영생과 천국"을 폭넓게 강조하였다는 것으로 이해
해야 한다.

영산은 자신의 설교의 결정적인 토대는 바로 "오중복음"이라고 주장한
다. 그는 이런 결정적인 설교의 토대가 없었다면 오늘의 여의도순복음교
회를 이루지 못했을 것이라고 언급한다.[247] 영산은 한국에서나 세계 어디
를 가나 똑같은 내용의 복음을 전하였는데, 그것은 사람들에게 희망을 주
는 십자가에 기반한 "오중복음"이었다. 영산은 다음과 같이 확고히 말한다.

> 저는 여의도순복음교회 성도들에게 전하는 설교를 미국, 구라파, 중
> 국, 일본 어디에 가도 똑같이 전합니다. 희망의 설교 중에 가장 위대
> 한 것은 *십자가* 설교밖에 없습니다. *십자가*를 통하지 않고는 *희망*을
> 줄 수 없습니다. 예수님께서 십자가를 통해 절망을 불살라 버리셨
> 기 때문에 십자가만이 죄인에게 *용서의 희망*을 줄 수 있습니다. 십자
> 가만이 하나님과 원수 된 사람에게 있는 장벽을 무너뜨리고, *하나님*
> *의 성령을 부어주는 희망*이 있고, 십자가만이 영과 마음과 몸을 *치료*
> *할 수 있는 희망*이 있으며, 십자가만이 우리를 *저주에서 해방시킬 수*

---

246) 조용기, 『5중복음과 삼박자축복』, 233; idem, "나는 이렇게 설교한다," 『교회성장: 설교와
      목회자 관리』, 138.
247) 조용기, "나는 이렇게 설교한다," 『교회성장: 설교와 목회자 관리』, 138-139.

있는 희망이 있습니다. … 십자가만이 우리에게 부활 승천할 수 있는 희망을 줍니다. 이같이 희망의 설교는 오직 십자가에서 나오는 것입니다. [248]

한마디로, 예수 그리스도의 십자가 대속에 기반한 "오중복음"은 오늘날 죄와 세속과 온갖 질병과 저주와 가난과 죽음의 절망 속에서 고통당하는 인류에게 참으로 "희망의 복음"인 것이다.

2) 삼중축복

(1) 용어의 기원과 "삼중"("삼박자")에 내포된 의미

영산이 자신의 신학을 성도들에게 설명하기 위하여 가장 먼저 사용한 용어는 "삼박자 구원" 혹은 "삼박자 축복"이었다. [249] "삼박자 구원"이란 예수 그리스도께서 십자가 대속을 통하여 이루어 놓으신 구원이 "죄"에서의 구원뿐 아니라, "질병"과 "저주"에서의 구원도 포함하고 있다는 사실을 가리키는 말이다. 영산이 처음 목회 현장에서 만나게 된 성도들은 대다수가 교육 수준이 낮은 하류층 사람들이었다. 영산이 그들에게 그리스도께서 십자가 위에서 이루어 놓으신 온전한 구원을 좀 더 쉽게 이해시키기 위하

---

248)   조용기, "성령의 역사와 설교,"『성령』제5집 (1989): 157. 필자의 강조.

249)   영산이 이런 용어를 사용하자 "구원받는 데도 무슨 박자가 필요하냐? 목회가 음악이냐?" 등의 적지 않은 비난이 쏟아졌다. 영산은 자신의 독특한 목회적 용어로 인해 많은 고통을 겪었다. 그러나 그는 주변의 비난에도 굴하지 않고 자신의 양 무리들에게 예수님의 십자가 대속을 통한 구원을 쉽게 이해시키기 위해 이 용어를 끝까지 고수하였다. 참조. 조용기, "나의 목회와 설교,"『교회성장: 교회성장과 성도관리』, 42; idem,『5중복음과 삼박자축복』, 239-240.

여 착안한 용어가 "삼박자 구원"("삼박자 축복")이었다. 영산은 당시 성도들이 박수를 치면서 찬송을 부르던 것에서 아이디어를 얻어, 예수께서 십자가에서 이루신 구원이 한 가지(한 박자)만이 아니라 세 가지(세 박자)라는 사실을 성도들이 이해하기 쉽게 설명한 것이다.[250] 다시 말하면, 영산은 예수 그리스도의 십자가 대속을 통한 구원은 죄, 질병, 저주에서의 구원, 즉 "삼박자 구원"이란 사실을 교인들이 이해하기 쉽게 가르친 것이다. 후에 영산은 주변의 비난으로 인해 "삼박자 구원"을 좀 더 세련된 용어인 "삼중구원"("삼중축복")이란 용어로 바꾸어 사용하였고, "전인구원"이란 용어도 자주 사용하였다.

그러므로 삼박자 구원, 삼박자 축복, 삼중구원, 삼중축복, 전인구원이란 용어는 서로 바꿔 쓸 수 있는 것으로, 그 용어들이 갖고 있는 의미는 모두 같은 것이다. 영산은 개인적으로 "삼중축복"이란 용어를 선호한 것 같다. 필자가 판단하기에, 영산은 자신의 설교를 듣는 성도들이 예수 그리스도께서 십자가의 고난을 통하여 이루어 놓으신 값진 "삼중구원"의 은혜를, 그들의 신앙과 삶에서 축복으로 충만히 누려야 한다는 점을 강조하기 위하여 "삼중축복"이란 용어를 선호한 것 같다.[251]

한마디로, 영산이 한평생 전한 "삼중축복"은 그의 목회 현장의 필요에 따라 나오게 된 **현장 용어**요, 그 당연한 결과로서 그의 "삼중축복의 신학"은 **현장 신학**이라고 말할 수 있다.

---

250)　참조. 조용기, 『5중복음과 삼박자축복』, 239-240.

251)　이런 용어의 선택을 통하여도, 자신의 양 무리를 남달리 사랑했던 목회자로서 영산의 일면을 볼 수 있을 것이다. 영산은 자신의 양 무리가 예수님께서 십자가에서 이루어 놓으신 "삼중축복"을 누리기를 진심으로 소원하며 온 마음을 다해 전했다.

(2) 영산이 "삼중구원"("전인구원")을 외치게 된 이유

영산은 한 사람의 사상과 인격 형성은 그가 자라난 환경과 겪었던 체험에 의해 좌우된다고 단정한다.[252] 그가 평생의 목회를 통하여 "삼중구원"("전인구원")을 외칠 수밖에 없었던 이유는 그가 자라난 환경과 목회 현장에서 겪었던 체험 때문이었다.

가. 영혼의 문제

영산은 어린 시절부터 "영혼의 문제"에 깊은 관심을 갖지 않을 수 없었다. 영산이 어린 시절 살던 집은 삼면이 공동묘지로 둘러싸여 있었다. 그 때문에 그가 자라면서 늘 보고 듣는 것은 장례를 치르는 상여꾼들의 슬픈 모습과 곡소리 그리고 남편을 잃은 여인이 소복을 입고 무덤을 안고 소리쳐 우는 모습이었다. 이런 환경에서 자란 영산은 어린 시절부터 "인생이란 결국 저렇게 죽는구나"라는 생각을 갖게 되었다. 영산은 이런 종교적인 분위기에서 자랐기에 후에 한 자매의 전도를 받고 처음에는 거부 반응을 보였으나 결국 복음을 자연스럽게 받아들이게 되었다. 그리고 그 후, 영산은 예수 그리스도 안에서 영혼이 잘되는 복을 받았다. 이런 이유로 영산은 "영혼의 문제"를 생각하지 않고는 인생을 생각할 수 없게 되었다고 고백한다.[253]

나. 범사의 문제

영산은 "범사의 문제"에도 깊은 관심을 갖지 않을 수 없었다. 영산은 어린 시절 매우 가난한 환경에서 자랐다. 그는 청소년 시절 민족적인 고난

---

252)   조용기, "내가 약할 그때에 곧 강함이라," 〈순복음소식〉 제396호(1986. 5. 4.).

253)   Ibid.

과 충격 속에서 뼈저린 가난을 보고 체험했다. 그리고 자신도 가족의 생계를 돕기 위해 힘든 일을 하면서 가난의 무서움을 몸서리치게 체험했다. 대조동 천막 교회에서 목회를 시작했을 때도, 자신도 가난했지만 그 동네 일대에서 가난에 찌든 처참한 사람들을 보았다. 그들에게 예수 믿고 천국 가라는 메시지는 아무 소용이 없었다. 영산은 성경을 새 마음으로 읽다가 구약의 족장들인 아브라함, 이삭, 야곱이 하나님의 복을 받아 모두 거부가 된 사실을 접하게 되었다. 영산은 이들에게 복을 주신 하나님께서는 오늘날도 신자들에게 복을 주신다는 사실을 깨닫게 되었다(갈 3:9). 또한 영산은 예수님의 십자가의 대속을 통해 신자들이 저주에서 해방된 사실을 분명히 깨달았다(갈 3:13-14).

영산은 이런 성경적인 깨달음에 근거하여 성도들에게 하나님께 복을 구해야 한다고 강조하기 시작하였다. 영산은 성도들의 생각 속에서 하나님에 대한 부정적인 생각을 고쳐 주려고 애썼다. 그는 성도들에게 풍성하게 채우시는 좋으신 하나님을 믿고 긍정적으로 살아가면 하나님께서는 넘치는 복을 주신다고 강력히 외쳤다. 영산은 자기의 설교를 들은 성도들이 실제로 그런 믿음을 가지고 살아감으로써 풍성한 축복을 받는 것을 보았다고 증언한다. 영산은 자신의 목회 현장에서 이런 역사를 분명히 체험하였기에, 자신은 복을 주시는 하나님을 전하지 않을 수 없게 되었다고 역설한다.[254]

다. 건강의 문제

영산이 치료의 하나님을 증거하게 된 이면에도 그럴 만한 환경적인 이

---

254) Ibid.

유가 있었다. 영산은 초등학교 5학년 때 홍역을 크게 앓았고, 청소년 시절
폐병 3기로 죽음의 문턱까지 이르는 처절한 절망의 체험도 하였다. 천막
교회를 개척했을 때도 심장병으로 고통을 겪었고, 서대문 시절에는 강단
에서 설교하다가 쓰러지기도 하였다. 그 후 신경쇠약증에 걸려 말할 수 없
는 고통을 체험했다. 이런 이유로 인해 영산은 치료의 하나님을 간절히 찾
을 수밖에 없었다.[255] 영산은 갈급한 심정으로 성경을 읽다가 치료의 하나
님을 만났다. "나는 너희를 치료하는 여호와임이라"(출 15:26). 그리고 마
태복음을 읽다가 예수님께서 자기에게 온 많은 병자들을 다 고치신 말씀
을 접했다.

> 저물매 사람들이 귀신 들린 자를 많이 데리고 예수께 오거늘 예수께
> 서 말씀으로 귀신들을 쫓아 내시고 병든 자들을 다 고치시니 이는 선
> 지자 이사야를 통하여 하신 말씀에 우리의 연약한 것을 친히 담당하
> 시고 병을 짊어지셨도다 함을 이루려 하심이더라(마 8:16-17).

영산은 이런 말씀들이 새롭게 깨달아지기 시작했다. 그는 치료가 하나
님의 뜻임을 분명히 깨닫게 되자 이 신유의 복음을 전하지 않을 수 없었
다. 영산은 자신의 목회의 한 핵심 구절이 된 요한삼서 1장 2절은 인간이
당하는 고통과 연관이 있다고 단적으로 말한다. 그는 "결국 인간의 문제는
영혼의 문제, 범사의 문제, 건강의 문제"라고 단언한다.[256] 영산은 자신이
자라난 환경과 연약함의 체험으로 말미암아 그가 왜 전인구원을 외칠 수

---

255) Ibid.
256) Ibid.

밖에 없었는지에 대해 다음과 같이 역설한다.

> 돌이켜 보건대 내가 *자란 환경과 육신의 연약함*이 오히려 내게 도움
> 이 되었습니다. 그 가시들로 말미암아 나는 더욱 하나님을 찾게 되었
> 고 하나님의 은혜로 그 가시들을 극복할 수 있었습니다. 그러니까 환
> 난이 내게 유익이 되었던 것입니다. 이러므로 나는 예수 그리스도의
> *전인구원*을 외치지 않을 수 없습니다. 나는 주님께서 부르시는 날까
> 지 이 복음을 증거할 것입니다.[257]

(3) 삼중축복과 요한삼서 1장 2절[258]

영산이 한평생 외친 "삼중축복"의 성경적 근거는 요한삼서 1장 2절이다.
"사랑하는 자여 네 영혼이 잘됨 같이 네가 범사에 잘되고 강건하기를 내가
간구하노라." 이 구절은 영산의 목회에 가장 큰 영향을 끼친 말씀일 것이
다. 그러나 영산은 "삼중축복"("삼중구원")의 메시지를 전할 때 이 한 구절
에만 전적으로 의지하지는 않았다. 그는 신구약의 여러 본문에 근거하여
"삼중축복"을 전했다.[259] 영산이 요한삼서 1장 2절을 자주 사용한 것은 그
구절을 가장 먼저 결정적으로 깨닫게 되었고, 또 그 구절이 "삼중축복"의
세 영역을 잘 드러내 주고 있기 때문이다. 다시 말해 영산은 요한삼서 1장

---

257) Ibid. 필자의 강조.

258) 이 부분은 필자가 발표한 논문을 참조하였다. 참조. 최문홍, "영산의 구원 이해: 그리스
  도의 십자가 중심의 삼중구원," 〈2005 순복음 신학심포지엄: 순복음의 구원론 이해〉, 한
  세대학교 영산신학연구소. 여의도순복음교회 국제신학연구원 주최, 여의도CCMM빌딩
  11층 그레이스홀(2005. 2. 25.), 47-48.

259) 예를 들어, 누가복음 4:18-19; 데살로니가전서 5:23; 출애굽기 23:25-26; 시편 103:1-5 등.
  우리가 앞에서 살펴보았듯이 삼중축복의 성경적 근거는 신구약성경 도처에 흩어져 있다.

2절을 자신의 "삼중축복의 신학"을 분명히 드러내 주는 하나의 "대표적인" 본문으로 사용한 것이다.

요한삼서 1장 2절은 당시 초대 교회의 편지에서 사용되던 전형적인 인사말의 형식을 따르고 있다. 여기서 요한삼서의 저자는 각별한 사랑을 가지고 있었던 가이오에게 "사랑하는 자여"라고 부르면서 "네 영혼이 잘됨 같이 네가 범사에 잘되고 강건하기를 내가 간구하노라"고 자신의 소원을 말하고 있다.[260] 그 내용은 요한삼서 저자가 참으로 사랑하는 가이오의 영혼이 잘되는 상태에 상응하게, 그가 범사에 잘되고 육체가 건강하기를 소원하고 있는 것이다.[261]

영산이 그의 목회와 신학의 한 핵심 구절로 삼은 요한삼서 1장 2절을 어떻게 해석하였는지 살펴보기로 하자. 영산은 이 구절을 영적으로 황폐하고 가난에 찌들고 질병으로 고통당하는 절망적인 목회 현장에서, 자신과 대조동 사람들에게 주시는 하나님의 말씀으로 받아들였다. 다시 말해 요한삼서가 쓰일 당시 가이오에 대한 기원을 영산은 목회자로서 고통과 절망 가운데 있는 자신과 양 무리들에게 적용한 것이다. 혹자는 요한삼서 1장 2절은 가이오라는 한 특정인에게 쓴 것이지 오늘 우리 신자들에게 쓴 것이 아니라고 말할지 모른다. 이에 대해 영산은 사도 요한이 가이오라는

---

260) 이 구절에서 "내가 간구하노라"라는 말을 저자의 소원이 아니라, "기도"로 간주하는 학자들도 있다. 참조. 스테핀 S. 스말리, 『요한 1,2,3서』, 조호진 역 (서울: 도서출판 솔로몬, 2005), 576; 무디 스미스, 『요한 1,2,3서』, 유승원 역 (서울: 한국장로교출판사, 2001), 215.

261) 이 구절에서 "영혼"은 "영적 상태"를 지시하는 말이다. 따라서 이 구절에서 "영혼"(헬, "프쉬케"/*psychē*)은 "영"(헬, "프뉴마"/*pneuma*)과 동일한 의미로 사용되고 있다. 그렇다면 이 간구는 가이오의 범사의 잘됨과 육체의 건강이 그의 영혼(영)의 상태에 상응하게 되기를 바라는 것이다. 참조. 스테핀 S. 스말리, 『요한 1,2,3서』, 577.

한 특정인에게 편지를 썼지만, 이 편지에 담긴 의미는 우리 모든 신자들에게 적용될 수 있다고 이해한다.[262] 그렇다면 요한삼서 1장 2절은 단지 가이오에게만 주어진 말씀이 아니라, 모든 시대에 하나님의 사랑을 받는 성도들, 특히 가난과 고통의 절망에 처한 모든 성도에게도 적용할 수 있는 말씀으로 받아들일 수 있을 것이다.

여기서 한 가지 언급할 점이 있다. 그것은 영산이 요한삼서 1장 2절에 입각하여 성경의 말씀들을 해석했다는 점이다. 영산은 요한삼서 1장 2절이 "성경을 꿰뚫는 하나님의 뜻"이라고 이해한다.[263] 다시 말해 영산에게 있어 요한삼서 1장 2절은 "성경을 해석하는 열쇠"와 같은 역할을 하는 주요 구절이다. 영산이 그의 목회를 통하여 선포한 많은 성경 본문들은 주로 요한삼서 1장 2절에 기초하여 해석되고 증거되었다. 영산은 "삼박자 구원의 신학적인 기초를 튼튼히 해서 읽으면 모든 성경이 다 연결되고 살아계신 하나님의 역사가 뚜렷이 나타나게 되는 것"이라고 역설한다.[264]

필자는 앞에서 예수 그리스도의 십자가 대속이 죄와 저주와 질병에서의 대속으로, 철저히 십자가에 기반되어 있다는 사실을 살펴보았다. 이처럼 영산이 평생 목회를 통하여 전한 "삼중축복"("삼중구원")은 철저히 예수 그리스도의 십자가에 기반을 둔 것이다. 영산은 이에 대해 자신의 입장을 분명히 밝힌 바 있다.

어떤 분들은 나의 신학을 "십자가 없는 신학"이라고 비난을 하고 있습니다. 과연 삼박자 축복이 십자가의 기반 없이 설계되었을까요? …

---

262) 조용기, 『공동서신』 (서울: 서울말씀사, 2008), 474-475.
263) 조용기, "삼박자 축복과 십자가," 〈순복음의 말씀〉 제167호(1981.12.13.).
264) 조용기, 『삼박자 구원』, 19.

우리의 증거하는 복음이 십자가의 기반에 섰느냐, 서지 않았느냐 하
는 것은 가장 중대한 문제입니다. … 우리들을 향하신 하나님의 최선
의 뜻은 "삼박자 축복"에 있습니다. 이 축복은 예수님의 보혈로 이루
어졌습니다. 그래서 예수님께서 고난을 통해 이 축복을 사신 후 우리
에게 전해 주신 것이기 때문에 오늘날 *삼박자 구원*은 흔들리지 않는
십자가의 토대 위에 있습니다. 저 하늘이 무너지고 이 땅이 꺼지고 지
구가 흔들리고 역사가 끝나도 *삼박자 축복은 십자가의 만세반석 위에*
서 우리에게 변함없이 전달되고 있는 것입니다.[265]

(4) 삼중축복의 누림과 순서

영산은 예수 그리스도께서 십자가의 엄청난 고난을 통해서 이루어 놓으
신 "삼중축복"을 예수님을 믿는 성도들은 자신의 신앙과 삶에서 마땅히 누
려야 한다고 강조한다. 그에 의하면 이것이 바로 그리스도를 영화롭게 하
는 길이요, 성경적인 가르침이다. 그런데 영산은 "삼중축복"의 누림에 있
어 **순서**가 중요하다고 분명히 말한다. 다시 말해 그는 "영혼"의 문제를 제
일 중요시해야 한다고 강조한다.[266] 왜냐하면 영혼은 영원하기 때문이다.
따라서 영혼이 잘되는 축복을 누리기 위해서는 **먼저** 예수 그리스도를 개
인의 구주로 모셔 들여 하나님의 사랑받는 자녀가 되어야 한다. 그러나 일
부에서 영산의 신학을 오해하듯이, 하나님의 자녀가 되었다고 자동적으로
범사에 축복이 임하고 질병의 치료가 따르는 것은 아니다. 영산은 하나님
의 자녀가 된 후에도 그의 나라와 그의 의를 먼저 구해야 한다고 다음과 같

---

265)　Ibid. 필자의 강조.

266)　Ibid.

이 역설한다.

> 오늘날 많은 사람들이 예수님을 구주로 믿고, 깨어져 순종하는 생활
> 을 하며 믿음, 소망, 사랑의 생활에 들어가려는 생각은 하지 않고, 현
> 실적인 생활 문제에만 급급해 현실적인 문제만 해결해 달라고 주님
> 께 간구하기 때문에 순서가 틀려 하나님께서 역사해 주시지 않는 것
> 입니다. 우리는 먼저 구할 것과 나중 구할 것의 순서를 반드시 지켜
> 야 합니다.[267]

이처럼 신자가 된 이후 모든 일에 있어서 먼저 영혼이 잘되는 길을 택해
야 한다. 영산은 하나님을 먼저 섬기고 하나님 중심으로 사는 것이 본업이
되고 세상 삶은 부업이 되는 것이 그리스도인의 삶의 올바른 순서라고 강
조한다.[268] 한마디로, 영산은 삼중축복을 누림에 있어 영혼의 문제를 제일
중요시한다는 점을 잊지 말아야 한다.

먼저 영혼이 잘되면 "범사"가 잘되고, "강건"하게 되는 일이 따른다. 영산
은 하나님께서 영적 세계뿐 아니라 물질세계도 지으셨으므로 물질을 나쁘
다고 생각하는 것은 잘못된 일이라고 지적한다. 하나님께서는 물질세계를
먼저 지으신 후 그의 형상과 모양을 따라 인간을 지으셨다. 그리고 하나님
께서 인간에게 가장 먼저 하신 일은 "복"을 주신 일이다(창 1:28). 그러므로
인간을 향한 하나님의 근본적인 뜻은 인간이 복을 누리고 사는 것이다.

그러나 여기서 영산 신학에 있어 중요한 점을 간과하면 안 된다. 그것은

---

267) Ibid. 필자의 강조.
268) Ibid.

신자가 복을 누리는 것은 자동적으로 되는 것이 아니라는 것이다. 영산은 성도가 하나님의 축복을 받기 전에 먼저 "고난"을 통과해야 한다는 점을 강조한다. 하나님께서는 고난을 통하여 깨어지고 변화되어 축복을 받을 수 있도록 그릇이 준비된 사람에게 축복을 주신다고 영산은 역설한다.[269]

또한 영산은 하나님이 예비하신 복을 누리기 위해서는 신자의 편에서 적극적인 믿음의 행동이 있어야 한다고 주장한다. 영산에 의하면 신자가 축복을 누리기 위해서는 다음과 같은 것들을 지켜야 한다. 먼저, 생각을 바꾸어야 한다. 왜냐하면 하나님께서는 우리가 생각하는 것에 따라 역사하시기 때문이다(엡 3:20). 따라서 우리의 부정적인 생각(가난 의식, 저주 의식, 패배 의식 등)을 긍정적인 생각(부요 의식, 축복 의식, 성공 의식 등)으로 바꾸어야 한다. 둘째, 축복의 법칙들을 사용해야 한다. 성경이 가르치고 있는 축복의 법칙들, 예를 들어, 십일조 계약의 법칙(말 3:10-12), 심고 거두는 법칙(갈 6:7), 산울림의 법칙(눅 6:38)들을 생활 속에서 실천해야 한다. 셋째, 하나님의 축복을 믿고 기대해야 한다. 우리가 물질을 믿음의 씨앗으로 심었다 할지라도 하나님의 축복을 받을 것을 믿고 기대하지 않으면 축복이 임하지 않는다.[270] 그러므로 우리는 축복의 법칙들을 실천한 후, 풍성하신 하나님께서 우리의 필요를 넉넉히 채우실 것을 믿고 기대해야 한다(빌 4:19).

영산은 신자가 병 고침을 받는 것도 성경이 가르치는 바라고 주장한다. 그는 예수님의 공생애 사역은 "복음 전파"와 함께 "병 고침"이었고, 이것

269) 조용기, "하나님의 축복과 깨어진 사람," 〈순복음의 말씀〉 제145호(1981.7.12.).
270) 조용기, 『5중복음과 삼박자축복』, 279-281; 조용기, "물질 축복의 법칙," 〈순복음의 말씀〉 제22호(1975.7.27.).

이 바로 천국이 임재하는 증거였다고 올바로 지적한다.[271] 예수께서는 자신이 하신 것처럼 열두 제자를 파송하실 때도 모든 귀신을 쫓아내며 모든 병과 모든 약한 것을 고치는 권능을 주신 후, 가면서 천국이 가까이 왔다고 복음을 전하고 병든 자들을 고치라고 말씀하셨다(마 10:1, 7-8; 막 6:7-13; 눅 9:1-6). 예수님은 칠십 인의 제자들에게도 병자들을 고치고 하나님의 나라가 가까웠다고 전하라고 말씀하셨다(눅 10:1, 9). 그뿐 아니라 예수님께서는 승천하시기 전 제자들에게 선교 명령을 주시며 믿는 자들에게는 병든 자들에게 손을 얹으면 낫는 표적이 따를 것이라고 말씀하셨다(막 16:15-18). 나아가서 영산은 신유가 하나님께서 교회에 세우신 은사라고 말한다(고전 12:28). 그리고 우리가 앞에서 살펴보았듯, 신유는 예수 그리스도께서 십자가에서 대속하신 은혜였다. 이와 같이 영산은 병 고침은 예수님의 주된 사역이었고, 천국 임재의 증거요, 제자들에게 명령하신 것이요, 교회에 세우신 은사요, 예수님께서 친히 대속하신 은혜라고 이해한다. 그러므로 신자가 병 고침을 받는 것은 성경적인 근거가 충분한 것으로 병 고침의 은혜를 누려야 한다고 주장한다.

그러나 영산은 병 고침도 저절로 다가오는 것이 아니라고 말한다. 영산은 병 고침을 받기 위해서는 신자 편에서 믿음의 결단과 구체적인 행동이 뒤따라야 한다고 강조한다. 그에 의하면, 병 고침을 받기 위해 다음과 같은 준비가 필요하다. 첫째, 건강하기를 "열망"해야 한다. 하나님께서는 병 고침을 받기를 진심으로 소원하고 건강을 열망하는 자에게 치료의 은혜를 베풀어 주신다. 둘째, 죄를 "회개"해야 한다. 우리에게 질병이 다가오는 한

---

271) 조용기, 『5중복음과 삼박자축복』, 194.

원인은 죄 때문이다.[272] 그러므로 죄로 인해 질병이 다가왔다면 통회하는 마음으로 죄를 회개해야 한다(약 5:16). 셋째, 이웃의 잘못을 "용서"해 주어야 한다. 우리가 이웃의 잘못을 용서하지 않으면 하나님으로부터 우리의 잘못도 용서받지 못하기 때문이다(마 6:14-15). 용서는 우리의 기도가 응답을 받을 수 있는 중요한 전제 조건이 되기 때문에, 병 고침을 위해서는 반드시 이웃에 대한 용서가 필요한 것이다. 넷째, "믿음의 기도"를 드려야 한다. 우리가 병 나음에 대한 의심을 가지고 기도하는 한 치유의 역사는 결코 일어날 수 없다. 우리가 모든 의심을 물리치고 병이 나을 것이라는 확고한 믿음을 가지고 기도해야 치유의 역사가 일어난다(약 5:15). 나아가 우리가 믿음의 기도를 하였으면 당장 병이 낫지 않았더라도 치료받은 자신의 모습을 바라보면서 입으로 계속 "시인"해야 한다. 우리가 입으로 병 나은 것을 믿음으로 계속 시인할 때 어느 순간 병에서 놓여나게 된다.[273] 이와 같은 단계들을 통하여 우리는 온갖 병에서 고침 받아 건강한 몸을 가지고 하나님의 영광을 위하여 살 수 있는 것이다.

이와 같이 영산은 우리가 예수님을 믿어 하나님의 자녀가 되었다고 할지라도 자동적으로 범사에 잘되고, 건강하게 되는 것이 아니라는 점을 분명히 한다. 신자가 범사에 잘되고 병 고침을 받기 위해서는 적극적으로 성경적인 원리들을 실천해야 한다. 여기서 영산 신학의 한 특징인 "적극적인 신앙"이 잘 드러난다고 말할 수 있다.

요약하면, 예수 그리스도의 십자가로부터 흘러나오는 "오중복음"과 "삼중축복"은 절망에 처한 인간에게 놀라운 "희망의 복음"이 된다. 영산이 한

272) Ibid., 182-183.
273) Ibid., 307-311.

평생 전한 "오중복음"과 "삼중축복"은 모두 그의 목회 현장에서 나온 것이
다. 영산의 목회 현장은 영적으로 황폐하고 가난과 질병으로 절망적이었
는데, 이 절망에서 벗어나려고 하나님을 찾으며 몸부림치다가 얻게 된 것
이 바로 "삼중축복"이요 "오중복음"이었다. 영산이 목회 초기부터 전한 이
메시지는 성도들에게 희망을 심어 주었고, 무엇보다도 현실의 고통을 덜
어주는 데 큰 도움이 되었다.[274] 이런 체험을 통한 확신으로 인해 영산은
변함없이 자신의 목회 생활의 기초를 "현장적인 목회," 즉 "삼중축복"과 "오
중복음"에 두고 달려간다고 역설한 바 있다.[275]

3) 4차원의 영성[276]

(1) 4차원 영성의 출현

영산은 목회를 하던 중, 기독교 밖에서도 치유의 역사가 일어나는 사실
에 직면하여 깊은 고민에 빠진 적이 있다. 일부 성도들이 타종교에서 일어
나는 치유의 현상으로 인해 하나님의 기적을 별로 중요하게 여기지 않고
유일하신 창조주 하나님에 대한 신앙에 회의를 갖게 된 것이다. 다른 종교
에서도 불치의 병에 대한 치유가 일어난다면 기독교의 치유와 다른 점은
무엇인가? 특히 치유의 역사를 강조해 왔던 오순절주의자들은 이런 타종
교에서의 치유 현상을 어떻게 이해해야 할까? 영산은 이런 문제들을 놓고
금식하며 간절히 기도하던 중 하나님으로부터 응답을 받은 것이 바로 "4차

---

274) 조용기, "나의 목회와 설교," 『교회성장: 교회성장과 성도관리』, 48.
275) Ibid.
276) 이 부분은 필자의 이전 논문을 참조하여 작성하였다. 참조. 최문홍, "4차원의 영성: 영산
    의 삶과 목회와 신학의 원동력," 『영산신학저널』 Vol. 29 (2013): 93-122.

원의 영성"이다.[277] 그러므로 "4차원의 영성"은 영산이 개인적으로 연구를 한다거나 어떤 사람의 사상에 영향을 받아 나온 것이 아니라, 하나님으로부터 직접 가르침을 받은 영적 법칙이다.

영산은 하나님으로부터 계시를 받고 타종교에서 일어나는 치유의 기적과 기독교의 기적이 어떤 차이가 있는지 분명히 깨닫게 되었다. 영산은 마귀가 지배하는 악령의 세계에도 초자연적인 일이 일어날 수 있음을 인정한다. 그러나 악령의 세계에서 일어나는 기적은 성령의 세계에서 일어나는 기적과 전적으로 다르다고 지적한다. 영산은 이에 대해 다음과 같이 설명한다.

> 애굽의 마술사들이 하나님의 능력을 모방한 것과 같이 악령의 세계
> 에도 일시적이고 허위적인 치료와 기적들이 일어나기도 합니다. …
> 그러나 우리가 기억해야 할 점은 사탄이 사람들을 미혹하기 위해 아
> 무리 하나님의 능력을 모방한다 하더라도 그 능력은 역시 하나님의
> 능력 아래 제한되어 있다는 점입니다. 사람을 살리는 진정한 능력과
> 권세는 전능하신 하나님께 속한 것입니다.[278]

영산은 사탄의 세계에서도 초자연적인 기적이 일어날 수 있지만, 사탄의 능력은 하나님의 권세 아래 "제한"되어 있으며, 그것도 단지 "일시적"일 뿐이라고 지적한다. 그는 사람을 살리는 진정한 능력과 권세는 하나님께 속한 것이며, 사탄의 제한된 능력은 성령의 영원한 세계에 절대로 관여할

---

277) 조용기, 『4차원의 영적 세계』, 55.
278) Ibid., 57.

수 없음을 분명히 한다.[279]

(2) 영산과 4차원 영성

영산이 말하는 4차원 영성의 기본 요소는 생각, 꿈, 믿음, 말이다. 그는 4차원 영성의 이 네 요소에 변화를 일으킴으로, 우리가 사는 3차원의 물질 세계에 놀라운 창조와 기적을 가져올 수 있다고 역설한다. 영산은 4차원의 영성을 자신의 삶과 목회에 적용하여 그의 처참한 운명과 환경을 변화시켰고, 자신이 품은 꿈을 다 실현하여 세계 최대의 교회를 설립하게 되었다. 여기서 영산이 어떻게 4차원의 영성을 자신의 목회에 적용하여 놀라운 창조의 역사를 일으키게 되었는지 살펴보고자 한다.

먼저, 영산은 자신의 목회에 대해 절대 긍정의 "생각"을 가졌다. 그는 자신의 목회는 기필코 잘될 수밖에 없다는 절대 긍정의 "생각"을 가지고 나갔고, 결국 그 생각대로 이루어졌다고 다음과 같이 고백한다.

> 목회를 하면서 "목회가 안 된다"라고 생각해 본 적이 없습니다. "교회는 성장하고 성도는 몰려오고 기적은 일어난다"라고 생각했습니다. 부정적이고 좌절스런 생각이 조금이라도 틈타면 즉각 대항했습니다. 합력하여 선을 이루시는 하나님을 고백하고 긍정적인 생각으로 바꿨습니다. 이렇게 저의 4차원 세계 속에 입력된 올바른 메시지는 3차원으로 전달되어 생각이 바뀌고 자신감이 생겨 힘 있는 목회를 할 수 있었습니다. 그렇기 때문에 나의 목회는 늘 마음에 하나님이 그려 주신 생각대로 이루어졌습니다. 제가 믿음으로 생각한 것이 저의 3차

---

279) Ibid.

원에 계속해서 이루어진 것입니다. [280)

영산은 이런 목회 경험을 통해 성공적인 목회와 교회 성장을 위해서는 목회자가 교회 성장에 대한 긍정적인 생각을 가져야 하며, 교회는 바로 목회자의 "생각"에서 시작하는 것이라고 주장한다. [281)

또한 영산의 목회는 그가 목회 현장에서 "꿈"을 꾼 대로 이루어졌다. 그는 꿈을 꾸되 구체적인 꿈을 꾸었다. 영산은 세계 최대의 교회를 세우겠다는 분명한 꿈을 가졌고 그 꿈의 실현은 매우 구체적으로 이루어졌다. 영산은 첫 개척 교회인 천막 교회에서 불과 5명의 성도로 목회를 시작하였지만, 그는 구체적으로 3,000명 성도의 꿈을 꾸었다. 영산은 그 꿈이 어떻게 이루어질지 몰랐다. 그러나 영산은 그 꿈이 이루어질 것을 믿었고, 하나님께서는 그 꿈을 이루어 주셨다. 그리고 계속해서 6천 명, 1만 명, 3만 명, 10만 명 등, 분명한 성도의 숫자를 꿈으로 품었을 때 그 꿈대로 모두 이루어지게 되었다고 고백한다. [282)

여기서 우리가 간과하지 말아야 할 점은 영산이 품은 꿈이 결코 인간적인 동기에서 나온 것이 아니라는 것이다. 영산이 품은 꿈은 성령으로부터 온 것이다(욜 2:28; 행 2:17). [283) 그에 의하면, 꿈과 비전은 "성령의 영적 언어"이다. [284) 영산은 성령께서 구체적인 꿈을 주시는 대로 그 꿈을 품었고, 그 꿈을 늘 바라보면서 간절한 기도를 하며 나간 결과, 품었던 꿈을 모두

280) 조용기, 『4차원의 영성』 (서울: 교회성장연구소, 2004), 66-67.
281) Yonggi Cho, "Church Growth," *Church Growth Manual*, No. 13 (n.d.): 15.
282) Ibid., 17. 영산은 계속해서 30만 명, 50만 명, 70만 명의 성도의 꿈을 각각 꾸었을 때 그대로 실현되었다고 말한다.
283) 조용기, 『4차원의 영적 세계』, 61.
284) Ibid., 61-62.

이루게 된 것이다.

나아가서 영산은 "믿음"을 통하여 목회의 기적을 경험하였다. 그는 성령께서 주신 꿈을 추호도 의심하지 않고 반드시 이루어질 것이라고 믿었고 그가 믿은 대로 이루어졌다. 영산은 목회 현장의 모든 문제를 인간적인 수단에 의해 해결하지 않았고 성령께서 일하시도록 간절한 기도를 통하여 성령께 맡겼다. 그 결과 그는 성령께서 일하시는 것을 체험하곤 하였다. 영산은 이런 자신의 믿음의 방법을 통한 목회에 대해 다음과 같이 말한다.

> 우리 교회의 성도 수가 이젠 70만 명이 되지만 저는 직접 교회의 대소사에 관여하기보다는 믿음의 방법에 의지하여 목회를 하고 있습니다. 목회는 성령께서 하시면 쉽게 하실 수 있는 일이기에 나 혼자 인간적인 노력이나 수단으로 하면서 발버둥 치지 않습니다. 나는 이것을 실제 체험으로 배웠습니다. 외국에서 복음을 전할 때에도 나는 문제가 있으면 기도를 통해 시공을 초월하여 역사하시는 성령께 우리 교회의 문제를 다 아룁니다. 그러면, 성령께서 한국의 우리 교회를 위해 친히 역사하시는 것을 여러 번 체험했습니다.[285]

더 나아가 영산은 목회 내내 긍정적인 "말"을 하려고 부단히 애썼다. 그는 목회 초기부터 환경이 아무리 칠흑같이 어두워도 부정적인 말을 하지 않았다. 영산이 목회 초기부터 긍정적인 말을 하게 된 것은 그가 목회 초기에 깨달은 "좋으신 하나님"에 대한 이해에서 비롯된 것이다. 이런 좋으신 하나님 이해와 더불어 영산을 긍정적으로 만든 것은 예수 그리스도의

---

285) Ibid., 67.

십자가 대속의 은혜였다. 그는 예수님께서 십자가의 고난을 통하여 "죄"만 대속한 것이 아니라 "질병"과 "가난과 저주"도 대속하셨다고 믿었다. 그러 므로 영산은 비록 생활이 어렵고 몸도 건강하지 못한 상황에서 목회할 때 도, 자신은 결코 가난하지 않고 부자이며 건강하다고 큰 소리로 외쳤다. 또한 자신의 믿음은 산을 옮길 만하고, 믿는 자에게는 능치 못할 일이 없다 고 외쳤다.[286] 이렇게 영산이 긍정적인 말을 계속하자 하나님께서 그 말에 능력과 권세를 주심으로 창조적인 역사가 일어나 대교회를 이루게 되었다 고 말한다.[287]

영산은 4차원 영성의 "말"을 실제로 해외 선교 현장에 적용하였을 때 놀 라운 변화가 일어나는 것을 체험하였다고 다음과 같이 고백한다.

> 저는 늘 몸이 약해 해외에서 선교할 때 기운이 빠질 때가 많습니다. 그러나 *4차원의 영성*으로 내가 자신에게 말합니다. "조용기야, 주님 께서 너와 같이 계신다. 저가 채찍에 맞음으로 너는 나음을 입었다. 볼지어다 세상 끝날까지 너와 함께 하리라"고 합니다. *4차원의 영성 의 말*로 "너는 강하다. 너는 할 수 있다. 하나님이 같이 계신다"라고 하면 몸에 힘이 부쩍부쩍 생깁니다. 그래서 "하나님 감사합니다. 나 는 치료받았습니다. 힘이 있습니다. 건강합니다"라고 고백하며 승리 하고 나오는 것입니다.[288]

---

286) 조용기, 『4차원의 영성』, 173.

287) Ibid., 174.

288) 조용기, "자유와 해방을 주시는 하나님," 〈순복음가족신문〉 제1816호(2015. 4. 19.). 필자 의 강조.

특히 영산은 치유 사역에서 입술의 선포의 중요성을 깨닫고 적극적으로 실천하였다. 영산은 성령께서 치유하시는 모습들을 그의 마음에 보여 주시는 대로 담대히 선언하였고, 그 입술의 선언에 따라 수많은 사람들이 치유받았다. 그는 자신이 입술로 선포하지 않으면 아무 역사도 일어나지 않는다는 사실을 목회 현장에서 체득하였다.[289]

여기서 한 가지 분명히 해야 할 점이 있다. 그것은 4차원의 네 요소를 통한 창조와 변화는 성령이 역사하심으로 일어난다는 것이다. 영산은 이 사실을 확고히 말한다.

> 성령님은 우리의 *생각*을 통해 역사하시고 *꿈*을 통해 역사하시고 *믿음*을 통해 역사하시고 입술의 *말*을 통해 역사하시는 것입니다.[290]

"4차원의 영성"이란 다름 아닌 우리가 성령과 함께 살면서 우리 삶에 변화와 창조를 가져오는 방법이다. 영산은 이 "4차원의 영성"을 통해 성령과 함께 살면서 운명과 환경을 변화시키는 위대한 삶을 살아가라고 역설한다.[291]

요약하면, 영산은 자신의 목회는 잘될 수밖에 없다는 긍정적인 "생각"을 가지고 목회에 임하였고, 늘 성령의 감동을 따라 교회 성장에 대한 "꿈"을 가슴에 품었고, 그 꿈이 이루어질 것을 의심하지 않고 굳게 "믿고" 나갔으며, 담대히 입술로 끊임없이 긍정적으로 "말"함으로써 결국 세계 최대의 교회를 이루게 된 것이다.

---

289) 조용기, 『4차원의 영적 세계』, 92-95.
290) 조용기, "나의 삶을 바꾸려면," 〈순복음가족신문〉 제2039호(2019.11.3.). 필자의 강조.
291) Ibid.

(3) 오중복음, 삼중축복과 4차원 영성의 내적 관계성

필자는 앞에서 영산이 복음의 다섯 가지 핵심적 주제들인 "오중복음"을 주장한다는 것과 예수 그리스도의 십자가의 대속은 죄와 저주와 질병으로부터의 "삼중대속"으로 우리에게 "삼중축복"("삼중구원")을 가져다주셨다는 사실을 살펴보았다. 그리고 이 모든 것은 철저히 그리스도의 십자가에 기반하고 있음을 보았다. 이 "오중복음"과 "삼중축복"이 영산의 삶과 목회 현장에 풍성한 열매를 맺도록 해 준 것이 바로 "4차원의 영성"이다. 다시 말해, 4차원의 영성은 영산 신학의 한 주요 부분을 구성하고 있으면서, 그의 신학을 생명력이 넘치는 "살아 약동하는 신학"으로 만들어 주는 역할을 하고 있다. 즉, "4차원의 영성"은 영산 신학을 영산 신학 되게 만들어 주는 주요 기능을 하고 있는 것이다.

영산 신학에서 이러한 창조적 변화의 역사는 4차원 영성의 네 요소를 통해 일어난다. 영산은 하나님의 모든 축복은 "생각"에서 출발하는 것이라고 주장한다.[292] 그러므로 그는 예수 그리스도께서 십자가의 고난을 통하여 우리에게 "오중복음"과 "삼중축복"의 은혜를 가져다주셨는데도 우리의 생각이 부정적으로 되면, 이 십자가의 은혜를 받을 수 없게 된다고 말한다. 따라서 영산은 성도의 생각을 끊임없는 교육을 통해 변화시켜야 한다고 "생각의 교육"의 필요성을 지적한다.[293] 영산에게 있어 생각을 변화시킬 수 있는 근거는 예수님의 십자가 대속이다. 영산은 성도의 생각이 예수님의 십자가 대속의 은혜에 기반하여 변화되어야 한다고 지적하면서, 항상 성도들에게 생각을 "대속받은 생각"으로 변화시키라고 역설하였다.[294] 따

---

292) 조용기, "우리 가운데서 역사하는 능력," 〈순복음의 말씀〉 제95호 (1980. 7. 27.).

293) 조용기, "나, 나의 생각," 〈순복음의 말씀〉 제143호 (1981. 6. 28.).

294) Ibid.

라서 영산은 예수님께서 십자가 대속을 통하여 이루어 놓으신 "오중복음"
과 "삼중축복"의 은혜를 신자의 "생각 속에" 긍정적으로 받아들여야 한다
고 호소한다.

영산 신학에서 창조적인 변화를 가져오는 두 번째 요소는 "꿈"이다. 영
산은 성령의 역사를 신속히 일으키는 힘은 "꿈"과 "환상"이라고 말한다.[295]
성령은 우리의 꿈과 환상을 통해 우리를 축복의 길로 인도하여 주신다. 그
러므로 우리는 십자가를 바라보고 예수님께서 십자가 대속을 통하여 이루
어 놓으신 "오중복음"과 "삼중축복"을 꿈꾸어야 한다.

영산 신학에서 창조적인 변화를 가져오는 세 번째 요소는 "믿음"이다.
영산에 의하면 꿈과 믿음은 매우 밀접한 관계가 있다. 우리가 분명한 꿈이
있다면 믿음이 생겨난다고 지적한다(히 11:1).[296] 이 "믿음"은 하나님의 상
급을 받는 절대적인 조건이 된다(히 11:6).[297] 그러므로 성도는 예수님께서
십자가 대속을 통하여 이루어 놓으신 "오중복음"과 "삼중축복"을 믿음으로
받아 누려야 한다고 역설한다.

영산 신학에서 창조적인 변화를 가져다주는 마지막 요소는 "말"이다. 영
산은 4차원 영성의 네 요소 중 "말"이 가장 중요하다고 지적한 바 있다. 왜
냐하면 말이 다른 세 요소인 생각, 꿈, 믿음에 결정적인 영향을 끼치기 때
문이다. 영산은 다음과 같이 설명한다.

> 말이 부정적이면 생각도 부정적이고 꿈도 부정적이고 믿음도 부정적
> 이 되는 것입니다. 그래서 말이 제일 중요합니다. 생각과 꿈과 믿음,

295) 조용기, "꿈과 성공적인 생활," 〈순복음의 말씀〉 제196호(1982. 7. 4.).
296) 조용기, "꿈과 믿음," 〈순복음의 말씀〉 제319호(1984. 11. 11.).
297) 조용기, 『4차원의 영성』, 91.

말 중에 *제일 중요한 것이 말입니다.*[298]

그러므로 영산은 예수님이 십자가의 고난을 통하여 이루어 놓으신 대속의 은혜인 "오중복음"과 "삼중축복"을 우리가 늘 생각하고, 꿈꾸고, 의심 없이 믿고, 입술로 담대히 고백하라고 거듭 강조한다. 그래서 그리스도의 십자가 대속의 은혜인 "오중복음"과 "삼중축복"을 충만히 누리라고 역설한다.

이처럼 영산의 "4차원의 영성"은 그의 신학에 큰 영향을 끼쳤다. "4차원의 영성"은 그의 신학의 한 중요한 부분을 구성하고 있으면서, 그의 신학이 단지 이론이나 학문에 머물지 않고 살아 약동하며 생명력이 넘치도록 만들어 주는 데 결정적인 역할을 하였다.

요약하면, 영산 신학에서 "4차원의 영성"은 예수 그리스도의 십자가 대속의 은혜인 "오중복음"과 "삼중축복"을 신자의 현실의 신앙과 삶에 충만히 누리도록 해 주는 중요한 역할을 담당하고 있다. "4차원의 영성"은 그의 신학이 아무 변화도 가져다주지 못하는 죽은 이론이나 신학이 아니라, 현실의 신앙과 삶에 생명력을 주는 "살아 숨 쉬는 신학"이 되게 하였다. 한마디로, 영산의 "4차원의 영성"은 그의 삶과 목회 현장과 신학의 모든 영역에 생명력과 풍성한 열매를 맺게 해 주는 값진 역할을 하고 있는 것이다.

---

[298]   조용기, "깊은 데로 가서 고기를 잡으라," 〈순복음가족신문〉 제1627호(2011. 5. 22.). 필자의 강조.

4. 예수 그리스도의 십자가와 신자의 삶

1) 신자의 정체성

영산은 예수 그리스도의 십자가를 통하여 신자에게 일어난 결정적인 정체성의 변화에 관하여 늘 강조하였다. 그는 신자가 예수 그리스도의 십자가를 가슴에 품을 때, 그리스도 안에서 확실한 자신을 찾게 된다고 지적한다. 영산에 의하면 신자가 그리스도의 십자가를 통하여 다섯 가지의 새로운 정체성을 찾게 되었다: (1) 용서받아 의롭게 된 사람 (2) 거룩하고 성령 충만한 사람 (3) 치료받고 건강한 사람 (4) 아브라함의 복을 받고 형통한 사람 (5) 부활, 천국, 영생을 얻은 사람.[299]

영산은 신자가 항상 예수 그리스도의 십자가를 통하여 얻게 된 자신의 정체성을 밝히 알고, 그 정체성 위에 굳게 서야 한다고 힘차게 말한다.

2) 정체성 위에 서는 길

영산은 그리스도의 십자가를 바라보고 4차원의 영성을 적용하여 정체성 위에 굳게 서라고 역설한다. 먼저 신자는 예수님의 십자가의 대속을 통해 새로운 피조물이 된 자신을 "생각"하고 잊어서는 안 된다(고후 5:17). 또한 영산은 항상 새로운 피조물이 된 자신의 모습을 상상하고 "꿈"꾸라고 말한다. 나아가서 이 사실을 굳게 "믿고", 늘 입술로 "고백"해야 한다고 강조한다. 영산은 목회를 하면서 몸의 허약으로 고통을 당할 때, 자신이 배

---

299) 조용기, "나의 정체성," 〈순복음가족신문〉 제1544호(2009.9.6.).

운 것이 "나의 정체성"이라고 고백한 적이 있다. 그는 고통을 당할 때마다 예수 그리스도의 십자가를 통하여 얻게 된 자신의 정체성을 주장하며 모든 어려움을 극복하였다고 다음과 같이 역설한다.

> 저는 태어날 때부터 육신이 약하게 태어났습니다. 그리고 폐병 3기로 죽다가 살아났습니다. 그 이후로도 늘 몸이 허약했습니다. 머리가 어지럽고 다리가 아프고 기침이 나오고 소화가 잘 안 되고 온갖 병이라는 병은 다 가졌습니다. 예수님을 믿고 신학교에서 공부하고 주의 종이 되고 난 다음에도 항상 몸이 아팠습니다. 서대문에서는 설교하다가 쓰러지기도 했습니다. 그때 이후로도 늘 쓰러질 것같이 다리가 떨리고 괴로웠습니다. 그 가운데 제가 하나 배운 것은 *나의 정체성*입니다. '내가 누구냐? 성경에는 "그가 채찍에 맞음으로 너희는 나음을 얻었나니"(벧전 2:24)라고 말씀하셨다. 그러므로 나는 나은 사람이다. 마귀가 아무리 와서 나를 도둑질하고 죽이고 멸망시키려고 해도 나는 하나님의 약속에 의해서 나은 사람이다.' 50년의 목회 생활 동안 한국과 온 세계에 복음을 전하러 다니면서 수없이 죽을 고비를 넘겼습니다. 수없이 심장이 멈출 것 같고 숨이 끊어질 것 같고 어지럽고 일어날 기운이 없고 그럴 때도 항상 저는 *제 정체성*을 생각했습니다. '나는 이런 사람이 아니다. 예수님을 안 믿고 세상에서 살 때는 죄책과 정죄, 허무와 무의미, 죽음과 무의 노예가 돼서 끌려다녔지만 지금 나는 새로운 피조물이다. 나는 용서받고 의롭게 된 사람이고 거룩하고 성령충만한 사람이고 치료받고 건강한 사람이고 아브라함의 복을 받은 사람이고 영생 복락을 받은 사람이다. 이것이 *나의 진실한 정*

*체성*이니 절대로 양보하지 않는다.' 그런 믿음을 가지고 입으로 시인
했기 때문에 지금도 설교할 수가 있는 것입니다.[300]

　이와 같이 영산은 정체성이 분명한 사람은 자신이 누군지를 바로 알고
자신을 주장하기 때문에 항상 희망차고 승리하는 삶을 살게 되지만, 정체
성이 불확실한 사람은 마귀의 속임에 빠져 불안과 고통과 절망으로 끌려
다니게 된다고 말한다.[301] 영산은 예수님의 십자가를 통해 얻게 된 신자의
정체성은 성경이 말하고 있는 "절대적인 진리"라고 단언한다.[302] 그러므로
예수 그리스도의 십자가를 통해 구원받은 신자는 4차원의 영성을 적용함
으로 신자의 정체성 위에 굳게 서야 한다고 역설한다. 영산은 신자의 정체
성이 확립될 때 예수 그리스도께서 십자가에 못 박힌 효과가 발생하고, 승
리하는 신앙생활을 할 수 있다고 주장한다.[303]

5. 예수 그리스도의 십자가와 부활

1) 영산은 예수님의 부활을 소홀히 취급하였나?

　우리는 앞에서 영산의 희망의 복음인 "오중복음"과 "삼중축복"이 모두
그리스도의 십자가에 철저히 기반을 두고 있다는 사실을 살펴보았다. 영

---

300)　Ibid. 필자의 강조.

301)　Ibid.

302)　Ibid.

303)　조용기, 『새로운 자화상: 보라 새것이 되었도다』, 29.

산의 희망의 복음은 분명히 십자가 중심적이다. 영산이 전하는 복음은 늘 십자가로부터 나오기 때문이다. 여기서 영산 신학에 대한 한 가지 오해가 일어날 수 있다. 그것은 영산이 그리스도의 십자가는 제대로 강조하였지만, 상대적으로 그리스도의 부활은 소홀히 하지 않았느냐는 점이다.[304]

여기서 한 가지 지적하고 싶은 것은 영산은 "그리스도의 십자가"의 중요성뿐만이 아니라 "그리스도의 부활"의 중요성도 함께 강조하였다는 점이다. 영산은 예수 그리스도의 부활이 우리의 믿음의 "주춧돌"이 된다고 분명히 말한다.[305] 만일 예수님의 부활이 없었다면 그의 십자가의 죽음은 비극적인 죽음에 불과했을 것이요, 우리의 믿음은 헛것이 되었을 것이라고 지적한다.[306] 또한 영산은 예수 그리스도의 부활 사건만이 "예수님께서 하나님이시요 참사람이며 온 인류의 구주가 되심을 증명해 주는 것"이라고 분명히 밝힌다.[307] 더 나아가 영산은 기독교만이 "부활의 종교"로서 예수 그리스도의 부활은 인류에게 영원한 희망을 준 사건이라고 부활의 중요성을 확고히 주장한다.

한마디로, 영산이 "그리스도의 십자가"는 강조하였지만, "그리스도의 부활"은 소홀히 다루었다든가 그 중요성을 별로 강조하지 않았다고 말하는 것은 영산의 부활 이해를 올바로 알지 못하고 하는 말이다.

---

304) 세계적인 저명한 신학자인 몰트만은 2004년 6월 3일에 개최된 영산국제신학심포지엄에 초대되어 논문을 발표하면서, "순복음의 7대 신학적 기초들"에 "그리스도의 부활"을 추가하여 보완하라고 제안한 바 있다. 참조. 위르겐 몰트만, "희망의 축복: 희망의 신학과 생명의 충만한 복음," 〈2004 영산국제신학심포지엄: 영산 조용기 목사의 희망 신학〉, 한세대학교 영산신학연구소 주관 (2004.6.3.), 33-47, 특히 36-40.

305) 조용기, "그리스도께서 다시 살아 잠자는 자들의 첫 열매가 되셨도다," 〈순복음의 말씀〉 제13호(1974.4.14.).

306) Ibid.

307) 조용기, "다시 사신 예수님," 〈순복음의 말씀〉 제291호(1984.4.29.).

2) 십자가와 부활의 상관성[308)]

영산이 그리스도의 십자가뿐 아니라 그리스도의 부활도 함께 강조한 사실은 이 두 사건 사이의 내적 관계성을 통해서도 확인할 수 있다.

(1) "십자가를 통한" 구원 사역

필자는 앞에서 예수 그리스도의 구원 사역이 철저히 "십자가를 통하여" 이루어졌다고 주장하였다. 영산이 목회 내내 외친 "오중복음"과 "삼중축복"이 모두 십자가에 기반해 있음을 밝혔다. 영산 신학에 있어 이 사실은 결코 간과되어서는 안 된다. 영산은 예수님을 믿는다는 것은 단지 종교를 갖게 된다는 것이 아니라 거듭나서 새사람이 되는 것이라고 말한다. 그리고 새 사람이 받은 놀라운 변화에 대해 다음과 같이 주장한다.

> 예수님께서 *십자가*에서 이루신 오중복음과 삼중축복의 은혜가 놀랍게 임하는 것입니다. 그리고 예수 *십자가*를 통해서 인간이 상상할 수 없는 하나님의 은혜를 누려야 되는 것입니다. *십자가*를 바라보고 생각이 긍정적으로 변화되어야 되고, 꿈을 꾸어야 되는 것입니다. 꿈을 꾸지 않고는 아무것도 이루어지지 않습니다. 꿈을 꾸고 그리고 믿음으로 기도하고, 변화 받아 하나님에게 복을 받은 것을 입으로 시인하면 그 모든 것이 성령님의 능력으로 이루어지는 것입니다.[309)]

---

308) 이 부분에 대해 다음의 글도 참조해 보라. 참조. 이기성, "영산 신학의 중심점: 예수 그리스도의 십자가와 부활의 내적 관계성에 대한 영산의 이해," 〈제4회 영산 신학자 학술 포럼〉, 한세대학교 영산신학연구소 주관(2005. 1. 27.), 45-50.

309) 조용기, "십자가, 삶을 변화시키는 능력," 〈순복음가족신문〉 제1937호(2017. 9. 24.). 필자

이와 같이 영산은 그리스도의 "십자가를 통하여" 구원 사역이 이루어졌음을 분명히 한다.

(2) "부활을 통한" 구원 사역

영산은 다른 한편으로 그리스도의 구원 사역이 예수님의 "부활을 통하여" 이루어진 것이라고도 진술한다. 그는 우리 신자들이 예수님의 부활을 통하여 십자가의 대속의 은총을 받아 누릴 수 있다고 말한다. 영산은 예수님의 부활을 통해 우리는 모든 죄를 용서받아 의인이 되었고, 성령과 교통하면서 성결하고 권능 있는 삶을 살게 되었고, 치료를 받게 되었고, 축복의 자리에 들어서게 되었고, 영원한 천국과 영생의 은혜를 얻게 되었다고 주장한다.[310]

또한 영산은 예수님의 십자가를 통한 인류의 구원 사역을 이야기하며 예수님의 부활에 강조점을 두고 다음과 같이 주장한다.

> 오늘날 부활하신 예수님께서는 우리 가운데 계시며 교회 가운데 계시면서 우리의 전도를 통해 우리의 기도를 통해 우리의 믿음을 통해 죄가 있는 곳에 *부활의 용서*를, 병이 있는 곳에 *부활의 치료*를, 마귀가 있는 곳에 *부활의 승리*를, 저주가 있는 곳에 *부활의 축복*을, 죽음이 있는 곳에 *부활의 영생*을 허락하고 계신 것입니다.[311]

이와 같이 영산은 예수님의 전인구원 사역을 예수님의 십자가를 통해

의 강조.

310)   조용기, "채무를 청산한 부활," 〈순복음소식〉 제447호(1987. 4. 26.).

311)   조용기, "다시 사신 예수님," 〈순복음의 말씀〉 제291호(1984. 4. 29.). 필자의 강조.

이루어진 사역일 뿐 아니라, 그의 "부활을 통해" 이루어진 사역이라고도
진술한다.

(3) "십자가와 부활을 통한" 구원 사역

영산은 또 다른 한편으로 예수님의 구원 사역이 예수님의 "십자가와 부
활을 통한" 사역이었다고도 말한다. 그는 예수님께서 "십자가의 죽으심과
부활"하심으로 우리를 위하여 값 주고 사신 은혜가 무엇인지 분명히 알아
야 한다고 진술한다. 그 은혜는 죄의 용서요, 성령의 도우심이요, 병에서
의 고침이요, 저주에서의 속량이요, 죽음에서의 해방이라고 주장한다.[312]
그리고 예수 그리스도의 "십자가와 부활을 통하여" 주신 이 은혜는 성령의
현재적인 사역을 통하여 누릴 수 있다고 다음과 같이 설명한다.

> 성령님은 우리와 함께 계시고 우리 안에 거하시며 우리 위에 임하셔
> 서 세상 끝날까지 영원토록 함께 계시며 예수님의 이름으로 예수님
> 께서 값 주고 사신 것을 체험하고 누리게 해 주시는 것입니다.[313]

나아가서 영산은 그리스도 안에서 새로운 사람이 된 자가 왜 새로운 희망
을 가지고 승리의 삶을 살 수 있는지에 대해 다음과 같이 힘 있게 말한다.

> 오늘 여러분들은 그리스도 안에서 새로운 사람들입니다. 새로운 희
> 망을 가지고 있습니다. … 여러분들은 승리할 수 있습니다. 기적을

---

312) 조용기, "성령님의 현재 사역," 〈순복음의 말씀〉 제181호(1977.7.31.).
313) Ibid.

가져올 수 있습니다. 축복받은 사람입니다. 왜냐하면 예수님께서 *십자가*에 죽으셨다가 *부활하심*으로 우리로 하여금 죄 사함을 받게 하셨고, 병 고침을 받게 하셨으며, 저주에서 속량하셨고, 죽음에서 해방시켜 주셨기 때문입니다. 뿐만 아니라 성령님께서는 예수님께서 값을 치르신 것을 우리들에게 나눠 주시기 위하여 우리 곁에 계시며 우리가 예수님의 은총과 축복을 누리는 것을 방해하는 귀신들을 쫓아내 주시기 때문입니다.[314]

이와 같이 영산은 "예수님의 죽으심과 부활"의 열매는 죄 용서와 성령과 치료와 축복과 영생이라고 주장한다.[315]

우리가 위에서 언급한 내용들을 종합하면 다음과 같은 결론을 얻을 수 있을 것이다. 영산은 예수님이 이루신 구원 사역의 수단을 말할 때 "십자가" 혹은 "부활" 혹은 "십자가와 부활"이라고 다양하게 사용한다는 점이다. 즉, 영산에게 있어 이 세 용어는 서로 바꿔 쓸 수 있는 표현이다. 다시 말하면, 영산이 그리스도의 "십자가의 죽으심"을 언급할 때는 항상 "부활"을 전제하고, 반대로 그가 그리스도의 "부활"을 언급할 때는 항상 "십자가의 죽으심"을 전제로 한다는 사실이다. 이와 같이 영산에게 있어 그리스도의 "십자가"와 "부활"은 떼려야 뗄 수 없는 밀접한 관계에 있는 것이다. 영산에게 있어 "십자가"와 "부활"은 "동전의 앞뒤와 같은 것"이다.[316]

---

314) Ibid. 필자의 강조.
315) 조용기, "그리스도께서 다시 살아 잠자는 자들의 첫 열매가 되셨도다," 〈순복음의 말씀〉 제13호(1974.4.14.).
316) 조용기, "예수님의 고난," 〈순복음가족신문〉 제1572호(2010.4.4.).

6. 영산의 십자가 해석: 축복과 고난의 문제

영산 신학에 있어 가장 큰 오해를 받는 주제는 축복과 고난의 문제일 것이다. 적지 않은 사람들은 영산이 축복만을 강조하여 전하고 고난은 외면하였다고 비평한다.[317] 그러나 이런 생각은 영산의 사상을 바로 알지 못한 데서 연유하는 것이다.

1) 영산 신학: 단지 "축복"의 신학인가?

혹자는 영산의 신학이 한마디로 "축복의 신학"이라고 단정해 버린다. 이런 판단은 영산의 "축복" 사상에 관해 충분히 이해하지 못했기에 나온 것이다. 영산은 하나님께서 신자에게 축복을 주시기 전에, **먼저** "고난"을 통과하게 하신다고 다음과 같이 분명히 말한다.

사람들이 "하나님, 저에게 더 큰 축복을 주시옵소서" 하고 기도했는데 축복 대신에 더 큰 환난이 다가오는 것을 종종 체험합니다. 이때 사람들은 "이 어찌 된 일입니까? 축복을 주시옵소서 하고 기도했는데 왜 환난이 다가옵니까?"라고 문의합니다. 하나님께서 여러분에게 축복을 주시려고 할 때 여러분들이 하나님의 축복을 받을 수 있는 그릇이 준비되어 있지 않으면 아니 됩니다. 주님께서는 여러분에게 그릇

---

317) 대표적으로 참조. 서광선 외, 『한국교회 성령운동의 현상과 구조: 순복음중앙교회를 중심으로』 (서울: 대화출판사, 1984). 이 책은 순복음중앙교회 당시의 성령 운동, 교회의 급성장, 치병 현상들을 분석하고 평가한 글들이다. 특히, 축복의 문제와 관련하여 200-205를 참조하라.

을 준비할 수 있도록 불을 통하고 물을 통하게 하십니다.[318]

이처럼 영산은 축복을 받기 이전에, 축복을 받을 수 있는 "그릇으로서의 고난"에 대해 강조하여 말한다. 영산은 하나님께서는 고난을 통해 변화된 사람에게 축복을 부어 주신다고 말한다.[319] 따라서 영산이 주장하는 축복은 "고난을 통한 축복"임을 분명히 알아야 한다.

영산은 평생 목회를 통하여 엄청난 하나님의 축복을 받았다. 그러나 그 축복을 받기 전에 그 자신이 **먼저** 몸서리치는 고난을 받았다는 사실을 기억해야 한다. 영산은 목회 현장에서 이런 체험을 거듭거듭 한 목회자로서, 성도들에게도 결코 고난이 없는 축복에 대해 말하지 않았다. 따라서 영산 신학은 엄밀히 말하면 단지 "축복의 신학"이 아니라 **고난을 통한 축복의 신학**이라고 말해야 옳을 것이다. 이처럼 영산이 "축복"을 말할 때는 언제나 "고난"이 전제되어 있다는 점을 간과하지 말아야 한다.

2) 영산의 십자가 이해

영산은 무엇이 참된 십자가이고, 무엇이 십자가가 아닌지에 관하여 분명히 말한다.

(1) 십자가가 아닌 것: 싸워 이겨 내야 할 고난

영산은 예수 그리스도께서 십자가에서 대속한 은혜는 십자가가 될 수

---

318)   조용기, "믿음의 시련," 〈순복음뉴스〉 제4호 (1978. 10. 29.). 필자의 강조.
319)   조용기, "하나님의 축복과 깨어진 사람," 〈순복음의 말씀〉 제145호 (1981. 7. 12.).

없다고 주장한다. 예수님께서는 십자가의 고난을 통하여 "죄"를 대속해 주셨다. 예수님께서는 우리를 대신하여 우리의 모든 과거, 현재, 미래의 죄를 짊어지시고 십자가에 못 박혀 피 흘리심으로 다 청산해 주셨다. 그러므로 우리가 죄로 인해 고통을 당하면서 "이것이 나의 십자가다"라고 말하는 것은 잘못된 일이라고 영산은 지적한다.[320] 죄를 지었으면 진심으로 회개하여 용서를 받아야지 예수님의 십자가 대속의 은혜를 믿지 못하고 죄의 문제로 인해 고난을 당하는 것은 하나님의 뜻일 수 없다.

　예수님은 십자가의 고난을 통하여 "질병"도 대속하셨다. 예수님께서는 십자가에 못 박히시기 전에 등이 갈기갈기 찢기도록 채찍을 맞으셨다. 성경은 그것은 바로 우리의 치료를 위함이었다고 전한다. "그가 채찍에 맞음으로 너희는 나음을 얻었나니"(벧전 2:24; 사 53:5). 또한 성경은 예수님께서 우리의 병을 짊어지시고 우리의 슬픔을 당하였다고 말한다(사 53:4). 그러므로 예수님께서 짊어지신 병을 우리가 다시 짊어질 필요가 없다. 만일 우리가 다시 짊어진다면 예수님께서 우리의 병을 짊어지시고 채찍에 맞으신 고난을 헛되게 하는 것이 되고 만다. 또한 성경은 교회 안의 병든 자들을 위해 기도하라고 말하고 있다(약 5:14-16). 그러므로 영산은 질병은 우리가 짊어져야 할 십자가가 아니라고 단언한다. 그는 이렇게 확고히 말한다.

　　이러므로 병은 기도해서 제해 버려야 할 것이지 계속 짊어질 *십자가가 아닙니다.* 이 때문에 병든 사람은 죄를 회개하고 하나님 앞에 가까

---

320)　조용기, "무엇이 진정한 십자가인가?," 〈순복음의 말씀〉 제262호(1983. 10. 9.).

이 나아가며 마귀를 대적함으로 병 고침을 받아야 할 것입니다.[321]

예수님은 십자가의 고난을 통하여 "저주와 가난"도 대속하셨다. 예수님께서는 우리의 저주를 대신 짊어지시고 십자가 나무에 달려 하나님께 저주를 받았다(신 21:23). 예수님이 저주를 받으신 목적은 우리를 율법의 저주에서 속량해 주고, 우리에게 아브라함의 복을 주기 위함이라고 성경은 분명히 말한다(갈 3:13-14). 그러므로 예수님을 믿게 된 신자들은 더 이상 저주와 가난 속에 살 필요가 없게 된 것이다. 따라서 영산은 극심한 가난 속에 살면서 "이것이 나의 십자가다"라고 말하는 것은 잘못된 것이라고 지적한다. 영산은 특별한 이유 없이 가난한 생활을 하는 것은 결코 십자가가 아니라고 단언한다.[322]

더 나아가 영산은 "생활의 실패"도 십자가가 아니라고 주장한다. 하나님께서는 그의 계명을 지켜 행하면 어디를 가든지, 무엇을 하든지 복을 주시겠다고 약속하셨다(신 28:1-14). 따라서 하나님의 계명을 지키지도 않고 자기가 잘못해서 실패를 당하고도 "이것은 하나님께서 주신 십자가다"라고 말하는 것은 잘못된 일이라고 지적한다.[323]

한마디로, 영산은 죄, 질병, 저주와 가난, 실패로 인한 고난은 예수님께서 십자가에서 모두 대속하신 것이기에 우리가 짊어져야 할 십자가가 아니라고 확고히 말한다. 그는 우리가 특별한 이유 없이 이런 일들로 인해 고난을 당하면서 "이것이 나의 십자가"라고 말하는 것은 잘못된 일이라고 역설한다. 이런 것들은 신자들이 믿음으로 싸워 이겨 내야 할 고난들이다.

---

321)   Ibid. 필자의 강조.
322)   Ibid.
323)   Ibid.

⑵ 진정한 십자가: 짊어져야 할 고난

예수님께서는 "자기의 십자가를 지고 나를 따를 것이니라"(막 8:34)고 말씀하셨다(참조. 마 10:38; 눅 9:23). 영산은 신자들이 마땅히 짊어져야 할 진정한 자기의 십자가에 대해 다음과 같이 기술한다.[324]

첫째, 진정한 자기 십자가는 "자기를 극복하는 생활"이다. 즉, 세상을 따라 살고 싶은 "자기 뜻"을 거부하고 "주님의 뜻"대로 사는 것이 자기 십자가다. 모든 신자들은 매일의 생활에서 "주님의 길"을 택할 것인가 아니면 "육신의 길"을 택할 것인가의 기로에 서 있다. 우리가 하나님의 의와 거룩함을 좇는 "주님의 길"을 택하면 우리의 육은 죽고 영이 살아난다. 그러나 거짓과 음란과 방탕을 따라가는 "육신의 길"을 택하면 우리의 영은 질식당하고 육이 살아나게 된다. 그러므로 영산에 의하면 "자기 십자가"란 세상을 따라 살고 싶은 자기의 뜻을 극복하고 주님의 뜻에 순종하여 사는 삶을 말한다. 이처럼 영산은 "자기 십자가"란 매일의 생활 중에 육신의 길을 버리고 주님의 길을 택하는 생활, 곧 "자기를 극복하는 생활"이라고 주장한다.

둘째, 진정한 자기 십자가는 "주님을 좇기 위해 자원해서 짊어지는 고난"이다. 얼마든지 평안한 삶을 살 수 있는 환경임에도 불구하고, 주님을 따르고 그의 뜻을 이루기 위해 자원해서 스스로 고난을 짊어지는 것이 "자기 십자가"다. 영산은 이렇게 자원해서 짊어지는 자기 십자가는 말로 형용할 수 없이 아름다운 십자가라고 말한다.

셋째, 진정한 자기 십자가는 "주님 때문에 당하는 핍박"이다. 자기의 문제 때문이 아니라 예수님을 믿기 때문에 당하는 핍박이 자기 십자가요, 진정한 십자가이다. 신자들은 불신 가정이나 직장에서 예수님을 믿기 때문

---

324) Ibid.

에 핍박을 받을 수 있다. 이런 핍박은 신자가 기꺼이 짊어져야 할 십자가이다. 그러므로 이런 핍박이 다가올 때 그것을 물리쳐 달라고 기도하지 말고 끝까지 짊어지고 이기게 해 달라고 기도해야 한다.

넷째, 진정한 자기 십자가는 "복음 증거로 인해 당하는 고통"이다. 복음 증거의 사명을 감당하기 위해 겪어야 하는 외로움이나 고통은 복스럽고 가치 있는 고통이므로 피하지 말고 기꺼이 짊어지고 나아가야 한다. 내가 당하는 고통 때문에 다른 사람에게 복음이 증거된다면 그런 고통은 달게 받아들여야 한다. 영산은 이런 고통을 "구속적인 고통"이라고 말한다.[325] 내가 고난을 받음으로 다른 사람이 구원을 받게 된다면 이런 고난은 참아야 할 고난이요, 하나님께 영광이 되는 고난이다.

이와 같이 영산은 "진정한 십자가"는 자기를 극복하는 생활이요, 주님을 좇기 위해 자원해서 짊어지는 고난이요, 주님 때문에 당하는 핍박이요, 복음 증거로 인해 당하는 고통이라고 이해한다. 그는 이런 십자가는 면해 달라고 기도하지 말고, 이길 힘을 주셔서 하나님의 영광이 나타나게 해 달라고 기도해야 한다고 역설한다.

영산은 십자가를 짊어질 때 일어나는 일에 대해서도 언급한다. 우리가 십자가를 짊어질 때, 첫째, 주님께 인정을 받게 되고, 둘째, 성령으로 충만하게 되며, 셋째, 우리의 기도가 하나님 앞에 상달되고, 넷째, 우리의 영, 마음, 몸에 부활의 생명이 넘쳐나며, 다섯째, 천국의 상급이 따른다고 지적한다.[326]

한마디로, 영산은 우리의 신앙생활에는 싸워 이겨 내야 할 고난과 짊어

---

325) 조용기, "신앙과 고통의 문제," 〈순복음의 말씀〉 제170호(1982. 1. 3.).

326) 조용기, "무엇이 진정한 십자가인가?," 〈순복음의 말씀〉 제262호(1983. 10. 9.).

져야 할 고난이 있다고 이해한다. 그러므로 모든 고난을 다 십자가라고 받아들여서도 안 되고, 그 반대로 모든 고난을 다 배척해서도 안 된다고 주장한다.

3) 영산의 고난 이해

필자는 앞에서 예수 그리스도의 십자가와 연관하여 신자들이 싸워 이겨야 할 고난과 기꺼이 짊어져야 할 고난에 대한 영산의 견해를 살펴보았다. 여기서는 우리의 신앙생활에서 당하는 고난의 이유와 목적이 무엇인지에 관해 살펴보고자 한다.

(1) "하나님의 징계"로서의 고난

영산은 많은 신자들이 당하는 고난의 대부분은 하나님께 범죄함으로 당하는 "하나님의 징계"라고 말한다.[327] 예수님을 믿고 하나님의 자녀가 되었다 할지라도 그 자녀가 하나님을 불신앙하고 불순종하면 하나님께서 채찍질하신다. 하나님은 고난의 채찍을 통하여 신자가 돌이켜 하나님을 믿고 순종하며 살도록 이끌어 주시는 것이다. 이처럼 영산은 "하나님의 징계"로서의 고난을 긍정적으로 이해한다. 그는 하나님께서는 우리가 "예수님의 형상을 닮게 하고, 영생을 얻게 하고, 축복을 받게 하기 위해 채찍으로 때리고 징계를 하셔서 회개시켜 올바른 사람"으로 만들어 놓는다고 설명한다.[328] 이런 고난은 하나님이 사랑하시는 그의 자녀들을 위한 "사랑의

---

327) 조용기, "신앙과 고통의 문제," 〈순복음의 말씀〉 제170호(1982. 1. 3.).
328) Ibid.

채찍"으로서의 고난이라고 말할 수 있다(히 12:5-6). 하나님이 우리를 사랑하시기 때문에 우리가 하나님께 불순종하거나 멀리할 때, 징계를 통하여 우리를 하나님께 돌이키게 하시고 하나님의 자녀답게 만들어 가시는 것이다.

(2) "연단"으로서의 고난

신자가 특별한 잘못이 없는데도 고난을 당하게 되는 경우가 있다. 이것은 우리를 "연단"하기 위한 고난이다. 영산은 하나님께서는 우리의 "믿음"을 강하게 하기 위해 고난을 겪게 하신다고 이해한다.[329] 우리가 고난을 당하면 하나님을 찾게 되고 하나님을 가까이하게 되어 결국 우리는 강한 믿음을 갖게 된다. 영산에 의하면 우리의 신앙생활에는 은혜와 축복의 계절뿐 아니라 시련의 계절도 반드시 다가온다. 그는 우리에게 시련의 계절이 반드시 필요한 것은 그 시련을 통해 우리가 굳센 믿음을 가지게 되기 때문이라고 말한다.[330] 영산은 시련은 믿음의 연단을 가져다주므로 적극적으로 수용해야 한다고 이렇게 설명한다.

> 시련을 통하면 마음속에 믿음이 생겨 한 단계 발전하는 믿음을 가질 수 있습니다. 이러므로 시련은 괴롭지만 시련을 통해서 *믿음이 연단*된다는 사실을 깨닫고, 시련이 다가올 때 시련이 믿음의 밥임을 명심하여 시련을 피하거나 토해 내지 말고 받아들여 믿음과 기도로써 소화시키는 여러분 되시기를 주님의 이름으로 축원합니다.[331]

---

329)   조용기, "이유 없는 고난," 〈순복음가족신문〉 제1617호(2011. 3. 13.).

330)   조용기, "신앙의 사계절," 〈순복음가족신문〉 제1514호(2009. 1. 18.).

331)   조용기, "믿음의 시련," 〈순복음뉴스〉 제4호(1978. 10. 29.). 필자의 강조.

(3) "죽음의 체험"으로서의 고난

영산은 자신의 삶과 목회에서 유난히 많은 고난을 체험했던 목회자였다. 그는 자신이 친히 몸서리치는 고난을 겪으며 고난에 대한 나름대로의 깊은 이해를 갖게 되었다. 영산은 고난을 "죽음의 과정을 지나가는 체험"으로 이해한다. 그는 영적인 신앙생활에 있어서 하나의 법칙은 반드시 "죽음의 체험"을 통과하고 난 후에 위대한 부활과 축복이 다가오는 것이라고 역설한다.[332]

그는 이런 진리를 목회 현장의 체험을 통하여 절실히 깨닫게 되었다. 영산은 "한국에서 제일 큰 교회를 세워 보겠다"는 찬란한 꿈을 품고 서대문에서 두 번째 교회를 시작했다. 그러나 교회가 막 부흥 발전하려는 단계에 그에게 치명적인 죽음이 다가왔다. 어느 날 외국인 부흥사의 설교를 통역하다가 과로로 강단에서 쓰러진 것이다. 그 후 십여 년 동안이나 영산은 심장의 허약과 신경쇠약증, 어지럼증 등으로 말할 수 없는 고통을 당했고, 강단에 설 때마다 "오늘 마지막 설교를 하고 죽을 것"이라는 생각에 붙들려 있었다. 그러나 이런 죽음의 과정을 지난 후 영산은 지난날을 돌이켜 보며 자신의 인생에서 가장 영광스러웠던 날들이 바로 그때였다고 다음과 같이 고백한다.

> 지금 내가 돌이켜 볼 때 나의 인생에서 가장 즐겁고 가장 영광스러운 때가 지나간 십 년 동안의 그 고통스럽고 괴로운 날들이었다고 생각합니다. 그 고통의 음침한 골짜기를 지날 때 나의 고집이 깨어졌습니다. 나의 인간적인 계획이 깨어지고 육신의 정욕과 안목의 정욕, 이

---

332)   조용기, "죽음의 체험: 내 희망이 죽을 때," 〈순복음의 말씀〉 제154호(1981.9.13.).

세상의 자랑이 깨어졌습니다. 나중에 나는 주님께 이렇게 기도했습니다. "하나님, 나는 살든지 죽든지 흥하든지 망하든지 성하든지 쇠하든지 상관하지 않습니다. 주님의 그 발아래 엎드려 주님 뜻대로만 되기를 원합니다. 주님 뜻대로 하시옵소서."[333]

　영산은 여의도에서 세 번째 교회를 시작할 때 다시 처절한 "죽음의 체험"을 해야만 했다. 영산은 여의도로 교회를 옮기려 할 때, 하나님께서 분명히 자신에게 "너는 가서 일만 제단을 짓고 오대양 육대주에 나가 복음을 증거하라"는 응답을 주셨는데, 이 일은 순탄히 이루어지지 않았다. 여의도 성전 건축 중 오일 파동으로 공사가 중단되었고, 영산은 매일 밤마다 녹슨 쇳물이 떨어지는 교회 한복판에 꿇어 엎드려 눈물을 흘리며 다음과 같이 기도하였다고 한다.

　이 철골이 무너져 이 자리에서 죽게 해 주시옵소서. 그래서 주위에서 조용기는 철골이 무너져 안전사고로 죽었다는 말을 하게 하여 주시옵소서.[334]

　영산은 이렇게 자신이 죽음의 세월을 지나자 하나님께서 성령으로 임하셔서 모든 꿈을 부활시켜 주셨고, 그 위대한 은총을 베풀어 주셔서 세계 최대의 교회가 되었다고 고백한다.[335] 영산은 이런 죽음의 체험을 하면서 하나님의 법칙을 깨닫게 되었다고 이렇게 고백한다.

---

333)　Ibid.
334)　Ibid.
335)　Ibid.

나는 옛날에 이 *하나님의 법칙*을 알지 못할 때 오랫동안 하나님께 대하여 도저히 알 수 없는 하나의 의문이 있었습니다. 하나님께서 분명하게 나에게 일을 시켜 놓고 이 일을 하면 축복해 주시겠다고 계시도 주시고는, 내가 그 일을 계획해서 막 밀고 나가려면 사방에서 시련의 폭풍우가 다가오고 어려움이 다가와 나의 꿈은 산산조각 나 버리는 것에 대한 의문이었습니다. 내가 그 깨어진 꿈 조각을 부여잡고 흐느껴 울면서 몸부림치는 과정을 통해 나의 모든 계획이 죽고 소원이 깨어지고 절망에 처해 "나는 이제 할 수 없습니다. 흥하든지 망하든지 성하든지 쇠하든지 살든지 죽든지 주의 뜻대로 하시옵소서." 하고 고백했을 때 다시 그 꿈이 부활해서 하나님의 능력으로 가장 영광스럽게 이루어지는 것을 나는 거듭거듭 체험해 보았습니다.[336]

영산은 하나님께서 주신 꿈이라도 왜 죽음을 통과해야만 하는지 그 이유에 대해 분명히 말한다. 그것은 하나님이 축복해 주실 때 우리가 오직 주님의 능력으로 꿈을 이루었다는 것을 믿게 하시고, 오직 주님께만 영광을 돌리게 하기 위해 우리의 인간적인 것을 철저히 죽여 버리기 위함이라는 것이다. 그래서 자신이 이루었다고 자신을 자랑하지 않고 주님의 능력을 자랑하도록 하기 위해 우리로 하여금 "죽음의 체험"을 하게 하신다고 영산은 강조하여 말한다.[337]

영산은 자신의 삶을 뒤돌아볼 때 "온통 고난의 자욱한 연기 속을 통과해 온 것" 같다고 고백한 바 있다.[338] 이처럼 영산의 삶에는 고난이 끊이지 않

---

336) Ibid. 필자의 강조.
337) Ibid.
338) 조용기, "삶과 고난," 〈순복음가족신문〉 제1581호(2010.6.13.).

았다. 물론 영산은 좋으신 하나님을 굳게 믿음으로 많은 축복을 받았지만, 그가 축복을 받기 전에 **먼저** 죽음의 과정을 통과하는 몸서리치는 고난을 체험하였다는 사실을 잊지 말아야 한다.

본 장에서 다룬 내용을 간략히 정리해 보기로 하자. 영산은 절대 절망에 처한 인간이 희망을 얻을 수 있는 길은 예수 그리스도의 십자가밖에 없다고 단언한다. 그에게 예수님의 십자가 대속 사건은 절대 절망에 처한 인간이 절대 희망으로 옮겨갈 수 있는 결정적인 전환점이었다. 영산은 한평생 예수님의 십자가 대속의 은혜를 묵상하며 십자가의 복음을 피맺히도록 전했다. 그는 친히 환상을 통하여 예수님의 십자가의 고통을 보았기 때문에 더욱 집요하고 힘차게 십자가 대속의 복음을 전할 수 있었다.

그런데 영산이 전한 예수님의 십자가 대속은 "죄"에서의 대속뿐 아니라 "질병"과 "저주"에서의 대속도 포함하는 "삼중대속"이었다. 이런 면에서 영산의 대속론은 기독교의 전통적인 대속론을 넘어서는 것으로, 필자는 여기에 영산의 값진 공헌이 있다고 보았다. 영산은 목회 내내 예수 그리스도의 십자가 대속에 기반한 "오중복음"과 "삼중축복"의 "희망의 복음"을 전하였는데, 이것은 그의 목회 현장에서 나온 것이었다. 영산은 희망의 복음을 전할 때 그리스도의 십자가뿐 아니라 그리스도의 부활도 함께 강조하여 전했다. 또한 영산 신학에 있어 축복은 고난을 통하여 오는 것으로 "고난을 통한 축복"임을 살펴보았다.

한마디로, 영산 신학에 있어 예수 그리스도의 십자가는 "희망의 원천"으로서 그의 신학의 한 중심을 차지하고 있다.

제6장
인격이신 성령 하나님: 희망 목회의 인도자

영산의 목회와 신학과 성령은 매우 밀접한 연관을 갖는다. 필자는 앞에서 영산 신학에 있어 "체험"의 중요성을 지적한 바 있다. 따라서 앞 장에서 한 것처럼, 여기서도 영산의 성령 이해와 그의 신학에서의 성령의 역할을 다루기에 앞서, 먼저 그가 실제로 경험한 "성령 체험"으로부터 시작하려고 한다.

1. 영산의 성령 체험[339]

영산은 자신의 목회와 신학에 큰 영향을 끼친 두 번의 결정적인 성령 체험을 하였다. 그 하나는 "성령침례"("성령세례")의 체험이었고, 다른 하나는 "인격을 지니신 성령 하나님"에 관한 계시의 체험이었다. 이 두 번의 성령 체험이 영산의 목회와 신학에 큰 영향을 끼쳤는데, 특히 후자가 결정적인 영향을 주었다.

---

339) 이 부분은 필자의 다른 글에 기초하였다. 참조. 최문홍, "조용기 목사와 성령,"『영산신학저널』제2호 (2004): 189-192; idem, "영산 신학의 기반,"『영산신학저널』Vol. 46 (2018): 95-98.

1) 성령침례의 체험

영산은 신학교 재학 시절 성령을 받기 위하여 혼자 삼각산에 올라가 하나님께 부르짖어 기도하다가 성령의 충만함을 받았다. 그는 "성령세례란 무엇인가?"라는 설교에서 자신이 처음으로 체험한 성령침례의 체험에 대하여 다음과 같이 전한다.

> 나는 신학생일 때 성령을 받고 싶어서 토요일 밤에 삼각산 꼭대기에 올라가 나무를 끌어안고 12시까지 기도했습니다. 그런데 아무리 기도해도 마음이 맨숭맨숭하고, 성령이 도무지 임하실 것 같지가 않았습니다. 그래서 도로 내려가고 싶었으나 너무 어두워서 내려갈 수 없었습니다. 그리하여 이왕 올라왔으니 성령을 받아야겠다고 결심을 하고 회개 기도를 시작했는데, 좌우간 어린아이 때로부터 시작해서 그때까지 살아오면서 지은 죄란 죄를 모두 회개했습니다. 국민학생 때인 일정 시대에 학교 갔다 오다가 배가 고파 남의 밭에 들어가 수박 따 먹은 것까지 전부 회개했습니다. 그렇게 모든 죄를 회개하고 나니까 속이 시원했습니다. 그러자 불같은 성령이 임하시기 시작했는데, 나의 혀가 꼬부라지고 입술이 떨리더니, 방언이 쏟아져 나오기 시작하는 것이었습니다. 고함을 치고 기도해도 방언만 유창하게 나오는데, 생수가 뱃속에서 강같이 넘쳐나는 것입니다. [340]

---

340) 조용기, 『조용기 목사 설교 전집』 제19권 (서울: 서울말씀사, 1996), 362-363. 영산이 성령침례의 체험을 처음 한 것은 신학교 입학 다음 해인 1957년의 일이었다.

영산은 자신의 성령침례의 체험을 사도행전에 나타난 성령강림 사건들(오순절 날, 사마리아 사람들, 고넬료, 에베소의 제자들)을 다룬 후에 말한다. 그는 사도행전에 나타난 성령침례를 "복음 증거를 위한 능력"으로 이해한다.[341] 영산의 첫 성령침례의 체험은 이런 맥락에서 언급되고 있기에 그는 성령을 복음 증거를 위한 "능력의 영"으로 이해한다고 말할 수 있다.[342]

영산의 첫 성령침례의 체험은 그의 목회 초기부터 큰 영향을 주었다. 그는 천막 교회를 개척하면서 대조동 주민들이 비록 가난하고 병들었지만, 그들을 향해 무엇보다 성령을 체험하게 해야겠다는 목표를 세웠다. 영산은 성령 체험의 중요성에 대해 확신을 가지고 강력히 선포하였다. 그 결과 성도들은 성령의 충만함을 받고 다른 방언으로 말하는 체험을 하게 되었다. 영산은 성도들에게 "하나님은 저 멀리 구만리장천에 계신 막연한 하나님이 아니고, 현실 속에서 구체적으로 역사하시는 살아 계신 하나님"이심을 깨닫게 해 주었다.[343] 영산은 천막 교회 개척 3년 만인 1961년에 성도 수가 600명으로 부흥하게 된 이유를 성도들이 성령충만을 체험하고 살아 계신 하나님을 체험했기 때문이라고 고백한다.[344]

영산은 1961년 대조동에서 서대문으로 나와 두 번째 목회를 새롭게 시작할 때도 자신이 확실히 체험하였던 성령 체험에 의지할 수밖에 없었다. 그는 한 달 동안 부흥회를 열었고 성령침례를 받아야 한다고 강력히 외쳤다. 그러자 하나님의 역사로 말미암아 많은 사람들이 성령을 받기 위해 모

---

341)   Ibid., 356-362.
342)   이런 이해는 누가의 성령에 대한 고전 오순절주의의 입장이다.
343)   조용기, "나의 목회와 선교,"『교회성장: 교회성장과 선교 2세기의 사명』, 21.
344)   Ibid.

여들기 시작했다. 그래서 3년 후인 1964년에는 성도가 3천 명으로 부흥되는 큰 역사가 일어났다. 영산은 당시의 교회 성장의 이유에 대해 "성도들에게 성령을 체험하게 했기 때문"이라고 역설한다. [345] 이와 같이 영산은 자신이 직접 경험하였던 성령침례 체험의 중요성을 절감하고, 목회 초기부터 성도들에게 성령침례를 체험하게 하면서 교회를 크게 부흥시켜 나갔다.

2) 인격이신 하나님으로서의 성령 체험

영산은 서대문에 나와 교회의 성도가 3천 명에 도달하였을 때, 갑자기 교회의 성장이 멈추는 것을 느꼈다. [346] 아무리 열심히 기도하고, 심방하고, 설교해도 교회는 더 이상 부흥되지 않았다. 영산은 자신의 능력의 한계를 느꼈다. [347] 하루는 새벽기도를 마치고 모든 성도들이 성전을 떠난 후, 성전의 한구석에서 홀로 교회 부흥을 위하여 간절히 기도하고 있었다. "주님, 교회 성장은 하나님의 뜻인데 교회가 정체되어 있습니다. 교회 성장을 훼방하는 세력을 물리쳐 주옵소서." [348] 그때 영산은 갑자기 비몽사몽[349]에 빠졌고, 하나님의 음성을 듣게 되었다.

---

345) Ibid.
346) 이것은 1964년의 일로서, 영산이 평생의 목회에서 단 한 번 교회의 정체를 느낀 것이 바로 이때였다.
347) David Yonggi Cho, "The Holy Spirit: A Key to Church Growth," *Church Growth Manual*, No. 4 (1992): 54.
348) 조용기, 『성령론』(1998), 7-8.
349) "비몽사몽"은 계시를 받고 있는 사람의 정신 상태를 가리키는 것으로서, 계시가 임하는 한 방편을 말한다. 베드로는 지붕 위에서(행 10:10; 11:5), 바울은 성전에서 기도할 때(행 22:17) 비몽사몽 중에 계시를 받았다.

"내 아들아, 너는 성령을 알고는 있지만 그와 교제를 나눈 적은 없구나." "아니, 성령과의 교제라니요? 저는 거듭났습니다. 성령은 제 안에 이미 임재해 계십니다. 저는 성령으로 충만해 있습니다. 더 이상 무엇이 필요합니까?" "너는 지금까지 성령을 체험적으로만 알아 왔다. 그러나 성령은 인격체이시다. 인격체는 결코 경험의 대상으로만 취급되어서는 안 된다. 너는 그를 한 인격체로 인식하고 환영하고 모셔 들이고 의지하며, 존경하며 감사하는 마음을 가지고 그분과 교제해야 한다."[350]

성령에 대한 이 하나님의 계시는 영산의 성령 이해를 결정적으로 바꾸어 놓은 계기가 되었다. 그는 이 계시가 있기 전까지는 성령을 하나의 "체험의 대상"으로만 취급하였다고 솔직히 고백한다.[351] 그러나 성령에 관한 두 번째의 체험을 통하여 영산의 성령 이해는 그 초점이 "능력의 영"에서 "인격의 영"으로, "체험의 대상"에서 "인격적 교제의 대상"으로 결정적으로 바뀌게 되었다. 영산은 이 체험 이후 성령을 무엇보다도 장엄한 "인격을 지니신 하나님"으로 철저히 인식하고 성령과의 깊고 친밀한 교제를 나누기 시작했다. 그러자 영산은 성장이 정체되었던 교회가 성령의 역사로 다시 부흥되는 것을 체험했다. 영산은 이렇게 고백한다.

그때부터 나는 성령님을 인격적으로 *인식*하고, 그분과 깊은 *교제*를

---

350) 조용기, 『성령론』 (1998), 8.

351) Ibid.; David Yonggi Cho, "The Holy Spirit: A Key to Church Growth," *Church Growth Manual*, No. 4 (1992): 55. 이런 하나님의 계시 이전에 영산이 성령의 인격성을 부인한 것은 아니다. 그는 성령을 "모호하게" 인격으로 알고 있었다고 밝힌다. Ibid., 54.

나누기 시작했다. 성령님과의 교제가 이루어지자 더욱더 풍성한 하나님의 은혜를 체험하게 되었고, 성령님의 역사로 말미암아 교회는 정체의 터널에서 벗어나 다시 *부흥되기 시작했다.*[352]

이런 체험을 통하여 영산은 교회 성장은 결코 인간의 노력이나 힘으로 되는 것이 아니라, 성령의 도우심과 역사로 가능하다는 사실을 뼈저리게 깨닫게 되었다. 영산은 하나님의 계시를 통하여 성령을 "인격이신 하나님"으로 새롭게 깨달은 이후,[353] 그의 목회 내내 인격이신 성령과 친밀한 교제를 나누며 동역하였고, 성령의 도우심으로 3천 명의 벽을 넘어 기적 같은 교회 성장을 이루게 된 것이다.

2. 성경에 나타난 인격이신 성령

영산은 하나님의 계시를 통하여 성령이 "인격적인 존재"임을 깨달은 이후, 그가 늘 자신의 신앙 체험을 성경을 통하여 확증하였듯이, 이번에도 곧바로 성경을 통하여 이 사실을 확증하였다.

1) 사도행전

영산은 사도행전을 읽으며 성령이 "인격적인 존재"라는 사실을 분명히

---

352)   조용기, 『성령론』(1998), 8. 필자의 강조.
353)   영산은 삼위일체 하나님 중에서 제일 이해받지 못하고 무시당하는 분이 "성령"이라고 지적한 바 있다. 조용기, "보혜사 성령님," 〈순복음가족신문〉 제1562호(2010. 1. 17.).

확증할 수 있었다.[354] 특히 영산은 사도행전에 나오는 안디옥 교회 이야기
와 예루살렘 사도 회의를 통하여 이 사실을 결정적으로 깨닫게 되었다.

(1) 안디옥 교회 이야기

안디옥 교회의 교사들과 선지자들이 주를 섬기며[355] 금식하고 있을 때
성령이 이렇게 말씀하셨다. "*내가 불러 시키는 일을 위하여 바나바와 사
울을 따로 세우라*"(행 13:2). 이 성령의 말씀에서 우리의 주목을 끄는 것은
"나"라는 표현이다. 이 구절에서 "나"는 성부나 승귀하신 예수가 아니라 분
명히 "성령"이다.[356] 그렇다면 성령이 안디옥 교회의 선교를 자신의 의지
를 따라 주도적으로 이끌어 가셨다고 볼 수 있을 것이다. 여기서 성령이
"말씀하셨다"는 것은 오직 인격적 존재만이 할 수 있는 행위로, 성령이 분
명히 "인격"임을 시사해 준다. 또한 바나바와 사울이 성령의 "보내심을 받
아"(행 13:4) 선교 여행을 떠났다는 것, 역시 성령의 인격적 활동을 보여 주
는 표현이다. 이 구절에서 안디옥 교회가 두 선교사 바나바와 사울을 파송
한 것은 사람들에 의한 것이 아니라 성령에 의한 것임을 분명히 한다. 영
산은 안디옥 교회 이야기를 읽으며 성령이 분명히 "한 인격"으로 간주되고
있음을 깨닫게 되었다고 말한다.[357]

---

354) David Yonggi Cho, "The Holy Spirit: A Key to Church Growth," *Church Growth Manual*, No. 4 (1992): 55.

355) 헨헨은 "주를 섬기다"라는 말은 누가의 사고에서는 무엇보다도 "기도"를 의미했을 것이라고 생각한다. 참조. E. 헨헨, 『사도행전 (II)』, 박경미 역 (서울: 한국신학연구소, 1989), 22.

356) 최문홍, 『누가의 성령론: 성령의 인격성 연구』, 154.

357) David Yonggi Cho, "The Holy Spirit: A Key to Church Growth," *Church Growth Manual*, No. 4 (1992): 55.

(2) 예루살렘 사도 회의[358]

안디옥 교회를 통하여 이방 선교가 본격적으로 확장되기 시작하자 초대 교회는 한 큰 장벽에 직면하게 되었다. 예루살렘으로부터 내려온 몇몇 유대 신자들이 구원을 받으려는 사람들은 자신들과 같이 할례를 받고, 모세의 율법을 지켜야 한다고 주장한 것이다(행 15:1, 4). 이런 주장으로 바울과 바나바와 유대 신자들 사이에 큰 다툼과 변론이 일어나게 되었다. 이 중요한 문제를 해결하기 위하여 사도와 장로들이 모인 사도 회의에서 많은 변론이 있었지만 결국 야고보의 제안이 채택되었다(행 15:19-21). 누가는 예루살렘 사도 회의의 결의 사항의 마지막 부분을 이렇게 보도한다.

성령과 우리는 이 요긴한 것들 외에는 아무 짐도 너희에게 지우지 아니하는 것이 옳은 줄 알았노니(행 15:28).

영산은 이 구절에서 "성령과 우리"라는 표현에 주목하였다. 그는 이 표현에서 "성령과 우리"가 예루살렘 사도 회의의 이 중요한 문제를 결정했다는 사실을 새롭게 깨닫고 매우 놀랐다.[359] 여기서 영산은 성령을 초대 교회 내의 중요한 신학적인 문제를 결정할 수 있는 "인격적 존재"로 깨달은 것이

---

358) 사도행전의 저자인 누가는 이 사도 회의를 초기 교회의 이야기를 전개해 나가는 데 매우 중요한 사건으로 다루면서 사도행전의 중심부에 위치시키고 있다. 참조. F.F. 브루스, 『사도행전 (하)』, 김재영, 장동민 역 (서울: 아가페 출판사, 1988), 63; 조셉 A. 피츠마이어, 『사도행전 주해』, 888-889.

359) David Yonggi Cho, "The Holy Spirit: A Key to Church Growth," *Church Growth Manual*, No. 4 (1992): 55. 영산은 전에도 이 구절을 읽고 또 읽었지만, 그때는 "성령과 우리는"이라는 표현에 주의를 기울이지 못했다고 말한다.

다.[360] 영산이 받은 하나님의 계시가 성경을 통하여 확증되는 순간이었다.

나아가서 영산은 사도 회의의 결의가 "우리와 성령"이라고 말하지 않고 성령을 인간보다 앞세워 "성령과 우리"라고 한 것은, 사도 회의에 모인 자들이 눈에는 안 보이지만 그들 가운데 임재해 계신 성령을 인정하고 의지하면서 회의를 진행한 것으로 이해한다.[361] 따라서 "성령과 우리"라는 표현은 사도 회의의 시작도 성령을 인정하고 의지하며 성령과 함께 시작하였고, 사도 회의의 결정도 성령의 인도하심을 따라 되었다고 밝히는 것이다. 영산은 이 중요한 예루살렘 사도 회의에서 성령께서 "확실한 한 인격"으로 인정되고 있음을 분명히 깨닫게 되었다.[362] 이같이 영산은 성령이 "인격적 존재"라는 하나님의 계시를 사도행전을 통하여 결정적으로 확증하게 된 것이다.

(3) 아나니아와 삽비라 이야기

아나니아와 삽비라 이야기는 누가의 성령 이해에 있어, 매우 중요한 한 면을 드러내 준다. 아나니아는 그 아내 삽비라와 함께 소유를 팔아 일부는 감추고 일부만 사도들의 발 앞에 가져왔다. 아나니아는 그 마음에 사탄이 가득하여 "성령을 속였다"(행 5:3). 여기서 "성령을 속였다"는 표현은 성령이 분명히 "인격적인 존재"로 간주되고 있음을 시사해 준다.[363]

이 이야기에서 베드로의 말 가운데 주목할 부분이 있다. 아나니아가 "성

360) 조용기, 『성령론』(1998), 73.
361) Ibid., 74.
362) David Yonggi Cho, "The Holy Spirit: A Key to Church Growth," *Church Growth Manual*, No. 4 (1992): 55.
363) 최문홍, 『누가의 성령론: 성령의 인격성 연구』, 135.

령을 속인 것"은 곧 "하나님을 속인 것"이라는 언급이다(행 5:4).[364] 여기서 "성령을 속인 것"과 "하나님을 속인 것"이 같은 것으로 간주되고 있다는 점은 누가의 성령 이해에 매우 중요한 면을 드러내 준다. 즉, 누가는 성령을 하나님과 동일시하고 있다. 다시 말해, 누가의 이해에 있어 성령은 곧 "하나님"이다. 그렇다면 아나니아와 삽비라 이야기에서 성령은 "인격적인 존재"일 뿐 아니라 "신적 존재"로도 드러난다. 그러므로 누가에 있어 성령은 "신적 인격" 혹은 "인격이신 하나님"이라고 말할 수 있다.[365]

이 외에도 사도행전에서 성령은 인격적인 활동을 하는 분으로 자주 나타나고 있다. 예를 들어, 성령은 말하시고(행 1:16; 4:25; 8:29; 10:19; 11:12; 21:11; 28:25), 증거하시고(행 5:32), 이끌어 가시고(행 8:39), 위로하시고(행 9:31), 금지하시고(행 16:6-7), 증거하시고(행 20:23), 임명하시는(행 20:28) 다양한 인격적 활동을 하시는 "인격이신 하나님"이다.

또한 성령은 인격적 특질도 지닌 분이다. 성령은 시험도 받으시고(행 5:9), 거부도 당하시고(행 7:51), 의지도 갖고 계신다(행 10:19-20; 13:2; 15:28).[366] 이같이 사도행전에는 성령이 "인격"이심을 나타내는 많은 증거들이 있고, 또 성령은 하나님과 동일시되고 있다. 그러므로 사도행전에 나타난 성령은 "인격이신 하나님"이라고 말할 수 있다.

---

364) 사도행전 5장 3절의 "속이다"와 사도행전 5장 4절의 "거짓말하다"는 동일한 헬라어("프슈도마이"/*pseudomai*)를 사용하고 있어 그 의미가 같다.

365) 최문홍, 『누가의 성령론: 성령의 인격성 연구』, 136; idem, "영산과 성령님과 세계 선교," 〈제1회 조용기 5.3.4. 월드미션 심포지엄: 조용기 목사 1주기 추모·기념〉, 순복음영산신학원 주최(2022.8.29.), 81.

366) 참조. 최문홍, 『누가의 성령론: 성령의 인격성 연구』, 130-167, 196.

2) 바울 서신

바울의 여러 서신들도 성령이 "인격적인 존재"이심을 드러내는 많은 본문들을 가지고 있다. 우선, 인격적인 존재만이 행할 수 있는 활동을 성령도 한다고 언급하는 본문들이 많다. 예를 들어, 성령이 친히 우리 영과 더불어 우리가 하나님의 자녀인 것을 "증언하신다"(롬 8:16). 성령은 전파되어야 할 말들을 "가르치신다"(고전 2:13). 성령은 우리의 연약함을 "도우신다"(롬 8:26). 특히 바울은 성령의 도우심을 신자의 기도와 연관시킨다. 그래서 신자가 기도할 바를 알지 못할 때 성령이 신자를 위하여 말할 수 없는 탄식으로 친히 "간구하신다"(롬 8:26). 성령은 하나님의 자녀들을 "인도하신다"(행 8:14). 성령은 모든 것 곧 하나님의 깊은 것까지도 "통달하신다"(고전 2:10). 성령은 하나님의 생각을 "아신다"(고전 2:11). 성령은 성도들의 속사람을 "강하게 하신다"(엡 3:16). 성령은 "근심하신다"(엡 4:30). 이상의 모든 동사들은 성령이 인격적 활동을 하시는 "인격적 존재"임을 분명히 가르쳐 주는 것이다.[367]

영산은 성령이 "인격"이신 또 다른 증거로서 성령께서 인격적 속성을 지니신 분이라고 말한다. 성령은 "지성"을 갖고 계시고(롬 8:27; 고전 2:10), "감정"도 갖고 계시고(롬 8:26; 엡 4:30), "의지"도 갖고 계신다(고전 12:11). 영산은 이러한 성령의 인격적 속성을 통하여 성령이 "인격"임을 알 수 있다고 주장한다.[368] 바울에 의하면, 성령은 분명히 "인격적인 영"이다.

바울의 성령 이해에 있어 좀 더 생각해 볼 문제가 있다. 그것은 바울 서

---

367) 참조. 조용기, 『성령론』(1971), 43-48; 고든 피, 『바울, 성령, 그리고 하나님의 백성』, 길성남 역 (서울: 좋은씨앗, 2001), 54.

368) 조용기, 『성령론』(1998), 24-26.

신에서 성령이 하나님으로 간주되느냐의 문제이다. 바울 서신은 이에 대해 긍정적인 답을 제공해 준다.

> 마음을 살피시는 이가 성령의 생각을 아시나니 이는 성령이 하나님
> 의 뜻대로 성도를 위하여 간구하심이니라(롬 8:27).

이 구절에서 "마음을 살피시는 이"는 하나님을 가리킨다. 하나님은 성령의 생각을 아신다. 그리고 성령은 하나님의 뜻에 따라 성도들을 위하여 간구해 주신다. 여기서 "하나님"과 "성령"은 서로를 잘 아는 관계에 있음을 알 수 있다. 따라서 이 구절은 성령이 "인격"일 뿐 아니라, "하나님"임을 시사해 준다. 이런 사실은 바울 서신의 다른 본문을 통해 더욱 확실히 드러난다.

> 오직 하나님이 성령으로 이것을 우리에게 보이셨으니 성령은 모든
> 것 곧 하나님의 깊은 것까지도 통달하시느니라(고전 2:10).

성령은 하나님의 깊은 것까지도 통달하신다. 영산은 이 구절에서 성령이 하나님과 동일한 속성인 전지성을 갖고 있다고 주장한다.[369] 따라서 이 구절도 성령이 하나님의 깊은 것까지도 아시는 분으로, 성령이 다름 아닌 "하나님"임을 말해 주는 것이다.[370] 그러므로 바울 서신에서도 성령은 단지 "인격"일 뿐 아니라, "인격이신 하나님"이라고 말할 수 있을 것이다.

---

369)　Ibid., 18-19.
370)　참조. 차정식, 『로마서 (II)』 (서울: 대한기독교서회, 1999), 75-76.

3) 요한 문헌[371]

요한 문헌에는 요한만의 독특한 성령 이해가 나타난다. 성경 저자 중, 요한만이 성령을 "보혜사"[372] 혹은 "진리의 영"[373]이라는 독특한 명칭으로 기술한다. 요한 문헌의 여러 곳에서 "보혜사"가 인격적 활동을 하는 분임을 드러내는 많은 증거들을 찾아볼 수 있다. 보혜사 성령은 제자들에게 모든 것을 "가르칠" 것이요, 예수께서 그들에게 말한 모든 것을 "생각나게 하실" 것이다(요 14:26). 보혜사는 예수를 "증언할" 것이다(요 15:26). 보혜사는 죄에 대하여, 의에 대하여, 심판에 대하여 세상을 "책망하실" 것이다(요 16:8). "진리의 성령"은 예수를 "증언하실" 것이요(요 15:26), 제자들을 모든 진리 가운데로 "인도하실" 것이다(요 16:13). 그리고 요한계시록에서 성령은 일곱 교회에 "말씀하시는" 자로서 거듭 언급되어 있다(계 2:7, 11, 17, 29; 3:6, 13, 22). 이 같은 풍부한 근거들을 통하여 판단해 볼 때, 요한도 분명히 보혜사 성령을 "인격적인 존재"로 이해하였다고 말할 수 있다.[374]

영산은 요한복음에서 성령이 인격이신 또 다른 증거로 요한이 아래의 본문에서 성령을 인격적 대명사로 표기하고 있다는 점을 든다.[375]

내가 아버지께로부터 너희에게 보낼 *보혜사* 곧 아버지께로부터 나오

---

371) "요한 문헌"은 요한이 기록한 책들인 요한복음, 요한일서, 요한이서, 요한삼서, 요한계시록을 가리키는 말이다.

372) "보혜사"(헬, "파라클레토스"/*paraklētos*)란 단어는 요한복음에 다섯 번(요 14:16-17, 26; 15:26-27; 16:7-11, 13-14), 요한 서신에 한 번(요일 2:1) 나온다.

373) "진리의 영"이라는 명칭은 요한복음에 세 번 나온다(요 14:17; 15:26; 16:13).

374) 참조. 조용기, 『성령론』(1998), 제7장 passim.

375) Ibid., 22-23.

시는 *진리의 성령*이 오실 때에 <u>그가</u> 나를 증언하실 것이요(요 15:26).

그러나 내가 너희에게 실상을 말하노니 내가 떠나가는 것이 너희에게 유익이라 내가 떠나가지 아니하면 *보혜사*가 너희에게로 오시지 아니할 것이요 가면 내가 <u>그를</u> 너희에게로 보내리니 <u>그가</u> 와서 죄에 대하여, 의에 대하여, 심판에 대하여 세상을 책망하시리라(요 16:7-8).

그러나 *진리의 성령*이 오시면 <u>그가</u> 너희를 모든 진리 가운데로 인도하시리니 <u>그가</u> 스스로 말하지 않고 오직 들은 것을 말하며 장래 일을 너희에게 알리시리라 <u>그가</u> 내 영광을 나타내리니 내 것을 가지고 너희에게 알리시겠음이라(요 16:13-14).

이 본문에 의하면, "진리의 성령"이 인칭대명사인 "그"(he)로 지칭되고 있다(요 15:26; 16:13-17). 그리고 "보혜사" 역시 인칭대명사인 "그"로 지칭되고 있다(요 16:7-8). 이것은 요한이 보혜사 성령을 "인격적인 존재"로 이해하고 있다는 단적인 증거가 될 것이다.

요약하면, 영산은 하나님의 계시를 통하여 성령이 단지 "체험의 대상"이 아니라 "인격적인 존재"임을 깨닫고, 곧 그 사실을 성경을 통해 확증하였다. 그는 먼저 사도행전을 통하여 성령이 "인격"이심을 결정적으로 깨닫게 되었다. 또한 신약성경의 주요 저자들(누가, 바울, 요한)도 모두 성령을 인격적 활동을 하시는 분명한 "인격적인 존재"로 이해하고 있음을 보았다. 나아가 성령은 단지 "인격"일 뿐 아니라, "신적 인격" 즉 "인격이신 하나님"으로 이해하고 있음도 보았다. 그러므로 신약성경은 성령이 "인격이신 하

나님"임을 가르쳐 준다고 결론지을 수 있다.[376]

3. 성령과의 인격적 교제[377]

1) "인격적 교제"의 의미

영산은 하나님으로부터 계시를 통하여 성령은 "인격적 존재"이므로 성령과 교제를 가져야 한다고 지시를 받았다. 그러나 처음에는 그 말이 무슨 의미인지 알지 못하였다. 도대체 성령과 교제를 한다는 것이 무슨 의미인가? 영산은 스스로 생각하기를 자신은 이미 중생하여 성령이 내주해 계시고 성령침례도 받았고 방언도 말하는데, 무엇이 더 필요한 것인가라는 의문을 가졌다. 영산은 이 문제를 분명히 이해하려고 애쓰다가 일상생활에서 자신과 아내와의 관계를 통하여 깨닫게 되었다.

영산은 목회 초기부터 큰 꿈을 가슴에 품고 주님의 사역에 전념하였다. 이것은 결혼 후에도 마찬가지였다. 영산의 생각은 자신의 부푼 꿈의 성취로만 가득 차 있었기에 아내를 돌아볼 마음의 여력이 없었다. 아내를 한

---

376) 여기서 한 가지 질문이 나올 수 있다. 그것은 "구약에도 성령의 인격성이 나타나는가?"라는 물음이다. 필자가 연구한 바에 의하면 "그렇다"고 답변할 수 있다. 구약에서 "성령의 인격성"은 왕정 시대 다윗에게서 처음 나타나기 시작하여(삼하 23:2), 포로기 시대를 전후하여 그 절정에 이르고 있다. 다음 구절들을 참조해 보라. 미가 3:8; 이사야 11:1-5; 28:6; 42:1-4; 63:10; 에스겔 3:12, 24; 11:1, 24; 43:5; 느헤미야 9:20 등. 참조. 최문홍, 『누가의 성령론: 성령의 인격성 연구』, 41-56.

377) "교제"를 뜻하는 헬라어 "코이노니아"(koinōnia)는 다양한 의미를 갖는 단어다. 신약성경에서 "코이노니아"는 교제, 동역, 참여, 연합, 수송, 나눔, 관용 등 다양한 의미로 쓰이고 있다.

인격자로 대우하지 않은 것이다. 그러자 아내에게 문제가 생겼다. 아내가 기쁨을 잃어버리고 우울증에 빠진 것이다. 영산은 성령으로부터 "아내"보다 "교회"를 앞세운 자신의 삶의 우선순위가 틀렸다는 지적을 받고 성령의 지시를 따라 "교회"의 사역보다 "아내"를 앞에 두기로 작정했다. 그래서 아내를 인격자로 대우하면서 함께 대화도 나누었고 함께 많은 시간을 보내며 아내가 원하는 것들을 들어주었다. 이런 일상생활을 통하여 아내는 우울증에서 회복되어 다시 삶의 기쁨을 되찾게 된 것이다. 성령은 영산에게 이렇게 말씀하셨다.

> 네가 아내에게 소홀히 하면, 그녀는 낙심하고 좌절한단다. 나도 그와
> 같다. 나를 단지 필요에 따라 쓰는 도구로만 생각하여 소홀히 하고,
> 인격자로서 대우하지 않는다면 나는 슬프단다. 나를 "물건"이나 "필
> 요에 의한 도구"로 취급하지 말고, "인격자"로 대해 주어라. 초대 교
> 회가 왜 성장할 수 있었는지 알겠니? 그것은 사도들이 나를 인격자로
> 대했기 때문이다. 너도 *나를 인격자로 대해라.* 그러면 네가 지금 사역
> 하는 교회가 성장할 것이다. [378]

영산은 성령께서 가르쳐 주신 말씀을 통하여 성령이 인격자라는 의미와 성령과 어떻게 교제해야 하는지 분명히 깨닫게 되었다. 성령은 물건도 아니고 어떤 목적을 이루기 위한 도구도 아니다. 성령은 단지 능력이나 어떤 영향력도 아니다. 성령은 장엄한 "인격을 지니신 분"이시다. 인격을 지닌 사람이 인격자로 대우받기를 원하듯이, 인격을 지니신 성령도 당연히 인격

---

378)   조용기, 『나의 교회성장 이야기』 (서울: 서울말씀사, 2005), 89. 필자의 강조.

자로 대우받기를 원하시는 것이다. 따라서 성령과 인격적으로 교제한다는 의미는 늘 성령을 인격자로 대하는 것이다. 다시 말해, 필요에 따라 쓰는 도구처럼 필요할 때만 성령을 찾는 것이 아니라, 항상 성령을 생각하고 성령과 대화하며 성령을 의지하고 성령께서 원하시는 것을 따라가는 것이다.

2) 성령과의 인격적 교제 방법

영산은 인격자인 아내와 친밀한 대화를 나눈 것처럼, 인격이신 성령과도 구체적으로 친밀한 대화를 갖기 시작했다. 그는 기상 시부터 취침 시까지 성령과의 인격적 교제를 나누려고 부단한 노력을 기울였다. 영산에 있어 성령과의 인격적 교제의 기본 수단은 "기도"였다. 영산은 기도를 통하여 아침부터 취침 시까지 눈에 안 보이는 성령을 의식하려고 애쓰면서, 성령과의 인격적 교제를 나누기 위하여 부단한 노력을 기울였다. 다음은 영산이 실제의 일상생활에서 성령과 나눈 인격적 교제의 예들이다.

때	교제의 내용
기상 시	"성령님, 좋은 아침입니다. 성령님, 오늘도 저를 사용하셔서 이 땅에 예수 그리스도를 전하여 주옵소서."
성경을 읽을 때	"성령님, 나에게 진리를 보여 주시옵소서. 성령님의 계시가 없으면 나는 아무것도 깨닫지 못하는 무지한 사람입니다. 성령님의 지혜로 저를 충만하게 채워 주시옵소서."
설교를 준비할 때	"성령님, 제 마음속에서 세상의 생각을 제하여 주시고, 하나님의 지혜와 명철로 충만히 채워 주옵소서. 저에게 하나님의 생각을 담아 주옵소서. 주님의 귀한 백성들에게 제가

	설교를 하는 것이 아니라, 성령님께서 저를 사용하셔서 하나님의 말씀을 전하여 주옵소서. 성령님, 이 시간 제 안에 성령님의 생각과 뜻이 넘쳐 나게 하여 주시옵소서."
설교하기 위해 강단으로 향할 때	"성령님, 지금부터는 성령님께서 설교하실 시간입니다. 성령님께서 앞장서 가시면, 저는 그 뒤를 따라가겠습니다. 가시지요."
강단에 올라가 의자에 앉기 전	"성령님, 지금 제 옆에 앉으세요."379)
설교하러 강대상 앞으로 나가기 전	"성령님, 이제 나가서 설교하실 시간입니다. 성령님의 시간입니다. 나는 성령님의 도움 없이는 설교할 수 없습니다. 성경에 '진리의 성령이 오실 때에 그가 나를 증언하실 것이요 너희도 처음부터 나와 함께 있었으므로 증언하느니라'(요 15:26-27)고 말했듯이 예수 그리스도를 가장 잘 전하실 수 있는 분은 성령님 한 분뿐이십니다. 이제 함께 강대상으로 가셔서 나를 사용하여 설교하여 주십시오."
강대상 앞에 서서	"성령님, 지금 이 시간 저에게 기름 부으심이 넘쳐 나게 하여 주옵소서."
설교를 마친 후 자리에 돌아와	"성령님께서 말씀을 선포해 주셔서 감사합니다. 놀라우신 은혜가 넘쳐 났습니다."380)

---

379) 영산은 한동안 강단의 십자가에서 제일 가까이 있는 중앙 의자에는 아무도 앉지 못하게 했다. 왜냐하면 그 중앙 의자는 "성령님의 자리"라고 생각했기 때문이다. 이런 태도는 영산이 의식적으로 성령을 앞세우고 의지하기 위함이었고, 또 강단의 주인은 자신이 아니라 성령이심을 명심하기 위함이었다. 영산은 후에 "성령 우선주의"가 확실히 정착된 후로는 강단의 중앙 의자에 앉았다. 왜냐하면 그 자리에 앉아도 성령을 지속적으로 의식하고 의지할 수가 있었기 때문이다.

380) 조용기, 『나의 교회성장 이야기』, 91-93.

상담할 때	"성령님, 지금 이 상담을 듣고 계시지요? 성령님, 대신 상담해 주십시오."[381]
회의하려고 할 때	"사랑하는 성령님, 제가 지금 회의하려고 합니다. 성령님의 통찰이 필요합니다."[382]
잠자기 전	"사랑하는 주 성령님, 저는 성령님을 인정합니다. 환영합니다. 의지합니다. 비록 제가 잠을 자지만, 제가 자는 동안 제 마음을 통하여 일하여 주시옵소서."[383]

영산은 이와 같은 방법으로 일상생활에서 성령과의 인격적 교제를 가졌다. 영산이 이런 식으로 계속 성령과의 교제를 나누려고 애쓰자, 이제는 이런 교제가 일상생활에서 자연스럽게 이루어지게 되었다. 영산의 유명한 문구가 된 "사랑하는 성령님, 가십시다"("Dear Holy Spirit, let's go")나 "성령님, 인정합니다. 환영합니다. 모셔 들입니다. 의지합니다"라는 표현도 이런 성령과의 친밀한 교제를 통하여 나온 것들이다.

영산은 이런 성령과의 친밀한 교제의 결과로 자신의 목회에는 놀라운 변화가 일어나기 시작했다고 다음과 같이 고백한다.

제가 성령님을 이처럼 인격적으로 모셔 들이자 제 목회에는 놀라운 변화가 생기기 시작했습니다. 우선 여러 가지 책들 즉 정치, 경제, 교육, 문화 등에 관한 책이 멀어졌고 오직 *성경*만을 읽게 되었습니다. 그리고 교인들의 영혼이 살아나는 것을 감지할 수 있었습니다. 저는

---

381)   조용기, "내가 체험한 실질적인 교회성장," 『내가 체험한 실질적인 교회성장』, 148.

382)   David Yonggi Cho, "The Holy Spirit: A Key to Church Growth," *Church Growth Manual*, No. 4 (1992): 59.

383)   David Yonggi Cho, "Key to Church Growth Revival," Church Growth Manual, No. 5 (1993): 14.

그 이후 *십자가 중심* 이외는 알지 않기로 결심했습니다. … 성경은 하나님의 지식이요 하나님의 총명이요 하나님의 분별력이니 누가 하나님의 지식과 총명과 분별력을 감당할 수 있겠습니까? 제가 성령님과 깊은 교제를 나누기 시작하자 제게는 *오직 성경 중심*만이 참다운 목회 방법이라는 깨달음이 왔습니다. 또한 제가 그 깨달음을 가지고 성경을 읽자 그 말씀이 살아서 움직이기 시작했습니다.[384]

영산은 천막 교회 목회 시절부터 오직 성경 중심, 십자가 중심으로 목회를 하기로 결심한 바 있다. 그런데 성령이 인격적인 존재라는 사실을 깨달은 이후, 성령과의 친밀한 인격적인 교제의 결과, **오직 성경 중심**, **십자가 중심**의 목회가 옳다는 사실을 다시 확신하게 되었다.

요약하면, 영산은 인격이신 성령과 끊임없는 인격적인 교제를 나누었고, 그 교제의 결과로 자신의 목회에 놀라운 변화가 일어나는 것을 직접 목격하였다. 영산은 성령과의 교제야말로 장차 자신의 목회에 있어, 가장 중요하고 중심적인 일임을 뼈저리게 깨닫게 되었다. 결국 성령과의 인격적인 교제가 영산이 세계 최대의 교회를 세우는 데 결정적인 전환점이 된 것이다.

3) "선배 동역자" 성령님

영산은 계시를 통하여 성령을 "인격이신 하나님"으로 깨달은 후, 그의 목회 생활에는 획기적인 변화가 일어났다. 이런 계시를 받기 이전까지는 목

---

384) 조용기, "내가 체험한 실질적인 교회성장," 『내가 체험한 실질적인 교회성장』, 147-148. 필자의 강조.

회의 주인은 자신이고 성령은 자신의 "보조원"으로 모시고 있었는데, 이런 위치가 완전히 바뀌게 된 것이다. 이제는 성령이 목회의 주인이시고 자신은 성령을 보조하는 "보조원"이 된 것이다. 영산은 성령을 "선배 동역자"(the senior partner)요 우리는 "후배 동역자들"이라고 부른다.[385]

영산은 선배 동역자이신 성령께서 교회를 세우는 데 필요한 모든 재원을 공급하신다고 주장한다. 그 재원에는 물질적인 영역뿐 아니라 영적인 영역, 예를 들어, 평안, 사랑, 기쁨, 영적 능력 등도 포함된다. 성령은 비전과 꿈을 주시고, 믿음도 주시고, 하나님의 진리를 계시해 주시고, 기도를 도와주시는 일을 하신다.[386] 우리는 성령과 함께 일하기 위하여, 단지 우리의 모습 그대로 드리면 된다. 영산은 우리가 항상 성령과 함께 협력하는 것이 중요하다고 역설한다.

영산은 성령이 "선배 동역자"란 사실을 깨달은 후, 성령을 교회의 "담임목사"로 모시고 성령과 함께 목회하기로 각오하였다. 그는 성령이 교회의 담임목사이므로 교회의 어떤 일도 성급하게 결정하지 않고 항상 **먼저** 담임목사이신 성령과 의논하였다. 그러면 성령이 어떻게 자신의 일을 해야 할지 매우 세부적인 지시를 하는 것을 경험하였다.[387] 따라서 영산은 "선배 동역자"요 "주인"이신 성령의 지시를 받기 전까지는 성급하게 앞으로 나아가지 말고 기다려야 한다고 지적한다. 그러나 일단 성령의 지시를 받았으면 그 지시에 순종해야 하고, 그럴 때 하나님의 능력이 나타나 모든 일이

---

385) David Yonggi Cho, "The Holy Spirit: A Key to Church Growth," *Church Growth Manual*, No. 4 (1992): 61. 영산은 성령을 "담임목사"(the senior pastor) 혹은 "주"(the Lord)로서, 우리는 "부교역자들"(the assistants) 혹은 "종들"(the servants)이라고도 지칭한다.

386) Ibid., 61-62.

387) Ibid., 63.

성취되는 것이라고 주장한다.[388]

한마디로, 영산은 오늘날 목회자와 신자들이 "선배 동역자"이신 성령과 인격적인 교제를 나누며 동역하는 일이 매우 중요하다고 역설한다.

4) 전통적인 성령론에 끼친 영산의 공헌

전통적으로 신약 학자들은 바울과 요한의 성령 이해는 "구원의 영"이고, 누가의 성령 이해는 "능력의 영"이라고 주장하여 왔다. 그리고 성령의 인격성 연구에 있어서는 주로 바울과 요한에 관심을 기울이고, 누가에는 별로 관심을 기울이지 않았다. 이런 기존의 이해에 대해 영산의 견해를 살펴보기로 하자. 영산은 요한과 바울의 성령 이해가 "구원의 영"이요 또 성령의 인격성을 강조하고 있다는 사실에 동의한다.[389] 그러나 영산은 바울이나 요한뿐 아니라 누가 역시 성령의 인격성을 강조하고 있다고 주장한다. 이것은 기존의 누가의 성령 이해를 넘어서는 것이다. 영산에 의하면, 누가가 말하는 성령은 단지 "증거를 위한 능력의 영"일 뿐 아니라, 다양하게 인격적 활동을 하시는 "인격의 영"이다.[390] 다시 말해, 영산은 누가 문서에 나타난 성령은 단지 "능력의 영"에 국한되지 않고, 능력의 영을 넘어서서 "인격의 영"이라고 주장하는 것이다.

기존의 오순절주의자들도 누가의 성령론을 주로 "능력의 영"으로 이해하여 왔다.[391] 그렇다면 영산은 기존의 오순절주의자들의 견해를 넘어서고

---

388)　Ibid.

389)　참조. 조용기, 『성령론』(1998), 17-26, 79-89.

390)　참조. Ibid., 69-77.

391)　대표적으로, 참조. Robert P. Menzies, *Empowered for Witness: The Spirit in Luke-Acts*

있는 것이다. 또한 더 중요한 점은 영산이 "성령의 인격성"과 더불어, 목회
자와 신자의 신앙과 삶에 있어 "성령과의 인격적 교제"가 매우 중요함을 강
조하였다는 점이다. 영산과 같이 성령을 인격적인 하나님으로 의식하면서,
일상의 생활에서 성령과 친밀한 인격적 교제를 부단히 나누었던 목회자는
지금까지 찾아보기 힘들 것이다. 영산은 현대 목회자들과 신자들에게 성령
이 명백히 "인격적인 하나님"이시며, 그분과는 끊임없이 친밀한 인격적인
교제를 갖는 일이 목회와 신앙생활에 매우 중요함을 일깨워 주었다. 이것
은 전통적인 성령론에 끼친 영산의 값진 공헌으로 돌릴 수 있을 것이다.

4. 성령과 동역한 희망 목회

  영산의 희망 목회는 한마디로 영산이 성령과 동역한 결과였다. 영산은 여
러 수단들을 통하여 성령의 인도를 받으며 성령과 함께 희망 목회를 동역하
였다. 우선, 성령이 영산을 인도한 네 가지 주요 수단들을 살펴보도록 하자.

1) 기도와 성령

  필자는 앞에서 영산이 성령을 "체험의 대상"이 아니라 "인격적 교제의 대
상"으로 깨달은 후, 성령과 끊임없는 인격적 교제를 가졌고 그 교제의 기
본 수단은 "기도"라고 언급하였다. 그러나 영산에게 있어 기도는 더 폭넓
은 의미를 갖는다.

(Sheffield: Sheffield Academic Press, 1994).

(1) 하나님과 교제하는 수단

영산은 기도의 가장 중요한 부분은 주님[392] 앞에 나와 먼저 "주님을 섬기는 것"이라고 지적한다.[393] 참된 기도란 주님 앞에 나와 먼저 무엇을 달라고 구하는 것이 아니다. 이처럼 영산은 기도에 있어 "순서"의 중요성을 강조한다. 그러면 영산에 있어 주님을 섬긴다는 것은 구체적으로 무슨 의미인가? 주님을 섬긴다는 것은 주님께 "감사"하고 "찬양"하는 것이다. 영산은 주님을 섬긴다는 것을 다음과 같이 구체적으로 설명한다.

> 저는 주님을 섬기는 동안 주님을 *찬양*하고, *감사*하고, 다시 몇 번이고 되풀이해서 주님을 *찬양*하고, *감사*합니다. 저는 하나님께서 제 삶에서 행하신 모든 선한 일들을 기억하면서, 그 일들로 인해 하나님을 *찬양*합니다. 저는 해와 달과 별들에 대하어 하나님을 *찬양*합니다. 저는 제가 숨 쉴 수 있는 공기와 마실 물로 인해 하나님을 *찬양*합니다. 저는 과실에 대해 … 크고 작은 모든 것에 대해 하나님을 *찬양*하고 *감사*하고 *찬미*합니다.[394]

영산은 이렇게 기도를 통하여 하나님의 필요를 **먼저** 섬기고 그 후 사람들의 필요를 섬길 때, 하나님 임재의 놀라운 감동을 느끼게 된다고 역설한다.[395] 이같이 영산은 자신이 하나님의 필요를 먼저 채울 때, 하나님은 자

---

392) "주"라는 호칭은 성부 하나님(야훼)과 성자 예수님에게 모두 사용될 수 있다. 영산은 여기서 성부 하나님을 염두에 두고 "주"라는 호칭을 사용하고 있다.

393) David Yonggi Cho, "Key to Church Growth Revival," *Church Growth Manual*, No. 5 (1993): 13.

394) Ibid., 16. 필자의 강조.

395) Ibid., 15-16.

신의 필요를 채우신다는 사실을 체험을 통하여 절실히 깨달았다.

영산은 초대형 교회를 목회하였다. 그는 수십만 명의 성도들, 많은 교역자들, 많은 제직들, 많은 기관들, 직원들을 돌봐야 했고, 그 외에도 대내외적으로 많은 일들을 처리해야만 했다. 이에 더하여 영산은 해외 선교의 사명을 감당하느라 자주 선교 여행을 다녔다. 그가 선교 여행에서 돌아오면 그의 책상 위에는 항상 처리해야 할 수많은 일들이 쌓인 채 그를 기다리고 있었다. 그러나 영산은 그 많은 일들에 대해 부담을 느끼지 않고 태연하였다고 한다.[396] 왜냐하면 그는 목회의 원리를 알기 때문이다. 다시 말해, 영산은 **먼저** 하나님을 섬기고 예배하면 하나님께서 필요한 능력을 주셔서 모든 일들이 쉽게 처리될 것을 알고 있기 때문이다. 영산은 이에 대해 자신이 체험한 바를 다음과 같이 언급한다.

> 제가 하나님을 진실로 예배할 때, 하나님은 만족해하십니다. 하나님은 저에게 하나님의 지혜와 지식과 능력을 주시고, 제 마음속을 권능으로 채워 주십니다. 그러면 저는 하나님이 제 마음에 채워 주신 능력과 큰 확신을 가지고 나가서 교회의 모든 일들을 끝냅니다. 하나님께서 제게 기름을 부어 주셨기 때문에, 저는 매우 신속하게 일들을 해결할 수 있습니다.[397]

이같이 영산은 목회에 있어 "기도"가 근본적으로 가장 중요하다는 사실을 체험적으로 알았다. 그는 24시간 기도하는 신앙생활을 하려고 힘썼다.

---

396)　Ibid., 21.
397)　Ibid.

그는 잠자리에 들기 전에도 항상 기도하였다. 영산은 자기 전, 항상 훼방하는 귀신들을 다음과 같이 묶었다. "너 훼방하는 귀신아, 내가 너를 묶는다. 내가 자는 동안에 떠나갈지어다."[398] 그리고 영산은 성령을 인정하며 이렇게 기도드린다. "사랑하는 주의 성령님, 제가 성령님을 인정하고, 환영하고, 의지합니다. 제가 자는 동안에 제 마음을 통하여 일하여 주시옵소서."[399] 그러면 아주 놀랍게 영산은 자신이 잠에서 깰 때 자신의 영이 노래하고 있는 것을 알게 된다고 고백한다. 영산은 자신이 성령을 의지하였기에 성령께서 자는 동안에도 자신의 영을 통하여 아름다운 노래들로 하나님께 기도하는 것이라고 말한다. 이처럼 영산은 자신의 마음은 쉬지만 자신의 영은 계속 하나님을 찬양한다고 고백한다.[400]

영산은 자신의 목회가 가능했던 가장 중요한 요인은 "기도"라고 단언한다. 그리고 그 기도 중 제일 먼저 해야 할 가장 중요한 부분은 하나님을 **먼저** 섬기는 일, 즉 하나님께 감사하고 찬양하는 일이라고 역설한다.

(2) 성령충만의 수단

영산은 기도와 성령충만은 매우 밀접한 관계에 있다고 주장한다. 그는 기도하지 않고는 결코 성령으로 충만할 수 없다고 확고히 말한다. 예수님이 승천하신 후 제자들은 바로 예수님이 부탁하신 복음 증거의 사명을 수행할 수 없었다. 왜냐하면 그들에게 복음을 증거할 수 있는 능력이 없었기 때문이었다. 그러나 제자들이 오순절 날 성령의 충만함을 받고 능력을 얻게 되자 담대히 복음을 증거하기 시작하였다(행 2:14-36). 그 결과 3천 명

398) Ibid., 14.
399) Ibid.
400) Ibid., 15.

이 회개하고 구원받는 놀라운 역사가 일어나게 된 것이다(행 2:41).

이것은 오늘날도 마찬가지이다. 영산은 우리가 기도해야 성령으로 충만하게 되고, 성령으로 충만할 때 "성령께서 우리에게 지혜와 총명을 주시고 모략과 재능을 주시고 능력을 주시는 것"이라고 강조하여 말한다.[401]

영산은 성령의 충만함은 한 번 받는 것으로 끝나는 것이 아니라 매일 필요한 것이라고 주장한다. 따라서 매일 성령으로 충만하여 성령과 함께 목회 동역을 하기 위하여 매일 기도해야만 한다고 역설한다. 영산은 자신의 경험상 최소 한 시간 이상 기도할 때, 마음속에 평안이 임하고 주님과 깊은 교제의 은혜에 들어가기 시작하는 체험을 한다고 다음과 같이 말한다.

> 저는 그것을 거듭거듭 체험해 보았습니다. 제가 기도하다가 갑자기 저의 마음속에 평안과 기쁨이 넘치는 단계에 도달했다고 생각이 들 때는 *1시간 이상* 기도했을 때였습니다. 이러므로 *한 시간 이상* 집중적으로 하나님께 기도하지 않고는 성령충만을 기대할 수 없다는 것을 알았습니다. 그래서 가장 기본적인 기도 시간은 1시간이라 말하는 것입니다. 1시간을 넘어서 2시간 3시간씩 계속적으로 기도하면 주님과 깊은 교제를 하게 되고 비로소 성령이 충만합니다. 그래서 성령 안에서 목회를 하게 되는 것입니다.[402]

한마디로, 영산은 목회하는 동안 매일 기도에 힘썼고, 그 결과 성령의 충만함을 받았다. 그리고 성령은 때를 따라 필요한 지혜와 능력을 주셔서 영

---

401) 조용기, "설교자와 기도 생활," 『성령』 제5집 (1989): 31.
402) Ibid. 필자의 강조. 그렇다면 영산에게 있어 성령충만의 외적 증거는 "복음 증거"이고, 내적 증거는 "평안"과 "기쁨"이라고 말할 수 있다.

산의 목회를 인도하신 것이다.[403]

(3) 영적 전쟁의 수단

영산은 자신의 목회 사역은 마귀와의 영적 전쟁이었다고 말한 바 있다.[404] 예수 그리스도께서 십자가를 통하여 마귀와 그의 군대를 정복하였지만, 아직 마귀는 불과 유황 못에 던져지지 않았다(계 20:10). 그때가 이르기 전까지는 마귀는 이 세상에서 우는 사자 같이 두루 다니며 삼킬 자를 찾고 있다(벧전 5:8). 그러므로 주의 종들과 성도들은 목회와 신앙생활에서 승리하기 위하여, 반드시 마귀와의 영적 전쟁을 통하여 마귀를 쫓아내야만 한다(벧전 5:9; 약 4:7).

영산은 목회의 첫 출발지인 천막 교회에서부터 마귀와의 영적 싸움을 하였다. 그가 대조동에서 목회를 시작하였을 때 이미 그 마을을 점령하고 있던 마귀의 세력과 싸워야만 했다. 마귀의 조종을 받고 있던 박수무당과 그 추종자들이 천막 교회로 몰려와 천막을 걷어치우고 떠나라고 행패를 부렸다. 영산은 그들의 잔악한 행동 배후에는 마귀와 악한 귀신들의 세력이 있다는 사실을 직시하고, 최자실 전도사와 함께 그들 배후의 마귀와 귀신들의 세력을 쫓아내기 위하여 하루에 5시간씩 기도하였다.[405] 영산과 최

---

403) 영산은 목회하는 동안 매일 3시간에서 5시간 정도 기도하면서 목회 사역을 감당해 나갔다. 그는 우리말로는 1시간 정도 기도하면 더 이상 할 말이 생각나지 않는다고 말한 바 있다. 따라서 영산이 오랜 시간 기도할 때는, 우리말 기도와 방언 기도를 번갈아 가면서 하였는데, 주로 방언으로 많은 시간을 기도하였다.

404) 영산은 2008년 5월 9일 잠실에서 열렸던 여의도순복음교회 창립 50주년 대성회에서, 목회 생활의 시작은 영적 전쟁의 시작이요, 자신은 지난 50년간 영적 전쟁을 수행한 것이라고 역설한 바 있다. 그날 설교 제목은 "의의 면류관을 얻기 위하여"였고, 성경 본문은 디모데후서 4장 6-8절이었다.

405) David Yonggi Cho, "Key to Church Growth Revival," *Church Growth Manual*, No. 5

자실 전도사의 집요한 기도를 통하여 마귀와 그 세력들이 무력화되었을 때 교회가 부흥되기 시작하였다.

마귀와의 이런 영적 전쟁은 영산의 목회 내내 계속되었다. 영산은 대형 교회를 목회하였다. 그의 교회는 조직도 방대하고 이끌어야 할 위원회와 제직도 많았다. 영산은 어떤 조직이나 위원회에 문제가 생기면 **먼저** 기도를 통하여 문제 배후에 있는 귀신들을 내쫓았다. 이렇게 하여 영산은 방대한 교회를 평안한 가운데 하나로 연합하여 이끌어 나갈 수 있었다.[406] 영산은 이런 싸움을 통하여 한 법칙을 깨닫게 되었다. 그것은 **먼저** 영적 싸움에서 이겨야 현실의 싸움에서 이길 수 있다는 것이다. 따라서 영산은 현실의 목회 현장에서 승리하기 위하여 "먼저" 영적 싸움에서 승리하려고 기도에 힘쓰며 목회를 하였다.

한마디로, 영산의 목회는 마귀와 영적 전쟁을 수행한 것이었고 이 전쟁에서 그는 대승리를 얻어 대교회를 세울 수 있었다.

(4) 하나님의 응답을 받는 수단

영산은 우리의 "기도를 통하여" 응답을 하시는 것이 "하나님의 원리"라고 말한다.[407] 그는 하나님은 절대 주권자이지만 우리의 "기도를 통하여" 응답하신다고 주장한다(요 13:13-14; 약 4:2-3). 영산은 이 사실을 잘 알기 때문에 여러 문제들을 만날 때 인간적인 방법이나 재간에 의지하지 않고 항상 기도하였다. 영산은 하나님으로부터 확신을 얻을 때까지 기도하고 또 기도하였다. 그리고 그는 일단 마음에 확신이 오면 하나님께서 그 상황을 돌보

(1993): 35.
406) Ibid., 28.
407) Ibid., 36.

아 주실 것을 알게 되고 이 땅의 모든 문제들은 풀리게 된다고 주장한다.[408]

영산은 불신자들은 수평적으로 살아가지만, 신자들은 수직적으로 산다고 말한다. 따라서 어떤 일이 발생할 경우 먼저 하나님과 우리 사이의 수직적인 관계를 바로 세우는 것이 중요하다고 지적한다. 그러면 모든 수평적인 문제들이 풀리게 된다.[409] 이처럼 영산은 우리가 하나님과 수직적인 관계를 바로 세울 때, 하나님의 능력이 하나님의 때에 하나님의 방법으로 내려와 이 땅의 문제들이 해결된다고 주장한다.[410] 영산은 목회를 하면서 하나님께 수많은 일들을 놓고 기도하였고 하나님은 다양한 방법으로 응답하셨다. 이처럼 영산은 수많은 기도의 응답을 받으며 목회를 하였다.

요약하면, 영산의 희망 목회를 가능하게 한 주요 수단은 "기도"였다. 영산은 늘 기도를 통하여 하나님과 교제하였고, 성령으로 충만하였다. 또한 목회 사역을 하기 전 기도로 먼저 영적 싸움에서 승리하였고, 하나님의 응답을 받으며 목회하려고 부단히 애썼다.[411] 따라서 성령은 영산의 부단한 기도를 통하여 그의 희망 목회를 인도해 가신 것이다. 영산은 목회는 결코 인간의 지혜나 재간이나 돈으로 하는 것이 아니라 "기도"로 하는 것이라고 확언한다.[412]

---

408) Ibid., 38.

409) Ibid.

410) Ibid.

411) 앞에서도 언급했듯이, 영산은 매일 3시간에서 5시간 정도 기도하였다. 그는 자신의 "뼈가 마를 정도로" 기도한다고 고백한 바 있다. 조용기, "선교와 목회," 『성령』 제4집 (1988): 39.

412) 영산은 가는 곳마다 "교회성장의 비결이 무엇이냐"는 질문을 수없이 받았는데, 그 대답은 항상 같았다. 그것은 오직 "기도"로 가능하다는 대답이었다. 영산은 여의도순복음교회는 자신과 성도들의 기도로 이루어진 교회라고 분명히 말한다.

2) 설교와 성령

영산의 희망 목회를 가능하게 했던 또 다른 주요 수단은 "설교"였다. 성령은 영산의 설교를 통하여 그의 희망 목회를 인도해 가셨다. 우선 지적하고 싶은 것은 영산의 목회에 있어 "기도"와 "성령"과 "설교"는 서로 매우 밀접한 관계를 맺고 있다는 사실이다. 영산은 언제나 간절한 **기도**를 통하여 **성령**으로부터 **말씀**을 받아 전하였다.[413]

영산의 설교 준비는 "기도"로부터 시작한다. 그는 진지하고 간절한 기도를 통하여 성령의 영감을 받아 설교 제목을 잡으려고 무진 애를 썼다. 왜냐하면 그는 성령으로부터 받은 말씀만이 성도들을 살리게 될 것이라고 확신했기 때문이다. 또한 설교 준비 과정에서도 성령의 도우심을 받기 위하여 기도하였다. 그리고 설교 준비를 다 마친 후 영산은 결사적으로 기도하였다.[414] 이때는 정말 거의 초주검이 된다고 고백한다.[415] 그러나 영산이 마음에 확신과 평안이 올 때까지 결사적으로 기도한 후, 성령을 의지하여

413) 이영훈 박사는 영산의 성령 운동은 철저히 "말씀 운동"과 "기도 운동"을 중심으로 전개되었다고 주장한다. 이영훈, "조용기 목사의 성령론이 한국 교회에 미친 영향," 『영산신학저널』 제2호 (2004): 141.

414) 영산이 결사적으로 기도하는 때는 금요일 밤부터 토요일까지이다. 그는 주일 설교를 위해 5시간 정도 기도하였다고 말한다. 조용기, "내가 체험한 실질적인 교회성장," 『내가 체험한 실질적인 교회성장』, 140; idem, "나는 이렇게 설교한다," 『교회성장: 설교와 목회자 관리』, 143. 영산은 한동안 토요일 오전, 오산리최자실기념금식기도원에 올라가 자신의 기도굴에서 온 힘을 다하여 주일 예배 설교를 위하여 간절히 기도하였다. 필자도 자주 따라 올라가 기도하였는데, 기도를 마치고 기도굴에서 나오시는 영산의 얼굴은 항상 환하게 빛났고, 하나님의 은혜가 충만해 보였다. 필자는 주일 예배에서의 하나님의 은혜와 역사는 이미 토요일 기도굴에서 이루어졌다는 생각을 하게 되었다.

415) 조용기, "나는 이렇게 설교한다," 『교회성장: 설교와 목회자 관리』, 143. 영산은 오랫동안 설교를 해 왔지만, 제일 겁이 나는 것이 강단에 오르는 것이라고 솔직히 자신의 심정을 밝힌 바 있다.

나아가 담대히 복음을 전하면 성령의 도우시는 역사가 놀랍게 나타난다고
다음과 같이 역설한다.

> 그러나 마음속에 확신과 평안이 올 때까지 기도하고 나면 모든 걱정
> 은 사라지고 우리 성도를 살려 주어야겠다는 소원이 불같이 타오르
> 게 되고 그 뜨거운 소원과 열정을 가지고 설교하면 항상 성령님께서
> 도와주셔서 죄를 자복하고, 성령충만 받는 역사가 일어나고, 마음과
> 육신에 기적적인 치료가 다가오고, 저주가 물러가고, 문제가 해결되
> 며, 기쁨이 충만한 역사가 일어나는 것입니다. [416]

영산은 수많은 설교를 하며 목회를 하였는데 한 설교, 한 설교에 자신의
온 정성과 힘을 쏟아 준비하여[417] 선포하였고, 성령은 그 준비된 설교를 통
하여 놀라운 일들을 행하시며 영산의 희망 목회를 이끌어 가셨다.

여기서 한 가지 지적할 점은 영산은 이 방대한 설교 사역을 분명한 "설교
철학"[418]을 가지고 하였다는 것이다. 영산은 하나님의 말씀을 증거할 때 철
저히 "성경 중심", "예수 그리스도 중심", "십자가 대속 중심"의 토대를 가지

---

416) Ibid., 143-144.

417) 영산은 설교 준비에 온 힘을 쏟았다. 그는 설교 제목 결정부터 시작하여 설교 내용을 서
론, 본론, 결론의 형식을 따라 논리적으로, 그리고 성도들이 이해하기 쉽게 작성하려고
무척 애를 썼다. 그리고 설교 작성이 완성된 후에는 성도들 앞에서 실제 설교하는 마음
을 가지고 여러 차례 설교 연습을 하였다. 이런 연습을 통하여 자신의 설교가 성도들에
게 잘 전달될 수 있도록, 누구나 알아들을 수 있는 쉬운 말로 자신이 만족스러울 때까지
계속 원고를 수정하였다. 이렇게 심혈을 기울여 준비된 설교가 영산의 책상에는 항상
3-4편이 있었고, 영산은 성령의 감동으로 그중 한 편을 택하여 설교하였다고 한다.

418) 여기서 "철학"은 "토대" 혹은 "기초"로 이해하면 된다. 즉, "설교 철학"은 "설교 토대" 혹은
"설교 기초"를 가리키는 말이다.

고 설교하였다.[419] 그리고 영산은 성경 창세기부터 요한계시록까지의 성경 말씀과 그 성경 말씀을 해석하는 일 외에는 설교하지 않기로 다짐했다. 영산은 그 이유를 다음과 같이 설명한다.

왜냐하면 성경 말씀 이외의 말은 어떠한 말을 하더라도 그것은 인간의 지혜나 지식에 불과하며 하나님께로부터 오는 지혜나 지식이 아니기 때문입니다. 그러므로 목회자는 성경을 깊이 깨달아야 합니다.[420]

또한 영산은 예수 그리스도 중심과 십자가 대속 중심의 기반에 서서 설교하기로 각오하였다. 그가 여기서 이끌어 낸 것이 바로 "오중복음"과 "삼중축복"이었다. 영산은 이것을 자신의 설교 토대로 삼고 설교한다고 다음과 같이 진술한다.

저는 제가 무슨 설교를 하든지 십자가를 통한 오중복음을 저의 설교의 가장 중심적인 베이스로 삼고 이 위에 모든 것을 형성해 나갑니다. 저의 설교로 우리 교회 교인들을 *영혼이 잘됨 같이 범사가 잘되며 강건하는* 성도가 되게 하고 국내와 세계 선교를 위해서 헌신하게 하는 것이 저의 목표입니다. 그렇기 때문에 저는 설교를 할 때 언제나 이런 분명한 목적의식을 가지고 우리 성도들을 이끌어 갑니다.[421]

419) 조용기, "나는 이렇게 설교한다," 『교회성장: 설교와 목회자 관리』, 129.
420) 조용기, "설교자와 기도 생활," 『성령』 제5집 (1989): 26. 영산의 설교는 다른 목회자의 설교에 비하면 항상 성구 인용이 많다. 이것은 단적으로 성경 중심으로 설교하려는 영산의 의도를 보여 주는 것이라고 판단된다.
421) 조용기, "나는 이렇게 설교한다," 『교회성장: 설교와 목회자 관리』, 129. 필자의 강조.

영산이 한평생 전한 "오중복음"과 "삼중축복"은 바로 "희망의 복음"이었다. 영산의 설교의 가장 핵심적인 특징은 절망에 처한 성도들에게 "희망"을 주어 일으키는 것이었다. 영산은 설교를 통하여 결코 성도들을 정죄한다거나 꾸중하지 않는다. 그의 설교는 언제나 고통과 절망에 처한 성도들을 위로하고 용기와 희망을 주는 설교였다.[422] 영산은 천막 교회 시절부터 이렇게 "희망의 복음"을 전하는 것을 하나님으로부터 받은 자신의 사명이라고 확신하고 있었다. 이에 대해 영산은 다음과 같이 분명히 말한다.

> 저는 지난 60년 목회를 뒤돌아보면 하나님은 저에게 늘 *희망의 전도자*가 되라고 말씀해 주셨습니다. 제가 처음 목회하던 시절, 우리나라는 가난하고 헐벗고 굶주린 사람들이 대부분이었습니다. 특히 제가 맡은 성도들은 삶의 희망을 잃고 절망하여 인생을 포기한 사람들이 대다수였습니다. … 하나님께서는 그들에게 *희망의 복음*을 전하라고 말씀하셨습니다. 그래서 저는 자나 깨나 좋으신 하나님, 희망을 주시는 예수님을 전도했던 것입니다. … 저는 그동안 *희망의 전도자*가 되라는 사명을 가슴에 품고 오중복음과 삼중축복의 메시지를 개발하여 사람들에게 희망을 주기를 힘썼습니다. 하나님은 모든 것을 희망으

---

422) 필자는 한 주간의 많은 업무로 심신이 지친 가운데 주일 예배에 참여한 경우가 많았다. 때로는 중대한 문제의 결정을 바로 앞에 두고 어떻게 처리해야 할지 몰라 답답한 마음으로 교회에 나올 때도 적지 않았다. 그런데 심신이 지치고 답답한 마음으로 영산의 설교를 듣고 있으면, 희한하게 그 말씀이 내 마음에 위로가 되고, 새 힘과 용기가 솟아나는 경험을 자주 하였다. 이것은 비단 필자만의 경험은 아닐 것이다. 영산의 설교를 들었던 대다수의 사람들은 이런 경험을 하였을 것이라고 생각된다. 과연 영산은 고통과 절망에 처한 사람들에게 위로와 용기와 희망을 주어 사람들을 살려 내는 각별한 은혜를 받았던 하나님의 종이라고 여겨진다.

로 시작하여 희망으로 끝내라고 명령하셨습니다. 그러므로 저는 희
망의 메시지를 가지고 우리나라뿐 아니라 전 세계를 다니며 희망의
복음을 증거했습니다. 그러자 희망을 바라던 수많은 사람들이 구름
떼같이 몰려왔고 희망과 용기를 얻고 구원을 받고 변화를 받는 것을
저는 보고 체험했습니다.[423]

영산이 이렇게 십자가 대속의 은혜인 "오중복음"과 "삼중축복"의 희망의
메시지를 전하자 수많은 성도들이 몰려와 용기와 희망을 얻었고, 오늘의
여의도순복음교회가 된 것이다.[424] 이처럼 영산은 평생 "희망의 복음"을 전
하였고, 성령은 영산의 복음 전파를 통하여 그의 희망 목회가 놀라운 결실
을 맺도록 인도해 주신 것이다.[425]

3) 치유와 성령

영산은 목회 초기 천막 교회 시절부터 많은 병자들을 고치며 그들에게
희망을 주는 목회를 하였다. 이런 신유 사역은 목회를 마칠 때까지 계속되
었다. 영산이 신유 사역을 집요하게 한 것은 그 자신이 질병으로 죽음의
문턱까지 갔다가 주님의 기적으로 살아나게 되었고, 이를 통해 신유의 소

---

423) 조용기, "희망을 주시는 예수님," 『순복음가족신문』 제2063호(2020. 4. 26.). 필자의 강조.

424) 영산은 자신이 세계 최대의 교회를 목회하게 된 이유는 "성경 이외의 말씀은 전하지 않
기로 결심한 결과"라고 언급한 바 있다. 조용기, "설교자와 기도 생활," 『성령』 제5집
(1989): 26.

425) 영산은 한평생 설교 준비와 설교를 거듭하며 희망 목회를 하였다. 영산은 자신이 설교한
세월을 돌아보며 "설교는 곧 나의 인생"이었다고 고백한 바 있다. 조용기, 『설교는 나의
인생』 (서울: 서울말씀사, 2005), 프롤로그 마지막 문장.

중함을 뼛속에 사무치도록 체험했기 때문이다. 영산은 자신이 체험했기에 병든 사람들의 고통을 누구보다 잘 알고 있으며, 또 성경 말씀에 근거하여 하나님께서 지금도 병을 고치신다는 사실을 확신하며 신유 사역을 하였다. 영산은 말씀을 전한 후, 반드시 심신이 병든 성도들을 위해 기도하는 시간을 가졌다.

영산은 성령으로부터 "지식의 말씀의 은사"를 받아 병을 고쳤다고 말한다.[426] 영산은 병자들이 치유되는 모습들이 마음의 눈에 보인다고 다음과 같이 말한다.

> 설교를 하면 마음의 눈에 병자들이 치유되는 모습이 보입니다. 어떤 때는 여인들이 유방암이나 자궁암에서 치유되는 모습이 보입니다. 또는 관절염에 걸려서 손과 발을 잘 움직이지 못했던 사람들이 치료를 받고 마음대로 움직이는 모습을 봅니다. 처음 이러한 모습이 보였을 때는 사탄이 내가 기도하는 것을 방해하는 것이라고 생각했습니다. 그래서 기도를 하다가 병자들이 낫는 모습이 보이면 "예배를 방해하는 사탄아 이 시간 물러가라. 내 마음속에 이렇게 병자들이 치유되는 모습을 보여 주는 악한 영은 물러갈지어다. 다시는 이런 모습들이 보이지 않을지어다." 하고 선포했습니다. 그러나 사람들이 치유되는 모습들이 계속해서 내 마음속에 떠올랐습니다.[427]

---

426)   영산은 자신이 "신유의 은사"를 받고 싶었지만, 자신의 생각과는 달리 "지식의 말씀의 은사"와 "예언의 은사"를 주셨다고 고백한 바 있다. 조용기, 『나의 교회성장 이야기』, 77.
427)   Ibid., 76.

영산은 설교 중에 성령의 계시에 의하여 감추어진 지식을 깨닫게 된 것이다. 다시 말해, 그때 그 장소에서 성령의 은사 중 "지식의 말씀의 은사"가 나타난 것이다.[428] 이처럼 성령은 영산에게 "지식의 말씀의 은사"가 나타나게 하심으로 많은 병자들을 고쳐 주셨다. 치유는 성령께서 영산의 희망 목회를 인도해 가시는 중요한 한 수단이었다.

4) 꿈과 환상과 성령

영산의 희망 목회를 가능하게 한 다른 중요한 수단은 "꿈"과 "환상"이었다. 성경에 의하면 꿈과 환상은 성령으로 말미암아 오는 것이다.

> 하나님이 말씀하시기를 말세에 내가 내 영을 모든 육체에 부어 주리니 너희의 자녀들은 예언할 것이요 너희의 젊은이들은 *환상*을 보고 너희의 늙은이들은 *꿈*을 꾸리라(행 2:17).

영산은 천막 교회에서 첫 목회를 시작할 때 성령으로부터 놀라운 환상을 받았다. 영산은 그가 받은 환상에 대하여 이렇게 전한다.

> 나는 대조동에 가마니로 흙을 가리운 천막 교회를 세우고 겨우 20여 명의 성도들 앞에서 설교를 하였습니다. 그러나 그때 성령께서 나에

---

428) 영산은 "지식의 말씀의 은사"를 다음과 같이 정의한다. "성령의 영감으로 위로부터 하나님의 특별하신 뜻에 의하여 그때 그 장소에서 하나님의 영광을 위하여 필요한 감추인 사물에 대한 실상이 깨달아져서 문제가 해결되고 하나님의 영광이 나타나게 되는 지식". 조용기, 『성령론』(1971), 200.

게 우리 교회가 단일 교회로서 세계 최대의 교회로 부흥될 것과 우리 교회를 통하여 세계만방에 복음이 전해지는 *환상*을 보여 주셨습니다. 그렇기 때문에 나는 비록 떨어진 천막 사이로 눈이 내리면 눈을 맞고, 비가 내리면 비를 맞으면서 예배를 드리고, 끼니도 겨우 잇는 비참한 생활을 하면서도 꿈을 지닐 수 있었습니다. … 오늘날 우리 교회는 단일 교회로서는 세계 최대의 교회가 되었고 우리 교회를 통하여 전 세계에 복음이 전해지고 있습니다. 나의 꿈대로 현실화한 것입니다. [429]

영산은 천막 교회 목회 시절에 성령으로부터 놀라운 환상을 받고, 그 가슴속에 불타는 두 가지의 꿈을 품었다. 한 가지는 세계 최대의 교회를 세우겠다는 것이었고, 다른 한 가지는 온 천하에 다니며 만민에게 복음을 전하겠다는 것이었다. 이 두 가지의 꿈이 자나 깨나 영산의 가슴속에서 마치 구름 기둥과 불 기둥같이 타올랐다. [430] 영산이 집요한 꿈을 품자 그의 마음에 믿음이 생겼다. 영산은 분명한 꿈이 있으면 믿음이 생겨난다고 강조한다(히 11:1). 그는 "꿈은 믿음을 산출하는 어머니"라고 말한다. [431]

영산은 세계 최대의 교회에 대한 꿈을 가지되, 구체적인 목표를 세우며 나갔다. 영산이 천막 교회에서 3천 명 성도의 꿈을 품었을 때, 그는 그것이

429) 조용기, "환상을 본 후에," 〈순복음의 말씀〉 제183호(n. d.). 필자의 강조. 이 출판물의 인쇄일은 1977년 8월 14일로 추정되고, 여기에 실린 말씀은 1977년 3월 16일 수요 예배 시 설교였다.

430) 영산은 천막 교회 당시 20여 명의 성도 앞에서 설교하였지만, 이미 그 마음에 2,000명의 성도들이 교회에 앉아 있는 모습을 품고, 마치 2,000명의 성도 앞에서 설교하듯이 큰 소리로 설교하였다고 한다. 국제신학연구원 편, 『여의도의 목회자: 조용기 목사 일대기』, 286.

431) 조용기, "꿈과 믿음," 〈순복음의 말씀〉 제319호(1984. 11. 11.).

어떻게 이루어질지 알 수 없었지만, 그 꿈을 그대로 믿었다.[432] 영산은 계속해서 교회 부흥에 대한 구체적인 목표를 세우고 꿈에 취해 목회하였다.[433]

그러나 영산의 꿈은 순탄히 이루어진 것은 아니다. 꿈이 이루어지는 과정에 수많은 시련과 고난이 있었다. 하지만 영산은 그의 가슴속에 불타고 있는 꿈과 믿음으로 그 많은 시련과 고난을 넉넉히 이겨 나갈 수 있었다. 이처럼 영산의 원대한 꿈은 많은 시련과 고난을 통하여 이루어졌다는 점을 간과하지 말아야 한다. 영산은 신자들이 꿈을 갖는 데에 있어 한 가지 매우 중요한 점을 지적한다. 그것은 그 꿈이 하나님의 영광을 위한 꿈이어야지, 인간의 탐욕을 충족시키기 위한 꿈이어서는 결코 안 된다는 것이다.[434]

요약하면, 영산은 천막 교회 시절부터 성령으로부터 놀라운 환상을 받고, 큰 꿈과 믿음을 가지게 되었다. 영산은 꿈과 믿음을 가지고 성령을 의지하고 나갔고, 성령은 영산이 품은 꿈과 환상이 이루어지도록 이끌어 주셨다. 그 결과 성령께서 영산을 통해 세계 최대의 교회를 세우게 하신 것이다. 영산은 이렇게 고백한다.

이러므로 우리는 인간적인 방법을 버리고 성령님을 의지해야 합니다. 우리가 성령님을 늘 의지할 때 성령님께서 우리에게 *꿈과 환상을* 통해, *믿음을* 통해 하나님의 뜻을 밝혀 주시고 우리를 성공적인 삶으로 이끌어 주십니다.[435]

---

432) Yonggi Cho, "Church Growth," *Church Growth Manual*, No. 13 (n.d.): 17.
433) 영산이 3천 명의 꿈을 꾸었을 때 교인이 3천 명이 되었고, 6천 명의 꿈을 꾸었을 때 6천 명이 되었고, 1만 명의 꿈을 꾸었을 때 1만 명이 되었고, 그리고 3만 명, 10만 명, 30만 명, 50만 명, 70만 명의 꿈을 각각 꾸었을 때 그대로 되었다고 고백한다. Ibid.
434) 조용기, "환상을 본 후에," 〈순복음의 말씀〉 제371호(1985.11.10.).
435) Ibid. 필자의 강조.

한마디로, 성령은 영산의 기도, 설교, 치유, 그리고 꿈과 환상의 수단을 통하여 그의 희망 목회를 인도해 가셨다.[436]

5) 성령의 다른 인도 방법

성령은 앞에서 언급한 주요한 수단들 외에 여러 다른 방법을 통하여 영산의 희망 목회를 인도해 가셨다. 성령께서 영산을 인도하셨던 다양한 방법을 간략히 살펴보고자 한다.

(1) 하나님의 말씀

영산은 성령과 말씀은 일체이기 때문에 성령은 우리가 하나님의 말씀을 읽거나, 듣거나, 묵상할 때 그 말씀을 통하여 인도하신다고 말한다.[437] 그러면 그 말씀이 나를 인도하기 위해 나에게 주신 말씀이라고 어떻게 확신할 수 있는가? 영산은 이에 대해 다음과 같이 설명한다.

> 하나님의 말씀을 읽다가 또는 듣다가 갑자기 마음이 뭉클해지며 뜨겁게 불타오르기 시작하고, 그 말씀이 부딪쳐 반석을 치는 방망이같이 내 심장을 치고 들어오면 그것은 바로 하나님께서 내게 주시는 성령의 인도인 것입니다.[438]

---

436) 우리가 잠자는 중에 꾸는 "꿈"도 하나님이 인도하시는 수단이다. 신약성경에 의하면 주의 사자(천사)는 "꿈"을 통해 요셉(마 1:20-21; 2:13, 19, 22)과 동방박사들(마 2:12)을 인도했다.

437) 조용기, "성령으로 인도함을 받으려면," 〈순복음의 말씀〉 제50호(1979. 9. 16.).

438) Ibid.

영산은 성경 말씀을 "기록된 말씀"과 "개인에게 주시는 말씀"으로 구분하여 이해한다.[439] "기록된 말씀"은 창세기에서 요한계시록까지의 말씀이고, "개인에게 주시는 말씀"은 기록된 말씀을 읽거나 들을 때 성령의 역사로 특별히 개인에게 주시는 말씀이다. 영산은 "레마"가 오면 마음에 깊은 감동이 오고, 마음이 찡해지고, 마음에 믿음이 생겨나게 된다고 말한다.[440] 영산은 목회 내내 말씀을 전하기에 앞서, 그 예배를 통하여 하나님이 전하기 원하시는 말씀, 곧 "레마"를 받아 강단에 섰다고 고백한다. 영산이 인도하는 예배에 성령의 놀라운 역사가 나타난 것은 그가 하나님께서 주시는 말씀을 받아 전하였기 때문이다.

한마디로, 성령은 영산에게 때를 따라 하나님의 말씀을 주시며 그의 목회를 인도해 가셨다.

(2) 마음의 소원과 확신

영산은 성령께서 가장 보편적으로는 "마음의 소원과 확신"을 통하여 인도하신다고 말한다. 따라서 성도들이 일반적으로 성령의 인도를 받는 첩경은 마음의 소원과 확신을 통하는 길이다.[441] 영산은 성령께서 우리에게 주시는 소원은 육신의 감각을 통해 일어나는 즉흥적이거나 일시적인 소원이 아니라, 우리의 영혼 깊은 곳에서 우러나오는 소원이라고 주장한다. 영산은 성령이 주시는 소원에 대해 다음과 같이 설명한다.

---

439) "기록된 말씀"은 헬라어로 "로고스"(logos)이고, "개인에게 주시는 말씀"은 헬라어로 "레마"(rhēma)이다.

440) 조용기, "성령님의 인도를 받는 길," 〈순복음가족신문〉 제1522호(2009. 3. 22.).

441) 조용기, "성령으로 인도함을 받으려면," 〈순복음의 말씀〉 제50호(1979. 9. 16.).

우리가 기도하기 전 육신의 소원이 있다가도 간절히 기도하고 나면 육신의 소원이 순식간에 없어지는 때가 있습니다. 미움을 품고 있다가도 기도하고 나면 사랑이 솟아날 때가 있으며 무슨 일을 하고 싶지 않다가도 기도를 하고 나면 갑자기 하고 싶은 때가 있는 것입니다. 이처럼 성령님께서는 *마음의 소원*을 통해 우리를 인도하십니다. 이때문에 성령님의 인도를 받기 위해 우리는 끊임없이 기도를 해야 하는 것입니다. [442]

이처럼 성령은 우리의 마음속에 누구나 다 가질 수 있는 일반적인 소원이 아니라, 어떤 특정한 일에 대해서 뜨거운 소원을 일으켜 주신다. 영산은 이런 소원은 아무리 기도해도 사라지지 않고 그 소원과 함께 기쁨과 평안이 따라온다고 주장한다. [443]

또한 영산은 성령께서 "확신"을 통해서 우리를 인도하신다고 말한다. 그는 목회 생활에서 이런 체험을 많이 했다. 그는 어떤 중대한 일의 실행 여부를 놓고 간절히 하나님께 기도하면 놀랄 만한 확신이 자신의 마음을 부여잡는 경험을 하게 된다고 주장한다. 그리고 이런 확신을 따라 일을 추진

---

442) 조용기, "성령의 인도함을 받는 삶," 〈순복음의 말씀〉 제279호(1984. 2. 5.). 필자의 강조.

443) 조용기, "성령님의 인도를 받는 길," 〈순복음가족신문〉 제1522호(2009. 3. 22.). 영산은 처음 미국 선교를 시작했을 때는 미국에 많은 교회를 세워야겠다고 생각했으나, 시간이 좀 지난 후 미국 현지에서 주의 종들을 양성했으면 하는 소원이 생겼다. 그래서 영산은 이 문제를 놓고 L. A. 해안에 있는 조그마한 섬에 가서 하루 종일 금식기도를 하였다. 그러자 마음에 뜨거운 소원이 일어나고 기쁨과 평안이 넘쳤다. 그러나 영산은 신학교를 세울 건물도 돈도 없었다. 영산은 섬에서 나와 한 집회에 갔는데 거기서 한 집사를 만나게 되었다. 영산의 이야기를 들은 이 집사는 "저에게 지금 안 쓰는 집이 있으니까 신학교를 세울 때까지 그 집을 써 주십시오." 하고 쾌히 승낙해, 거기서 신학교를 시작하게 된 것이 바로 오늘의 미국 "베데스다 대학교"라고 고백한다.

하면 하나님의 역사가 나타났다고 역설한다. [444]

이처럼 성령께서는 영산이 기도할 때 그의 마음에 "소원과 확신"을 주시며 그의 목회를 이끌어 가셨다.

(3) 음성

성령께서는 "음성"을 통해서도 우리를 인도하신다. 이 경우는 사도행전의 안디옥 교회 이야기를 통하여 알 수 있다. 안디옥 교회의 선지자들과 교사들이 주를 섬기며 금식하고 있을 때 성령께서 음성으로 인도하셨다. "주를 섬겨 금식할 때에 성령이 이르시되 내가 불러 시키는 일을 위하여 바나바와 사울을 따로 세우라"(행 13:2). 안디옥 교회는 성령의 음성을 듣고, 그 음성에 순종하여 바나바와 사울, 두 사람에게 안수하여 선교사로 파송했다(행 13:3). 안디옥 교회가 성령의 음성에 순종함으로 결과적으로 바울을 통하여 복음이 땅 끝까지 전파될 수 있었다. 이처럼 안디옥 교회의 선교 사역은 성령의 음성을 통해 인도받은 것이었다.

또한 성령은 빌립을 통하여 에디오피아인 내시에게 복음을 전하도록 인도하실 때도 음성으로 하셨다. "성령이 빌립더러 이르시되 이 수레로 가까이 나아가라"(행 8:29). 빌립은 성령의 음성에 순종하여 속히 내시에게 달려가 그가 깨닫지 못하고 있던 선지자 이사야의 구절(사 53:7-8)로부터 시작하여 예수님에 관한 복음을 전했다(행 8:32-35).

이 같은 음성을 통한 성령의 인도는 영산을 통하여도 나타났다. 영산이 천막 교회에서 목회할 때 성령은 그가 장차 온 천하에 다니며 복음을 전하게 될 것이라고 말씀해 주셨다. 영산은 성령 하나님으로부터 들은 음성에

444) 조용기, "성령의 인도함을 받는 삶," 〈순복음의 말씀〉 제279호(1984. 2. 5.).

대해 다음과 같이 말한다.

> 제가 대조동에서 목회할 때 이 *음성*을 수차례 들었습니다. 천막을 치
> 고 가마니를 깔고 처참한 상황입니다. 완전히 가난이 철철 흐르고 먹
> 고살지도 못하는 사람들이 몇 사람 모여 앉아서 예배를 드리고 하는
> 데 기도를 하면 하나님이 저보고 일어나서 팔을 펴라고 합니다. 그래
> 서 제가 팔을 펴니까 천막 안을 빙 돌면서 뛰라고 하십니다. 그래서
> 그때는 아무것도 모르기 때문에 시키는 대로 천막 안을 도니까 하나
> 님이 "장차 네가 온 천하만국을 비행기를 타고 돌아다니며 복음을 전
> 할 것이다"라고 말씀하셨습니다. 그 음성을 듣고 저는 털썩 주저앉았
> 습니다. "지금 사흘에 죽 한 그릇도 못 먹는 처지에 세계를 다니면서
> 복음을 전하다니 말도 안 되는 소리다. 사탄아 물러가라!"고 생각했
> 습니다. 그런데 그 이후로 또 기도하면 하나님께서 "장차 영어로 설
> 교할 기회가 많을 터이니 열심히 영어 공부하라"고 말씀하셨습니다.
> 저는 "한국말로도 겨우 몇 사람 앉혀 놓고 설교하는데 제가 무슨 영
> 어로 설교를 한단 말입니까?"라고 기도했지만 하나님께서는 계속 영
> 어로 설교할 준비를 하라고 말씀하셨습니다. 그래서 행여나 싶어서
> 열심히 영어를 공부했는데 하나님께서는 1970년대부터 시작해서 지
> 금까지 온 천하에 다니며 만민에게 복음을 증거하게 하셨습니다.[445]

영산은 성도들이 성령의 음성을 듣기 위해서는 다음과 같이 바른 마음
가짐을 가져야 한다고 상기시킨다. 첫째, 성령의 음성 듣기를 간절히 사모

---

445) 조용기, "성령님의 인도를 받는 길," 〈순복음가족신문〉 제1522호 (2009. 3. 22.). 필자의 강조.

하고 소원해야 한다. 둘째, 자신의 뜻대로 음성을 들으려는 자기 의견과 고집을 꺾어야 한다. 셋째, 안절부절못하는 마음을 가라앉히고 고요히 경청할 수 있는 시간을 내야 한다. 이렇게 고요한 마음으로 기다릴 때 성령의 음성을 들을 수 있다고 말한다.[446]

한마디로, 영산은 천막 교회의 처참한 환경에서 목회하고 있었지만, 성령 하나님께서는 장차 그가 온 천하를 다니며 복음을 전하게 될 것이라는 사실을 미리 음성을 통해 알려 주시며 그의 목회와 선교를 인도해 가셨다.[447]

(4) 묵시

영산은 묵시는 우리가 기도할 때 성령께서 갑자기 우리 마음속에 넣어 주시는 지식이라고 말한다.[448] 묵시는 기도하는 가운데 마음에 지시가 오고 깨달음이 오는 것이다.[449] 영산은 설교 후 대개 병자를 위해 기도하는 시간을 가졌고 기도 후 병이 나은 사람들을 말하였다. 영산은 자신의 마음에 성령의 지시가 온다고 말한다. 어떤 병이 나았다고 마음에 깨달음이 오는 것이다. 영산은 "지시를 주시는 것이 꼭 상관이 부하에게 명령하는 것과 같

---

446) 조용기, "성령의 인도함을 받는 삶," 〈순복음의 말씀〉 제279호(1984. 2. 5.).

447) 영산은 지구를 120바퀴를 돌면서 온 천하 만민에게 복음을 전하였다. 영산의 해외 성회는 매 집회마다 은혜와 감동이 넘치는 현장이었다. 수많은 사람들이 구원받고, 치료받고, 저주에서 해방되는 역사들이 나타났고, 대개 체험한 바를 사람들 앞에 나와 간증하는 시간이 있었다. 영산의 해외 성회의 생생한 현장은 FGTV나 DCEM을 통해 시청할 수 있다.

448) 조용기, "성령으로 인도함을 받으려면," 〈순복음의 말씀〉 제50호(1979. 9. 16.). 영산은 "묵시"가 지식의 말씀의 은사에 속하는 것으로 언급한다. 참조. 조용기, 『성령론』(1998), 154.

449) 영산은 "묵시"를 인간의 생각이 아닌 "하나님의 생각"이라고도 말한다. 조용기, "성령의 인도함을 받는 삶," 〈순복음의 말씀〉 제279호(1984. 2. 5.).

아서 마음에 지시가 떨어지면 제가 분명히 알게 됩니다"라고 고백한다.[450]

영산이 세계선교센터를 세운 일도 성령의 묵시를 받고 한 것이다. 이에 대해 영산은 다음과 같이 말한다.

> 내가 세계선교센터를 세운 것은 독일에서 부흥회를 한 후 독일 상공을 날으는 비행기 안에서 기도를 하는데, "너는 한국에 돌아가서 세계선교센터를 세우라. 그리고 온 세계만방의 주의 종들을 불러다가 훈련을 시켜라"는 묵시를 받았습니다. 터무니없는 소리처럼 생각되었습니다. 그들이 뭐가 답답해서 한국까지 비행기 타고 와서 훈련을 받겠습니까? 그러나 그 길로 와서 선교센터를 짓게 되니 이제 매년마다 천오백 명에서 이천 명의 외국 교역자들과 교회 지도자들이 와서 훈련을 받고 있지 않습니까?[451]

영산은 성령이 주시는 묵시에 즉각 순종하였고, 세계선교센터 건립 후 매년 많은 외국 교회 지도자들이 와서 훈련을 받고 세계 교회 성장에 큰 영향을 끼치게 되었다. 영산은 묵시가 올 때는 즉시로 "순종"해야 한다는 점을 강조한다. 만일 순종하지 않는다면 하나님의 역사는 결코 일어날 수 없다고 역설한다.[452]

---

450) 조용기, "성령님의 인도를 받는 길," 〈순복음가족신문〉 제1522호(2009.3.22.).

451) 조용기, "성령으로 인도함을 받으려면," 〈순복음의 말씀〉 제50호(1979.9.16.). 필자의 강조.

452) Ibid. 영산은 호주에서 성회를 인도할 때, 성령의 묵시를 받은 이야기를 전한다. 파업이 일어나 비행기가 뜰 수 없어 호텔에서 기도하는데, 갑자기 성령께서 자신의 마음에 다음과 같은 묵시를 주셨다고 한다. "너희 교회는 곧 10만 명이 된다. 10만 성도를 모실 수 있는 준비를 하여라." 당시 교인은 5만 명쯤 되었는데, 10만 명을 위한 준비를 하라는 묵시를 따랐더니 그 결과 10만 명의 성도가 되었다고 고백한다. Ibid.

(5) 마음의 평안

성령은 "마음의 평안"을 통하여도 인도하신다. 성령과 평안은 깊은 연관이 있다. 성령의 생각은 생명과 평안이고(롬 8:6), 성령의 열매 중 하나는 "평안"이다(갈 5:22). 그러므로 성령은 "마음의 평안"을 통하여 우리를 인도하신다. 영산은 말씀의 보증을 얻었다고 하여도 양심과 마음에 평안이 없으면 아직 하나님의 때가 오지 않은 것이라고 지적한다. 그러므로 영산은 말씀의 보증을 받은 후, 간절히 기도함으로 양심과 마음의 평안이 있는지 없는지를 살펴보라고 권면한다. 만일 마음에 평안이 없으면 아직 하나님의 때가 오지 않은 것으로 알고 마음의 평안이 올 때까지 기도하며 기다려야 한다고 역설한다.[453]

(6) 환경

성령께서는 환경을 통해서도 인도하신다. 이 경우는 어떤 특별한 계시를 받지도 않고 마음에 소원도 일어나지 않는데, 성령께서 환경으로 인도해 가는 것을 말한다. 영산은 성령께서 오갈 데가 없이 그 길밖에 갈 데가 없는 환경을 만드셔서 인도하신다고 말한다.[454]

영산은 서대문에서 여의도로 나올 때 이런 성령의 환경적 인도를 받아 나오게 되었다. 서대문에서 교회가 부흥하여 1만여 명이 예배를 드리니 하루 종일 교통이 마비가 되어서 더 이상 예배드리기 어려운 상황이 되었다. 또한 시경(市警)에서도 교통 체증으로 인해 더 이상 교회에서 예배를 드리면 안 되겠다고 강하게 나왔다. 영산은 이 중대한 문제를 놓고 하나님께 기

---

453)   Ibid.

454)   조용기, "성령님의 인도를 받는 길," 〈순복음가족신문〉 제1522호(2009.3.22.).

도하고 있었는데, 마침 그때 여의도가 개발되었고 모든 환경이 여의도로
갈 수밖에 없도록 몰아넣어 결국 여의도로 오게 되었다고 술회한다.[455]

여기서 한 가지 중요한 점을 언급하고자 한다. 영산은 성령의 다양한 인
도하심에 관해 성경 말씀의 보증을 구해야 한다는 점을 강조한다. 왜냐하
면 성경 말씀이 모든 계시의 최종 심판관이기 때문이다.[456] 따라서 성령의
인도를 받았으면 그 인도하심이 성경 말씀과 일치되는가를 반드시 살펴보
아야 한다고 지적한다.

요약하면, 영산은 60여 년의 목회 생활을 통하여 위와 같은 여러 가지 수
단을 통하여 "성령의 인도"를 받았다. 그리고 영산은 성령의 다양한 인도
에 "순종"함으로 하나님의 놀라운 역사를 체험할 수 있었고 세계 최대의
교회를 세울 수 있었다. 만일 영산이 성령의 인도하심을 의심한다거나 무
시하여 불순종히였다면 오늘의 여의도순복음교회는 결코 없었을 것이다.
오늘의 여의도순복음교회는 영산이 성령의 인도하심에 순종한 결과였다
고 말할 수 있다.

필자는 여기서 좀 더 깊이 생각해 볼 한 가지 점을 지적하고자 한다. 성
경적으로 볼 때 성령은 사람들(예를 들어 베드로, 바울, 빌립 등)을 통해 일
하셨다는 사실이다. 사람은 성령의 도구였다. 이것은 영산의 경우도 마찬
가지였다. 성령은 다양한 방법을 통하여 영산에게 지시하시며 그의 목회
를 인도해 가셨다. 그러므로 엄밀히 말하면, 영산의 목회는 영산이 한 것
이 아니라, 성령께서 영산을 통하여 친히 하신 것이라고 말해야 할 것이
다. 영산도 이 사실을 잘 알고 있다. 그래서 영산은 자신의 목회를 뒤돌아

---

455)   Ibid. ; idem, "하나님의 뜻 알기," 〈순복음가족신문〉 제1589호(2010. 8. 8.).

456)   조용기, "성령의 인도함을 받는 삶," 〈순복음의 말씀〉 제279호(1984. 2. 5.).

보며 이것은 결코 내가 한 것이 아니라 성령께서 하신 일이었다고 고백한 바 있다.[457]

본 장에서 다룬 내용을 간략히 요약하면, 영산은 하나님의 계시를 통하여 성령을 "인격적인 하나님"으로 깨달은 이후 실제의 일상생활에서 성령과 끊임없는 "인격적 교제"를 나누었다. 그는 성령과 끊임없는 인격적 교제를 통하여 다양한 방법으로 "성령의 인도"를 받을 수 있었다. 그리고 영산이 성령의 인도하심에 "순종"한 결과 세계 최대의 교회를 세울 수 있었다. 한마디로, "인격이신 성령 하나님"은 영산의 희망 목회의 "인도자"였다. 이처럼 영산 신학에서 "인격이신 성령 하나님"은 한 핵심적인 위치를 차지하고 있는 것이다.

---

457) 영산은 성역 40년을 회고하며, "40년 목회는 성령님의 사역이요 하나님의 은혜"였으며, "오직 예수님 오직 성령님 오직 하나님께서 하신 일"이었다고 고백하였고, 성역 50년을 회고하며, 50년 목회는 "하나님의 은혜와 예수님의 사랑 그리고 성령님의 인도하심"이었으며, "성령님께서 여의도순복음교회를 통해" 크게 일하신 결과였다고 고백하였고, 성역 60년을 회고하며, 60년 목회는 "오직 하나님의 은혜와 예수님의 사랑 그리고 성령님의 인도하심 때문"이었으며, "성령님과 함께해 왔던 60년"이었다고 고백한 바 있다. 참조. 여의도순복음교회 40년사 편찬위원회, 『여의도순복음교회 40년사』 (서울: 신앙계, 1998), "지난 세월"; 여의도순복음교회 50년사 편찬위원회, 『위대한 소명-희망 목회 50년: 여의도순복음교회 50년사』 (서울: 여의도순복음교회, 2008), "기념메시지"; 여의도순복음교회 60년사 편찬위원회, 『성령님과 함께 한 60년-고난과 영광의 여정: 여의도순복음교회 60년사』 (서울: 서울말씀사, 2018), "기념메시지". 위에서 영산이 여의도순복음교회의 사역이 "성령님의 사역"이었다 혹은 "하나님, 예수님, 성령님의 사역" 즉 삼위일체 하나님의 사역이었다고 언급하였는데, 영산이 "성령님의 사역"이었다고 성령님을 지명하여 말할 때는 그의 삼위일체 이해에 비추어 볼 때, 성령님께서 앞에 나서서 인도해 가신 사역이었다고 이해하면 될 것이다.

영산(靈山)

조용기 신학

성경, 십자가, 성령 중심의 희망

제7장
영산 신학의 지향점: 희망 나눔[458]

영산은 첫 목회지인 천막 교회에서부터 "삼중축복"의 복음을 힘차게 전했다. 왜냐하면 목회의 대상인 대조동 주민들은 죄와 가난과 질병으로 절망에 빠져 있었기 때문이다. 영산은 그들에게 "삼중축복"의 희망의 복음을 전하며, 그들을 "절망에서 희망으로" 이끌어 내었다. 영산은 이런 희망의 복음을 천막 교회에서뿐 아니라, 그의 목회 내내 온 힘을 다하여 전파하였다.

혹자는 영산이 개인적으로 복받는 것만 지나치게 강조한 나머지, 이웃에 대한 성도의 의무나 희생에 관해서는 소홀히 하였다고 비평하기도 하였다. 다시 말해, 영산이 이웃과 세상을 향해 봉사하고 희생하는 신자들이 되게 하지 않고, 개인주의적이고 이기주의적인 신자들이 되게 한다는 지적이다. 그러나 이런 비평은 영산의 신학을 바로 이해하지 못하고 하는 말이다.

영산은 자신의 신학적인 측면에서, 신앙의 완성적인 측면에서, 그리고

---

458) "희망 나눔"이라는 표현은 영산의 신학을 잘 드러내 주는 용어이다. 영산은 천막 교회 시절부터 하나님을 모른 채, 죄와 가난과 질병의 절망 속에 살아가는 사람들에게 희망을 주어 살려 내려고 힘썼다. 영산에게 "희망 나눔"이란 죄인들을 구원받게 하는 것이요, 병든 자들을 치료하고 돌보는 것이요, 가난한 자들을 구제하고 봉사하고 섬기는 것이다. 그러므로 영산이 행한 전도, 선교, 구제와 사회사업, 봉사와 섬김은 모두 "희망 나눔"이었다고 말할 수 있다.

자신이 목회하는 교회의 사명적인 측면에서, 궁극적으로 지향하는 바가 무엇인지 아주 분명하고 확고하게 역설하였다. 한마디로, 이 모든 것이 지향하는 곳은 바로 "희망 나눔"이었다.

1. 나누어 주는 신앙

영산은 순복음의 7대 신앙을 언급하면서 "나누어 주는 신앙"을 가장 마지막에 위치시켰다. [459] 이것은 그의 신학이 궁극적으로 지향하는 점이 바로 "나눔"에 있다는 사실을 단적으로 말해 주는 것이다. 영산은 하나님으로부터 받은 은혜와 축복을 궁극적으로 하나님과 이웃을 위해 나누어야 한다고 강조하면서 순복음의 나누어 주는 신앙이 무엇인지 다음과 같이 설명한다.

> 우리는 하나님께 받은 축복을 우리 속에서 묶어 버림으로 하나님의 축복을 스스로 부패시키지 말고 끊임없이 *이웃에* 나누어 줌으로 오히려 더 풍성하고 생명력 있는 축복의 열매를 맺어야 할 것입니다. 이 갈릴리 바다와 같은 순복음의 신앙은 하나님으로부터 받은 축복을 *먼저는 하나님께 드리고 나아가 이웃에게 드리는* 하늘나라 법칙의 *나누어 주는 신앙*인 것입니다. [460]

---

459)   나머지 6가지 신앙은 (1) 갈보리 십자가 신앙 (2) 오순절 성령충만 신앙 (3) 땅 끝까지 전하는 신앙 (4) 좋으신 하나님 신앙 (5) 병을 짊어지신 예수님 신앙 (6) 다시 오실 예수님 신앙이다. 참조. 조용기, 『오중복음과 삼중축복』, 12-29.

460)   조용기, 『5중복음과 삼박자축복』, 26. 필자의 강조.

이와 같이 영산은 하나님으로부터 받은 축복은 반드시 하나님과 이웃을 위하여 나누어야 한다고 분명히 말한다. 그는 우리가 주님으로부터 축복을 받는 목적은 오직 **나눔**과 **천국 건설**에 있다는 점을 거듭거듭 강조하며 확고히 전했다.[461] 한마디로, 영산 신학이 궁극적으로 지향하는 곳은 "희망 나눔"이다. 영산 신학은 "희망 나눔"으로써 비로소 완성에 이르게 된다.

2. 신앙의 완성으로서의 나눔

영산은 사람이 유년기, 청소년기, 청장년기, 그리고 노년기를 거치듯이, 우리의 신앙도 초보 단계에서 시작하여 완성 단계에까지 이르러야 한다고 주장한다. 그에 의하면, "신앙의 초보 단계"는 예수 그리스도를 구주로 믿고 "중생"하는 단계이다. 예수 그리스도의 십자가를 통하여 구습을 좇는 옛사람을 벗어 버리고 새 사람으로서 의롭고 거룩한 삶을 사는 단계에 들어선 것을 말한다. 그다음, "신앙의 중간 단계"는 "성령충만"의 단계이다. 영산은 성도는 중생의 단계에 머물러 있지 말고, 성령충만의 단계로 신앙이 성장해야 한다고 강조한다. 성령충만의 단계에 이르면 예수님의 십자가 대속의 은혜를 분명히 깨닫게 되고, 소망 중에 주를 찬송하면서 힘차게 신앙생활을 할 수 있게 된다. 영산은 성도는 반드시 성령충만의 단계로 신앙이 성장해야 한다고 언급한다. 그러나 이 단계에 머물러서는 안 되고 세

---

461) 다음의 설교들을 참조하라. 조용기, "사업을 통해 나타난 주의 영광," 〈순복음의 말씀〉 제59호(1979. 11. 18.); idem, "얕은 삶과 깊은 삶," 〈순복음의 말씀〉 제214호(1982. 11. 7.); idem, "가난해야 좋은 신자인가?," 〈순복음의 말씀〉 제215호(1982. 11. 14.); idem, "순복음의 메시지," 〈순복음의 말씀〉 제228호(1983. 2. 13.) 등.

번째 단계인 "원숙한 신앙의 단계"에 이르도록 힘써야 한다고 다음과 같이 역설한다.

> *원숙한 신앙의 단계*란 바로 이 *사랑의 단계*입니다. 성도라면 이 단계에 이르러야 합니다. 그러나 많은 성도가 개인의 은혜 체험에 머무르고 있음을 봅니다. 하나님께 용서받고 성령충만을 체험한 성도는 마음과 뜻과 성품을 다해 주 하나님을 사랑하고 더불어서 이웃을 자신의 몸처럼 사랑해야 합니다. 여기에는 대사회적인 문제, 증인으로서의 역할과 빛과 소금으로서의 역할이 포함되어 있습니다. 이 수평적인 문제를 해결하지 못한 사람은 원숙한 신앙인이라고 할 수 없습니다. [462]

영산에게 있어 "원숙한 신앙의 단계"는 먼저 "하나님을 사랑"하는 것이다. 하나님은 우리를 만드시고 구원해 주셨고 지금도 돌보고 계신다. 그러므로 성도는 무엇보다 마음과 뜻을 다하여 하나님을 사랑해야 한다. 그리고 "이웃을 사랑"해야 한다. 영산은 이웃을 위한 가장 진실한 사랑은 "복음 증거"라고 말한다. 성도는 이웃에게 가장 절실한 영혼 구원을 위해 복음을 전해 주어야 한다. 또한 영산은 이웃 사랑은 자신이 가진 것을 이웃에게 나누어 주는 것이라고 말한다. 영산은 오늘날 이 시대에 가장 필요한 부흥은 바로 "사랑의 부흥"이라고 다음과 같이 역설한다.

> 오늘날 세상이 이처럼 삭막하게 된 이유는 바로 사랑이 메말랐기 때

---

462) 조용기, "신앙의 삼단계," 〈순복음소식〉 제437호(1987. 2. 15.). 필자의 강조.

문입니다. 이러므로 이 시대에 가장 필요한 부흥, 가장 위대한 부흥은 *사랑의 부흥*입니다. 이 때문에 선교 2세기를 향해 나아가는 한국 교회가 제일 먼저 해야 할 일은 *사랑의 실천*입니다. 먼저 우리는 그동안 사랑이 없이 살아온 죄를 하나님 앞에서 회개해야 합니다. 그리고 나만 잘 믿고 나만 잘 살고 우리 교회만 잘 짓고 우리 교회만 장엄한 예배 의식을 잘 집행하면 된다는 생각을 우리 모두 버리고 힘을 합해 강도 만나서 길거리에 쓰러져 울고 있는 사람들에게 *사랑의 손길*을 베풀어 주어야 할 것입니다.[463]

이처럼 영산은 하나님으로부터 받은 축복을 구체적으로 이웃을 위해 나누어 주는 "사랑의 실천"을 역설하였다. 영산은 예수 그리스도의 십자가 대속의 은혜인 "삼중축복"을 한평생 힘차게 외쳤다. 그는 예수 그리스도를 만남으로 얻을 수 있는 이 기초적이고 근원적인 축복을 받으라고 힘차게 주장했다.[464] 그러나 영산의 강조는 축복을 받는 신앙에만 머물러 있지 말고, 축복을 받은 후에는 반드시 "성숙한 신앙"으로 나아가야 한다는 데 있다. 그에 있어 "성숙한 신앙"이란 이웃에게 "주는 신앙"으로 발전하는 것을 말한다. 영산은 "성숙한 신앙"을 가져야 한다고 이렇게 분명히 말한다.

성숙한 신앙, 생동하는 신앙을 갖기 위해서는 *나누어 주어야* 합니다. 영혼과 육체와 범사에 받은 하나님의 축복을 나만 누리겠다고 하면

---

463) 조용기, "종교냐 사랑이냐?," 〈순복음의 말씀〉 제301호(1984. 7. 8.). 필자의 강조.
464) 조용기, "축복을 구하는 것이 잘못인가?," 〈순복음의 말씀〉 제250호(1983. 7. 17.).

죽음의 신앙이 될 수밖에 없습니다. 기독교 복음은 받은 다음 내어 주어야 합니다. 성경은 "주라 그리하면 너희에게 줄 것이니 곧 후히 되어 누르고 흔들어 넘치도록 하여 너희에게 안겨 주리라"(눅 6:38)고 말씀하셨습니다. 우리가 영적으로 구원을 받았으면 다른 사람들의 영적 구원을 위해 기도하며 선교해야 할 것이요, 물질의 축복을 받았으면 가난한 이웃을 위해 받은 물질을 나누어 주어야 할 것이요, 건강의 축복을 받았으면 다른 사람들을 위해 건강을 사용해야 할 것입니다.[465]

이처럼 "성숙한 신앙"은 하나님으로부터 받은 축복을 이웃에게 아낌없이 나누어 주는 생활이다. 이 나누어 주는 삶이 "신앙의 완성 단계"인 "사랑의 단계"에 이르는 길이다. 영산은 "중생과 성령충만을 체험한 성도는 *사랑의 단계*에 이르러서 가정과 이웃과 사회를 위해 썩어지는 사랑의 밀알이 되어야" 한다고 확고히 말한다.[466]

한마디로, 영산은 하나님으로부터 받은 축복을 이웃을 위해 끊임없이 나누어 줌으로써 "신앙의 완성"에까지 이르러야 한다고 역설한다.

3. 여의도순복음교회의 사명

영산은 여의도 성전이 완공된 후 첫 주일 예배에서 "마게도냐로 건너와

465) Ibid. 필자의 강조.
466) Ibid. 필자의 강조.

서 우리를 도우라"라는 제목으로 설교하면서, 여의도순복음교회(당시, 순복음중앙교회)의 사명에 관하여 분명히 선언한 바 있다. [467] 이 역사적으로 뜻깊은 설교에서 영산은 성령의 음성이 자신의 영혼 속에 들려온다고 말하면서, 하늘로부터 내려오는 여의도순복음교회의 사명에 대해 힘차게 외쳤다. 그는 네 가지의 사명에 대해 전했다. 첫째로, 우리는 전 세계 교회의 외침에 귀를 기울여야 한다. 한 마게도냐 사람이 바울에게 간청하듯, 전 세계 교회가 우리를 도와 달라고 외치는데, 그것은 바로 "성령의 메시지"를 전해 달라는 간절한 외침이다. 우리는 한국과 전 세계의 교회에 성령에 대해 바로 전함으로, 교회들이 교회 안에 와 계신 성령을 모셔들이고 성령을 인정하며 성령의 무지에서 깨어나게 해야 한다. 둘째로, 우리는 일반 대중의 외침에 귀를 기울여야 한다. 일반 대중은 예수 그리스도의 구원의 복음을 전해 달라고 외치고 있다. 예수 그리스도의 복음은 지금 죄 사함과 병 고침과 삶의 절망에서 건짐을 받게 하는 희망의 복음이다. 우리는 "지금의 예수"를 전하는 사명을 받았다. 셋째로, 우리는 사회 계층의 외침에 귀를 기울여야 한다. 우리 교회는 착한 사마리아인처럼 참된 이웃이 되어 가난한 사람, 소외된 사람, 절망에 처한 사람을 돕고 구원하는 일에 앞장서야 한다. 넷째로, 여의도순복음교회를 세운 것은 온 땅 끝까지 선교사들을 보내기 위함이다. 하나님이 우리에게 세계 선교의 사명을 주셨다. 우리의 아들들과 딸들이 예수 그리스도의 복음을 들고 온 세계로 나가야 한다.

---

467) 이 설교는 1973년 8월 19일 2부 예배 시 선포된 것으로, 유튜브(YouTube)에서 참조하였다. 설교 본문은 사도행전 16장 6-10절이었다. 조용기, "마게도냐로 건너와서 우리를 도우라," 여의도순복음교회 성전 완공 첫 주일 예배 설교(1973. 8. 19.), https://www.youtube.com/watch?v=D-G-6qqJ04g (2023년 3월 10일 접속).

영산이 여의도순복음교회의 사명이라고 외친 설교를 다음과 같이 순서를 바꿔 정리할 수 있다. (1) 우리 민족에게 지금 죄 용서와 치료와 삶의 용기와 희망을 주는 예수 그리스도의 복음을 전하여 민족 복음화에 힘써야 한다. (2) 땅 끝까지 선교사들을 보내며 세계 선교의 사명을 감당해야 한다. (3) 가난하고 소외된 사람들의 참된 이웃이 되어 그들을 구제하고 도와주는 일에 앞장서야 한다. (4) 국내와 세계에 성령에 대해 분명히 전하며, 성령의 역사로 교회를 일깨워야 한다. 영산은 이 네 가지가 하나님께서 여의도순복음교회를 세우신 목적이요 사명이라 확신하며, 이를 실천하기 위해 온 마음과 정성과 힘을 쏟아부었다.

한마디로, 여의도순복음교회의 존재의 목적과 사명은 우리 민족의 복음화와 세계 선교[468] 그리고 국내외에 구제 활동과 성령 운동을 전개하는 데 있다.

4. 나눔의 실천

영산은 목회 내내 "삼중축복"의 복음을 피맺히도록 전하며, 성도들에게 예수님이 십자가에서 고난당함으로 우리에게 가져다주신 대속의 은혜인 "삼중축복"을 마땅히 받아 누려야 한다고 강조하였다. 먼저는 영혼이 잘되어야 하고, 그다음은 범사가 잘되고, 강건한 것이 하나님의 뜻이라고 단호하게 외쳤다. 여의도순복음교회의 "희망 나눔" 사역 역시, 이 세 영역

---

468) 영산은 이 설교 후, 약 10년이 지난 1983년 7월의 설교에서 순복음중앙교회의 사명이 바로 세계 선교에 있음을 다시 강력하게 외쳤다. 조용기, "순복음중앙교회의 사명," 〈순복음의 말씀〉 제252호(1983. 7. 31.).

에서 구체적으로 실천되었다. 이 "희망 나눔" 사역은 너무나 방대하여 여기서 다 언급할 수 없으므로 주요한 내용을 중심으로 간략히 언급하고자 한다. [469)]

1) 영적 축복의 나눔: 전도와 선교[470)]

여의도순복음교회가 영적으로 받은 축복은 잃은 영혼들을 구원하는 일로 실천되었다. 여의도순복음교회는 교회가 성장함에 따라 "여선교회", "남선교회" 등 여러 기관들이 세워졌고, 이런 기관들을 통하여 "노방 전도", "구치소 전도", "문서 전도", "병원 전도" 등 다양한 전도 활동이 전개되었다. 또한 구역장들을 훈련하여 전도하게 함으로 수많은 사람들을 주님께로 인도하였다. 더 나아가 신문, 잡지, 라디오, TV, 케이블, 인터넷 방송

---

469) 여의도순복음교회의 상세한 "희망 나눔" 사역에 관하여는 다음의 자료들을 참조하라. 여의도순복음교회 40년사 편찬위원회, 『여의도순복음교회 40년사』 (서울: 신앙계, 1998); 여의도순복음교회 50년사 편찬위원회, 『위대한 소명-희망 목회 50년: 여의도순복음교회 50년사』 (서울: 여의도순복음교회, 2008); 여의도순복음교회 60년사 편찬위원회, 『성령님과 함께 한 60년-고난과 영광의 여정: 여의도순복음교회 60년사』 (서울: 서울말씀사, 2018).

470) 필자는 현대 선교학의 선교 개념을 따라 "전도"와 "선교"를 구분하여 사용하고자 한다. "전도"는 동일 문화권인 자국인에게 복음을 전하는 것으로, "선교"는 문화의 경계를 넘어 타 문화권의 사람들에게 복음을 전하는 것으로 구분하여 사용하고자 한다. "교회 성장 운동의 아버지"라고 불리는 도날드 맥가브런(Donald A. McGavran) 박사도 "선교"는 복음을 문화권을 넘어 전하는 것이라고 정의한다. 참조. 아더 글라서, 도날드 맥가브런, 『현대 선교신학』, 고환규 역 (서울: 성광문화사, 1985), 50. 예를 들어, 한국인이 국내에 있는 우리 국민에게 복음을 전하는 것은 "전도"이다. 그러나 한국인이 일본이나 대만에 가서 일본인과 대만인에게 복음을 전하는 것은 "선교"이다. 또한 국내에 들어와 있는 네팔 사람이나 베트남 사람에게 복음을 전하는 것도 역시 "선교"이다. 왜냐하면 타 문화권의 사람들에게 복음을 전하는 경우이기 때문이다.

등 "매스컴을 통한 전도" 활동도 활발히 펼쳤다. 1964년 〈순복음지〉(〈순복음의 말씀〉과 〈순복음가족신문〉 전신)를 발간함으로 문서를 통한 전도가 더 활발히 전개되었다. 1966년 "순복음문서전도회"를 창립한 후, 『신앙계』를 창간하여 우리 민족의 영혼 구원과 성도들의 신앙 성장에 지대한 영향을 끼쳤다. 1968년 9월, 극동방송을 통하여 "순복음의 시간"이 방송되었고, 1988년 12월 10일, 세계 개신교 역사상 최초의 기독교 일간지인 〈국민일보〉를 창간하여 우리 민족 복음화에 큰 역할을 하였다.[471] 그리고 1997년 5월에 "정보통신선교회"가 창립되면서, 같은 해 6월 9일 여의도순복음교회 홈페이지[472]가 개설되어 국내뿐만 아니라 세계 어느 곳에서든지 영산의 메시지를 접할 수 있게 되었다. 또한 1998년 12월, "순복음인터넷방송(FGTV)"[473]이 개국되어 국내와 전 세계 어디서나 24시간 영산의 메시지를 들을 수 있게 되었다. 더 나아가 영산은 교회 개척에도 사명을 가지고 "교회개척국"을 세우고, "500교회에서 5,000교회 개척"[474]이라는 원대한 비전을 추진하였다.[475]

여의도순복음교회가 받은 영적 축복은 왕성한 "선교" 활동으로도 실천

---

471) 여의도순복음교회는 〈국민일보〉를 유지, 경영하기 위하여 천문학적인 재정을 쏟아부었다. 영산이 여러 어려움 속에서도 이 신문을 포기하지 않고 끝까지 지원했던 것은 하나님의 지시로 시작된 일이라고 확신했기 때문이다.

472) 주소는 http://yfgc.fgtv.com이다.

473) 주소는 http://www.fgtv.com/fgtv이다.

474) 그 내용은 1차로 남한에 500개의 교회를 세우고, 이를 토대로 통일 이후에는 북한 교회의 재건과 부흥을 통해 5,000개의 교회로 확대한다는 원대한 포부를 담고 있다. 이미 500개의 교회 개척은 이루어졌다.

475) 여의도순복음교회가 우리 민족의 복음화와 번영을 위하여 심혈을 기울였던 "나라와 민족을 위한 기도회"와 전국의 많은 도시에서 가졌던 대성회에 관하여는 여의도순복음교회 40년사, 50년사, 60년사를 참조하라.

되었다. 영산은 1964년에 처음으로 세계 선교 여행길에 올랐다. 미국 하나님의 성회 교단 창립 50주년 기념식에 한국 대표로 참석하였고, 약 2개월간 미국을 순회하며 성회를 인도하였다. 또한 1967년 6월에서 9월에 걸쳐 미국과 유럽과 아시아 선교를 위해 100여 일 동안 18개국 30여 도시에서 성회를 인도하였다.[476] 1974년 4월 20일, "순복음실업인선교회"가 설립되면서 그 산하에, 일본 선교회, 미주 선교회, 유럽 선교회, 아프리카 선교회, 러시아 선교회, 동남아 선교회, 서아시아 선교회, 중국 선교회, 인도지나 선교회, 남미 선교회 등이 설립되어 영산의 세계 선교에 큰 힘을 보태었다.[477] 1975년 4월, "세계순복음선교회"의 설립과 1976년 11월, "국제교회성장연구원(CGI)"이 설립됨으로 여의도순복음교회의 세계 선교는 더욱 지대한 영향을 끼치며 큰 결실을 맺게 되었다. 1978년부터는 "일본 1천만 구령운동"을 본격적으로 전개하였다.[478] 나아가서 2000년 3월, 영산의 선교 사역과 성령 운동을 지원하는 선교 전문 기구로 "DCEM(David Cho Evangelistic Mission)"이 창립되었다. DCEM은 2000년대부터 영산의 국내외 성회를 기획, 준비, 진행함으로 영산이 활발한 선교 활동을 펼치는 데 큰 도움을 주었다.[479]

---

476) 영산이 순회한 국가는 미국, 영국, 프랑스, 독일, 네덜란드, 덴마크, 스웨덴, 노르웨이, 그리스, 핀란드, 오스트리아, 벨기에, 이스라엘, 이란, 태국, 미얀마, 중국, 일본 등 18개국이었다.
477) 이 기관은 1996년 10월 30일, "순복음선교연합회"로 개칭하고, 산하에 여러 지선교회를 두어 영산의 선교 사역을 적극적으로 후원하였다.
478) 영산은 1978년 "일본으로 가서 일본을 복음화하라"는 성령의 음성을 듣고, 그 음성에 순종하여 본격적으로 일본 선교에 힘을 쏟았다.
479) 영산은 2021년 4월 30일 기준으로 세계 71개국, 390여 도시에서 선교 사역을 펼쳤고, 아시아 대륙에서 가장 많은 선교 사역을 하였다. 참조. 시가끼 시게마사, 『선교의 길에서 기적의 하나님을 만나다』 (서울: 좋은땅, 2021), 216. 영산의 세계 선교에 대한 보다 자세

이처럼 여의도순복음교회가 받은 영적 축복은 우리 동포에게는 다양한
"전도"로, 해외 타 문화권의 사람들에게는 왕성한 "선교"를 통하여 실천되
었다.

2) 범사의 축복의 나눔: 구제와 사회사업

여의도순복음교회가 범사에 받은 축복은 활발한 "구제와 사회사업"으로
전개되었다. 여의도순복음교회의 구제 활동은 1962년, "여전도회"를 중심
으로 전개되었다. 교도소, 병원, 결핵 요양원, 양로원, 고아원 등을 방문하
여 위문품을 전달하고, 선교비와 장학금을 지원하며 극빈층 성도들을 돌
보았다. 1980년, "사회사업선교회"가 정식으로 발족되면서 사회사업이 더
욱 활발하게 다방면에 걸쳐 전개되었다. "사랑의 손길 펴기 운동"이라는
표어 아래 보육원, 양로원, 갱생원, 소년원, 민간 교도소, 농아원 들을 방문
하여 그리스도의 따스한 사랑을 전하였다. 1982년 12월 14일, 농어촌선교
회 내에 "나누어갖기운동본부"를 설립하고 전 성도의 참여 속에 활발한 구
제 사역을 전개하였다. 이 운동은 많은 성도의 호응으로 1987년까지 32만
여 물품이 접수되었고, 전국의 고아원, 양로원, 도시 변두리 빈민촌, 농어
촌 교회 저소득층 가정, 국립 소록도 병원 등에 전달되었다. 그리고 1984
년부터는 "심장병 무료 시술 사업"을 시작하여 죽음의 기로에 선 국내외의
많은 사람에게 새 생명을 얻게 해 주었다.[480]

한 사항은 본 서 뒤편에 있는 부록 2(영산의 세계 선교 연표)를 참조하라.

480) 첫 시술은 경남 하동군에 사는 김영식 군이 받았다. 김 군은 당시 15세로서 손발의 끝,
      입술, 볼 같은 피부가 푸른빛을 띤 보라색이 되는 선천성 심장 질환인 "청색증"으로 고통
      을 당하고 있었다. 그는 1984년 4월 19일 진행된 수술이 성공적으로 이루어져 새 생명을

또한 사회 구제 사업이 교회가 감당해야 할 사명임을 깊이 인식하고 건강하고 밝은 사회 건설을 위해 1988년 9월 5일, "엘림복지타운"을 건립하고, 엘림 경로원, 엘림직업전문학교, 엘림선교원,[481] 엘림요양원을 개원하여 운영하고 있다. 1992년 9월 15일부터 "은혜의 빵 나누기 운동"을 전개하여 국내와 해외 곳곳에서 굶주림과 질병, 전쟁 등으로 극심한 고통을 겪고 있는 이웃들에게 그리스도의 사랑을 전해 주었다. 1999년 2월 26일, "굿피플"을 창립하고 활발한 구호 활동을 전개하였다. 예를 들어, "소망의 빛 나누기 운동"(2002.7~12.), "미얀마 재해 복구 사업"(2008~2012), "필리핀 카파스 시립병원 건설"(2009.10.8.), "아이티 대지진 긴급구호단 및 의료팀 파견"(2010.1.27~2.6.), "네팔 대지진 긴급구호 및 재난 의료팀 파견"(2015.4.29~5.4) 등이다. 나아가서 영산 성역 50주년을 맞이한 해, 영산의 제2기 사역으로 이웃 사랑을 전문적으로 실천하기 위해 2008년 3월 4일, "사랑과행복나눔재단"(현, "영산조용기자선재단")을 설립하였다. 이 재단은 어려운 환경에 처한 아동, 청소년, 여성, 장애인, 다문화 가정 등을 다방면으로 지원하는 사업을 펼치고 있다. 그리고 2012년부터는 사회 나눔 운동으로 성탄절 전에 "박싱데이"(Boxing Day) 행사를 진행하고 있다. 희망 박스는 취약 계층, 독거노인, 환경미화원, 기초생활 수급자, 장애인, 영세민, 다문화 가정 등에 전달되어 우리 사회의 소외된 자들에게 위로와 희망을 주고 있다.[482] 또한 2014년 세월호 사고로 고통과 슬픔에 빠진 안산시

얻게 되었다. 영산 성역 50주년이었던 2008년에는 심장병 환자 시술 인원이 4,000명을 넘어섰다.

481) "엘림선교원"은 3세에서 취학 전 어린이들의 신앙 교육과 조기 교육을 도와주는 기관이다.
482) 굿피플에서 2021년까지 활동한 자세한 내역(연차보고서)에 대해서는 https://www.goodpeople.or.kr/kor/news/annual-report.html을 통해 확인할 수 있다.

주민들을 위로하고 희망을 주기 위해 총 12회에 걸쳐 "안산 희망 나눔 프로젝트"(2014. 5. 27~2017. 4. 5.)를 진행하였다.[483]

3) 건강의 축복의 나눔: 봉사와 섬김과 자연 구원

여의도순복음교회가 받은 건강의 축복은 이웃과 사회를 위한 "봉사와 섬김"으로 나타났다. 필자는 지금까지 "나눔의 실천"에 관하여 언급하면서, 주로 여의도순복음교회 밖의 이웃을 위한 나눔을 소개하였다. 그러나 봉사와 섬김에 대하여는 여의도순복음교회 내부에 관한 봉사 중, 한 가지를 밝히고 싶다. 그것은 "교통 봉사 활동"이다. 많은 교회가 주일 예배를 위해 교회 주변에서 교통 봉사를 할 것이다. 그러나 여의도순복음교회는 "여의도"라는 지리적 위치와 여건상, 교통 봉사를 하기가 매우 힘든 곳이다. 매 주일 많은 성도들이 여의도 광장을 건너 예배에 참석했다. 그러므로 봉사자들은 이른 새벽부터 교회 주위뿐 아니라 교회로부터 멀리 떨어진 여의도 광장의 신호등이 있는 건널목까지 가서 봉사하였다. 봉사자들은 총알택시처럼 막 달리는 차들로부터 성도들을 보호하고, 성도들이 건널목을 무사히 건널 수 있도록 안내했다. 봄이나 가을에는 날씨가 좋아 다행이지만, 한겨울에는 여의도에 거센 바람이 몰아치기 때문에 너무 춥고 고통스럽다. 필자도 당시 종종 여의도 광장 가까이에서 버스에서 내려 여의도 광장을 지나 걸어서 교회까지 오는데, 겨울엔 매서운 추위로 몸을 잔뜩 움츠리고 걸어도 추웠다. 필자는 한 번 광장을 지나왔지만, 봉사자들은

---

483) 기타 여의도순복음교회의 다양한 "희망 나눔" 사역에 대해서는 부록 3(여의도순복음교회의 구제와 봉사 활동 연표)과 여의도순복음교회 60년사를 참조하라.

새벽부터 밤까지 같은 자리에 서서 그 매서운 추위를 견디며 성도들을 위해 봉사와 헌신을 한 것이다.[484] 그것도 한두 주일이 아니라 수년에서 수십년 동안 봉사한다는 것은 정말 남을 위한 봉사와 희생정신이 없었다면 하기 힘들었을 것이다.[485]

이제 여의도순복음교회의 교회 밖 이웃을 위한 봉사와 섬김에 대해 간략히 언급하고자 한다.[486] 여의도순복음교회는 1984년부터 불우한 청소년들이 꿈과 희망을 갖고 살아가도록 "사랑의 도시락"을 전달해 주었다. 매번의 봉사에는 50여 명의 자원봉사자들이 참여하여 청소년들에게 도시락을 무료로 나누어 주고, 각종 상담도 해 주었고, "한 가정 한 사람 결연 운동"을 통해 부모와 그리스도의 사랑을 경험하도록 보살펴 주었다. 1992년 10월 21일, "사랑나눔봉사회"가 발족되어 5명의 성도가 시작한 "의류 수집 운동"이 전교회적인 운동으로 확대되었다. 매주 교회 곳곳에 설치된 의류 수집함에 2톤 트럭 분량의 옷이 봉사자들에 의해 모였고, 이 의류들은 장애인들이 생활하고 있는 특수 교회 및 단체, 그리고 해외 난민에까지 전달되었다. 2001년 1월 11일, NGO 굿피플을 통해 "호스피스 사역"을 시작하였다. "호스피스 사역"은 죽음을 앞둔 말기 암 환우들에게 천국의 소망을 전하며 예수님의 사랑을 실천하는 일이었다). "순복음호스피스"에서 자

---

484) 여의도순복음교회는 2022년 10월 2일 주일 6부와 7부 예배를 통합하여 주일 저녁 예배로 드리기 전까지, 매 주일 7번 예배를 드렸다. 아침 7시에 1부 예배가 시작되어 두 시간 간격으로 예배를 드리고, 마지막 7부 예배는 저녁 7시에 드렸다. 봉사자들은 1부 예배 시작 훨씬 이전에 나와 기도하고 준비한 후, 미리 봉사처에 가서 봉사를 시작하였다.
485) 영산은 주일 아침 일찍, 여의도 광장을 지나 교회로 왔다. 차 안에서 영산은 묵묵히 교통 봉사를 하는 봉사자들을 볼 때마다 마음에 감동을 받는다고 강단에서 종종 언급하셨다.
486) 여의도순복음교회의 자세한 "봉사 활동"에 대해서는 부록 3(여의도순복음교회의 구제와 봉사 활동 연표)을 참조하라.

원봉사자 교육을 마친 봉사자들은 환자 가정으로 파견되는 가정 호스피스 사역, 용인샘물의집, 가나안복지원, 엘림복지원에서 실시되는 시설 호스피스 사역, 국립암센터 순천향병원 등 병원 호스피스 사역, 영등포 보건소, 중구 보건소 등의 호스피스 사역을 위해 파견되어 봉사하면서 절망에 처한 사람들에게 예수 그리스도의 사랑을 전하고 있다. "사회사업선교회"는 힘겹게 살아가는 독거노인이나 소년소녀가장의 주거 환경 개선을 위해 2004년 10월부터 "사랑의 집수리 운동"을 전개했다. 봉사에 참여한 성도들은 목공, 전기, 도배, 페인팅, 설비, 타일 등 건축 분야별 전문가들로 구성되었다.

또한 UN에 등재된 국제구호개발 NGO "굿피플"은 국내와 전 세계 어디든지 심각한 생존 위험에 처해 있는 이웃을 찾아가 가난 퇴치, 아동 보호, 질병 예방과 치료, 교육, 지역 개발, 긴급 구조와 구호 사업을 전개하고 있다. "굿피플땅끝아동지원센터"는 홀로된 아이들이 사랑과 보살핌 가운데 건강하게 성장할 수 있도록 그룹홈(공동생활가정) "천사의 집"과 "드림홈"을 건축해 주었다. 해외 구호 활동은 미얀마, 케냐, 필리핀, 네팔 등지에서 활발히 진행되었고, 이런 구조와 구호 활동에는 항상 많은 자원봉사자들이 참여하여 세계 각처에서 고통받고 있는 이웃을 섬겼다.

여기서 한 가지 지적하고 싶은 점은 영산이 "자연 구원"에도 깊은 관심을 갖고 실천했다는 것이다. 영산은 2005년 시무 예배에서, 사회악이나 자연악의 배후에는 궁극적으로 마귀가 있고, 또 그리스도의 십자가의 구원이 사회악이나 자연악의 제거에도 효력이 있으므로 적극적으로 "사회 구원"과 "자연 구원"의 사역을 해 나가자고 천명한 바 있다. 여기서 한 가지 분명히 해야 할 점은 영산의 이런 천명을 마치 그 이전에는 여의도순복음교회가 영혼 구원에만 집착하고 사회 구원이나 자연 구원에는 무관심했다는 것으로 받아들여서는 안 된다. 우리가 위에서 살펴보았듯이, 여의도순복음교회는 전 세계적으로 영혼 구원 사역과 함께 구제와 사회사업, 봉사 등 이웃 사랑을 실천하는 데 앞장서 왔다.

그리고 영산은 2005년 이전에도 이미 자연을 사랑할 것을 가르치며, "자연 구원"을 위해서도 힘써 왔다. 그는 1984년에 행한 설교에서 "자연 사랑"에 관해 이렇게 말했다.

> 우리는 자녀들에게 *자연을 사랑*할 것을 가르쳐야 합니다. 부강한 나라의 국민들은 자연을 지극히 사랑합니다. 하천이 부패해서 악취가 나고 꽃과 나무가 꺾여지고 짐승들이 사라진 나라의 백성은 절대로 잘 살지 못합니다. 백성의 마음이 황량한 나라일수록 자연이 황량합니다. 나는 구라파에 가서 비둘기들이 사람을 겁내지 않는 것을 보았습니다. 그것은 사람들이 자연을 훼손하지 않고 동물을 사랑한다는 것을 잘 말해 주고 있습니다.[487]

여의도순복음교회는 하나님께서 지으신 자연을 지키고 보존하기 위한 목적을 가지고 1995년, "기독교환경운동선교회"를 창설하였다. 이 선교회는 "자연 사랑, 나라 사랑"이라는 표어 아래 환경 보호에 대한 국민 의식 선도 및 캠페인을 전개하는 등, 환경 보호 운동에 적극적으로 동참했다. 1997년 4월부터 환경 오염 행위를 목격하였을 경우, 누구나 손쉽게 신고할 수 있도록 "환경신문고"를 운영하기도 하였다. 2000년 3월 11일, "굿피플

---

487) 조용기, "신앙 중심의 가정생활," 〈순복음의 말씀〉 제293호(1984. 5. 13.). 필자의 강조.

환경선교국"과 "환경선교위원회"는 서울시로부터 여의도샛강생태공원의 운영권을 인계받아 "여의도샛강생태공원운영단"을 발족시켜 "자연 보호" 운동을 전개하기도 하였다.

요약하면, 영산은 한편으로는 예수 그리스도의 십자가의 대속의 은혜인 "삼중축복"을 깨닫고 받아 누리라고 집요하게 외치면서, 다른 한편으로는 받은 축복을 이웃을 위해 나누어야 한다고 역설하며, 국내와 전 세계 처처에서 "희망 나눔" 사역을 활발히 펼쳤다. 영산이 "희망 나눔"을 실천한 것은 그의 신학이 지향했던 궁극적인 지점이요, 신앙의 완성을 이루는 길이요, 여의도순복음교회의 존재의 이유와 필연적 사명이었기 때문에 지극히 당연한 일이었다.

제8장
영산 신학의 특징

1. 성경과 체험과 삶의 일체

영산 신학에 있어 "성경"과 "체험"은 서로 분리할 수 있는 것이 아니다. 왜냐하면 영산은 "체험"을 "성경 말씀" 그대로의 체험으로 규정하기 때문이다. 영산에게 "성경 말씀" 위에 선다는 것은 "성경 말씀" 그대로의 "체험"을 가진다는 것을 의미한다. 영산은 목회 내내 수많은 신앙 체험을 하였고, 성도들에게도 체험적인 신앙을 가져야 무기력한 신앙생활에서 벗어나 생동하는 신앙생활을 할 수 있다고 강력히 외쳤다.

그런데 여기서 한 가지 분명히 해야 할 점은 영산이 말하는 "체험"은 성경을 떠난 어떤 특별한 신비 체험[488]을 말하는 것이 아니라는 것이다. 영산이 강조하여 말하는 "체험"은 "성경 말씀" 자체를 그대로 체험하는 것을 가리킨다. 다시 말해, "성경 말씀"을 성도의 "삶"에서 그대로 "체험"하고 "생활화"해야 할 것을 강조하는 것이다. 이처럼 영산 신학에 있어 "성경"과 "체험"과 "삶"은 일체를 이루고 있다. 이것은 목회 초기부터 자연스럽게 영산 신학의 한 주요 특징으로 자리 잡게 되었다.

---

488) 영산은 성경 말씀을 통해서 하나님을 만날 수 있는데, 성경 말씀을 떠나서 어떤 신비한 체험을 하려고 하면 시험 들 때가 많다고 지적한다. 조용기, "말씀을 가슴에 달고 살아라," 〈순복음가족신문〉 제1795호(2014. 11. 9.).

영산은 하나님의 말씀은 보통 책이 아니라, "하나님의 능력"이요 "하나님의 생명"[489]이 들어 있는 말씀으로 성도들이 일상생활에서 그 유익을 누려야 한다고 다음과 같이 강조하여 말한다.

> 하나님의 말씀은 골동품이 아닙니다. 우리의 먹고, 입고, 마시고 사는 모든 생활을 변화시켜 주시고, 도와주시고, 행복을 가져다주는 수단입니다. 그러므로 우리는 하나님의 말씀을 매일 *읽고 묵상하고, 적용함*으로써 *말씀의 유익*을 찾아 누려야만 하는 것입니다. [490]

영산은 성경 말씀을 성도의 삶에서 누릴 수 있는 구체적인 실천 방법에 대해 말한다. 먼저, 위의 인용한 말씀에 언급되어 있듯이, 매일 성경 말씀을 읽고, 묵상하고, 생활 속에 적용하며 실제로 실천하는 것이다. 또한 영산은 성경 말씀을 성도의 생활 속에 적용하는 길이 "4차원의 영성"이라고 말한다. [491] 우선, 우리의 "생각"에 성경 말씀을 받아들여야 한다. [492] 영산은 하나님의 말씀에 하나님의 능력이 있기 때문에 그 말씀을 마음속에 간직하고 "상상"하면, 말씀이 우리 안에서 살아서 움직이기 시작한다고 역설한다. [493] 그리고 성경 말씀이 이루어진 모습을 내 마음속에 꿈꿔 보아야 한다. 우리는 분명한 "꿈"을 꾸고 항상 바라보아야 한다. 또한 꿈이 이루어질

---

489) 조용기, "하나님의 말씀," 〈순복음가족신문〉 제1811호(2015. 3. 8.); idem, "나의 피난처요 나의 요새요 나의 의뢰하는 하나님," 〈순복음가족신문〉 제1752호(2013. 12. 22.).

490) 조용기, "하나님의 말씀," 〈순복음가족신문〉 제1811호(2015. 3. 8.). 필자의 강조.

491) 조용기, "심은 대로 거둔다," 〈순복음가족신문〉 제1652호(2011. 11. 27.).

492) Ibid.

493) 조용기, "나의 피난처요 나의 요새요 나의 의뢰하는 하나님," 〈순복음가족신문〉 제1752호(2013. 12. 22.).

것을 믿어야 한다. 영산은 "믿음"이란 꿈을 믿는 것이라고 말한다.[494] 하나님은 우리의 "믿음"을 통해서 우리의 삶에 역사하신다. 나아가서 담대히 입술로 "고백"하면 말씀을 놀랍게 체험하게 된다.[495] 이처럼 "4차원의 영성"을 통하여 성경 말씀을 구체적으로 자신의 생활 속에 적용해서 이루어지게 할 수 있다.

영산은 "성령은 생각과 꿈과 믿음 그리고 입술의 고백을 통해 역사"하신다고 강조한다.[496] 하나님의 말씀은 살아 있고 활력이 있기 때문에, 우리가 하나님의 말씀을 생각하고 꿈꾸고 믿고 입술로 고백하면 성령이 역사하셔서 놀라운 말씀의 능력을 체험하게 되는 것이다.

한마디로, 영산 신학에 있어 "성경"과 "체험"과 "삶"은 서로 분리되는 것이 아니라 일체인 것이다. "성경"은 성도의 "삶"에서 그 말씀이 약속하고 있는 그대로 "체험"되어야 한다. 이렇게 영산 신학은 "성경"과 "체험"과 "삶"이 일체를 이루는 살아 있는 신학이다.

2. 절대 신앙

영산은 목회 현장에서의 생생한 신앙 체험을 통하여 하나님에 대한 "절대 신앙"을 갖게 되었고, 이 "절대 신앙"이 자연히 그의 신학의 한 특징으로 자리 잡게 되었다. 그는 하나님이 우리에게 요구하시는 것이 바로 "절대

---

494) 조용기, "성경적 삶의 방식," 〈순복음가족신문〉 제1629호(2011. 6. 12.).
495) 조용기, "나의 피난처요 나의 요새요 나의 의뢰하는 하나님," 〈순복음가족신문〉 제1752호(2013. 12. 22.).
496) Ibid.

신앙"이라고 단언한다.⁴⁹⁷⁾ 영산은 그의 목회를 통하여 4대 절대 신앙을 강조하였다.

1) 절대 긍정

영산은 가난과 질병으로 많은 고통을 겪으며 자랐고, 정규 교육도 제대로 받지 못해 그의 마음 한구석에 늘 열등감과 좌절감이 자리 잡고 있었다. 그런데 영산이 "절대 긍정"의 신앙을 갖게 된 결정적인 계기가 있었다. 영산은 목회를 시작할 때 기도원에서 금식하며 기도하던 중, 성령이 임하였고 성령께서는 "내가 시키는 대로 하라"고 하시면서, "너는 할 수 있다"라고 말씀해 주셨다. 영산은 이 말씀이 자신의 인생을 바꾸어 놓았다고 고백한다.⁴⁹⁸⁾ 그 후, 영산은 "할 수 있다"는 성경의 약속의 말씀들에 의지하여 "절대 긍정"의 신앙을 가지고 목회하였다. "내게 능력 주시는 자 안에서 내가 모든 것을 할 수 있느니라"(빌 4:13)는 말씀은 영산의 "절대 긍정" 신앙의 한 핵심 구절이 되었다.

영산은 성도가 긍정적일 수밖에 없는 이유를 언급하였다. 먼저 하나님은 전지전능, 무소부재하시고 사랑과 의와 진리이시기 때문에 하나님께는 부정적인 면이 없다. 또한 예수님의 십자가 대속의 은혜와 하나님의 약속의 말씀이 있기 때문이다. 나아가서 천국에는 죄 용서와 성령충만과 치료와 형통과 재림의 은총이 있기 때문이다.⁴⁹⁹⁾

---

497)　조용기, "죽으면 죽으리이다," 〈순복음가족신문〉 제1749호 (2013. 11. 24.).

498)　2013년 2월 21일, 한세대학교에서 열린 제1회 "한세대 초청 아시아 청년 지도자 영성수련회"에서 설교하신 내용이다.

499)　조용기, "긍정적인 생각의 축복," 〈순복음의 말씀〉 제270호 (1983. 12. 4.).

영산은 "절대 긍정"의 신앙에 있어, "생각"의 중요성을 강조한다. 그는 에베소서 3장 20절을 자주 강조하여 말하였다. "우리 가운데서 역사하시는 능력대로 우리가 구하거나 생각하는 모든 것에 더 넘치도록 능히 하실 이에게." 이 구절은 하나님께서는 우리의 생각을 따라 역사하시겠다는 약속의 말씀이다. 영산은 "우리 삶의 현실에서 형체를 입고 나타나는 모든 것은 우리 마음속에 생각의 형태로 있었기 때문"이라고 지적한다.[500] 다시 말해, 과거에 우리가 한 생각은 지금 우리의 현실로 나타나 있고, 지금 우리가 하고 있는 생각은 미래에 그대로 나타난다는 말이다. 이처럼 영산은 "내 생각 속에 과거와 현재와 미래가 다 실현되는 것"이라고 역설한다.[501] 그러므로 영산은 성도가 현재 "긍정적인 생각"을 갖는 것이 매우 중요하다고 상기시킨다. 그래야 미래에 그대로 실현되기 때문이다. 영산은 우리의 삶에는 밝은 면과 어두운 면이 함께 있는데, 밝은 면을 강조하며 좇아가면 행복과 기쁨이 넘치고 성공적인 삶을 살 수 있다고 주장한다.[502]

영산은 "절대 긍정"의 신앙에 있어 "말"의 중요성도 강조한다. 그가 자주 인용하는 성경의 한 구절은 잠언 18장 21절이다. "죽고 사는 것이 혀의 힘에 달렸나니 혀를 쓰기 좋아하는 자는 혀의 열매를 먹으리라." 영산은 모든 일을 항상 긍정적으로 바라보고 긍정적으로 말하며 목회하였다. 이런 영산의 "절대 긍정"의 태도에서 그가 만들어 낸 말들이 있다. 예를 들어, "내일은 오늘보다, 다음 달은 이번 달보다, 명년은 금년보다 좋아진다." 그리고 "할 수 있다. 하면 된다. 해 보자"와 같은 긍정의 말들이다. 영산은 긍정적인 말은 기적을 일으킨다고 주장하면서 말에 대단한 위력이 있다고

---

500) 조용기, "마음의 생각을 지켜라," 〈순복음가족신문〉 제1579호.(2010. 5. 30.).
501) Ibid.
502) 조용기, "새해에는 이렇게 살아보자," 〈순복음의 말씀〉 제122호(1981. 2. 1.).

분명히 말한다.[503] 영산은 "긍정적인 생각"과 "긍정적인 말"의 중요성을 다음과 같이 설명한다.

> 사람은 작은 차이로 큰 차이의 결과를 만들 수 있습니다. 바로 *긍정적인 생각*으로 긍정적인 말을 하느냐, 부정적인 생각으로 부정적인 말을 하느냐에 따라 성공적인 인생이 될 수도 있고, 비참한 인생을 만들 수도 있습니다.[504]

영산은 수렁에 빠진 삶을 재기하는 길은 긍정적으로 나가는 길밖에 없다고 잘라 말한다. 그 길은 "예수님의 십자가 밑에 나아와 과거를 용서받고 훌훌 털고 일어나 내일의 꿈을 향해 나아가는 삶"이라고 역설한다.[505]

한마디로, 영산은 언제나 "나는 할 수 있다"는 절대 긍정의 신앙 고백으로 목회와 선교에 임하였고, 이 "절대 긍정"의 신앙은 언제나 영산을 "할 수 있는 사람"으로 만들어 주었으며 그 결과 하나님의 큰 역사를 일으키게 된 것이다.

2) 절대 믿음

영산의 "절대 믿음"의 신앙은 목회 초기인 천막 교회에서부터 시작되었다. 그는 천막 교회의 처절한 절망적 현장에서 부르짖어 기도하다가 하나님을 "좋으신 하나님"으로 깨달은 후 좋으신 하나님을 무한대로 믿기로 작

---

503)   조용기, "항상 긍정적으로," 〈순복음가족신문〉 제1615호(2011. 2. 27.).
504)   조용기, "마음의 생각을 지켜라," 〈순복음가족신문〉 제1579호(2010. 5. 30.). 필자의 강조.
505)   조용기, "긍정만이 사는 길이다," 〈순복음가족신문〉 제1521호(2009. 3. 8.).

정했다. 영산의 이런 "절대 믿음"의 신앙은 목회 내내 지속되었다.

성경은 "믿음은 바라는 것들의 실상"이라고 정의한다(히 11:1). 여기서 "바라는 것들"은 마음의 소원이나 꿈이다. 영산은 마음속에 바라는 소원과 꿈이 믿음의 출발점이라고 말한다.[506] 따라서 영산에게 있어 믿음은 "마음으로 소원하는 것이 이루어졌다고 생각하고 그 모습을 상상하며 바라보는 것"이다.[507] 다시 말해, 믿음은 "아직 없는 것을 있는 것같이" 마음에 그려 보고 바라보는 것이다.[508]

영산은 믿음이 없는 사람은 없다고 잘라 말한다. 왜냐하면 하나님께서 각 사람에게 나누어 주신 믿음의 분량이 있기 때문이다(롬 12:3). 영산은 우리의 믿음은 성장한다는 점을 지적한다. 믿음은 하나님의 말씀을 듣고 읽을 때 자란다(롬 10:17). 또한 성령으로 충만할 때 성령께서 우리의 믿음을 강하게 만들어 주신다. 나아가 예수님의 사랑을 깨달을수록 우리의 믿음은 성장한다고 말한다. 그리고 믿음은 사랑으로 말미암아 역사한다. 이처럼 영산은 믿음과 사랑은 항상 함께 있는 것이라고 지적한다.[509]

또한 영산은 믿음은 "마음의 결단"이라고 말한다. 믿음은 "마음의 결단

---

506) 조용기, "성경적 믿음이란 무엇인가?," 〈순복음가족신문〉 제1587호(2010.7.25.).

507) Ibid.

508) 영산은 이것을 서대문에 나와 두 번째 목회를 하면서 배웠다고 고백한다. 서대문의 1,500석의 교회를 채우려니 정신이 아득했다. 그러나 영산이 기도할 때 하나님께서는 "없는 것을 있는 것같이 부르라. 1,500명의 성도가 없음에도 불구하고 1,500명의 성도가 꽉 들어차 있는 것으로 보고 믿고 말하라"고 말씀해 주셨고, 영산은 1,500명의 성도가 앉아서 설교를 듣고 박수를 치는 것을 그리며 설교했다. 그 결과 1년 만에 1,500석 성전이 가득 차게 되었다고 밝힌다. 이런 경험을 통하여 영산은 믿음이란 "없는 것을 있는 것같이 바라보는 것"임을 분명히 깨닫게 되었다고 고백한다. 조용기, "참믿음," 〈순복음가족신문〉 제1797호(2014.11.23.).

509) 조용기, "어떻게 믿어야 하는가?," 〈순복음가족신문〉 제1727호(2013.6.9).

을 내리고 눈에는 아무 증거 안 보이고 귀에는 아무 소리 안 들리고 손에는 잡히는 것 없어도 그대로 실천하는 것"이라고 단호히 말한다.[510] 영산은 스스로 이런 믿음을 가지고 마음의 결단을 내리고 담대히 실천하며 목회를 하였다. 영산은 여의도에서 세 번째 목회를 시작하려고 할 때 주위의 많은 사람들은 여의도로 가서는 안 된다고 만류하였다. 그러나 그는 여의도로 가는 것이 하나님의 뜻임을 확신하고, "마음의 결단"을 내리고 여의도에 교회 건축을 시작하였고 수많은 고통을 겪었지만, 하나님의 역사하심으로 교회를 완공하게 되었다. 이렇게 영산은 하나님의 뜻임을 확신하면 주변의 어떤 반대에도 불구하고 믿음으로 마음의 결단을 내리고 실행하였다.

영산은 하나님의 능력이 나타나면 결단을 내리겠다는 생각은 잘못된 것이라고 지적한다. 믿음이 아무리 작은 것이라도 **먼저** 결단을 내리고 행함으로 나타내 보일 때 하나님의 역사가 뒤따르는 것이라고 말한다.[511] 이처럼 영산은 믿음은 반드시 행함으로 나타나야 한다는 점을 강조한다. 행함이 없는 믿음은 죽은 것이기 때문이다(약 2:17). 영산은 "하나님은 우리가 믿음의 행동을 보일 때 기적을 행하시고 역사해" 주신다고 역설한다.[512]

영산은 믿음의 성취에 있어 성도가 간과하지 말아야 할 중요한 점을 지적한다. 그것은 우리의 믿음이 그냥 평탄하게 이루어지는 것이 아니라 반드시 "시련"을 통하여 성취된다는 것이다. 그러므로 믿음을 가지고 나아갈 때 다가오는 시련과 환경에 흔들리지 말고 극복해 내야 한다. 이를 위해 영산은 시련을 바라보지 말고 하나님의 말씀에 서야 하고, 성령의 도우심을 간구해야 한다고 권면한다. 영산은 이런 과정에서 필요한 것이 "인내"

---

510)　조용기, "믿음에 실패하는 이유," 〈순복음의 말씀〉 제303호(1984. 7. 22).
511)　조용기, "보이는 믿음과 행함," 〈순복음의 말씀〉 제34호(1979. 5. 27).
512)　조용기, "참믿음," 〈순복음가족신문〉 제1797호(2014. 11. 23.).

라고 말한다. 그는 믿음과 인내와의 관계를 다음과 같이 설명한다.

> *믿음*은 하나님의 때가 이를 때까지 *인내*하며 기다리는 것입니다. 우
> 리가 도중에 믿음을 포기하지 말고 끝까지 희망을 가지고 기다리면
> *하나님의 때*는 반드시 옵니다.[513]

요약하면, 영산은 천막 교회 시절부터 좋으신 하나님과 하나님의 말씀
을 굳건히 믿고, 원대한 꿈을 품고 그것이 이미 이루어진 모습을 바라보며
목회를 하였고, 하나님께서는 영산이 품었던 꿈대로 다 이루어 주셨다. 영
산이 꿈을 이룬 것은 어떤 환경에서도 좌우로 치우치지 않고 하나님과 그
의 약속의 말씀을 확고히 믿고 담대히 실천했던 그의 "절대 믿음"의 신앙
때문이었다. 다시 말해, 영산이 세계 최대의 교회를 세우게 된 것은 그의
"절대 믿음"의 신앙의 결과였다고 말할 수 있다. 이처럼 "절대 믿음"의 신
앙은 영산 신학의 한 특징을 이루고 있다.

3) 절대 희망

영산의 "절대 희망"의 신앙도 첫 목회지인 천막 교회에서부터 시작되었
다. 필자가 앞에서 언급하였듯이 영산의 목회 대상자인 대조동 주민들은
거의 절망에 빠진 사람들이었다. 영산은 그들을 살려 내기 위하여 부르짖
어 기도하며 성경을 읽다가 예수님의 목회 사역이 군중들에게 "희망"을 주
는 사역임을 깨닫게 되었다. 예수님은 죄인들의 죄를 용서하실 뿐 아니라,

---

513)   조용기, "호수 저편으로 건너가자," 〈순복음가족신문〉 제1546호 (2009. 9. 20.). 필자의 강조.

병든 자들을 고쳐 주시고 배고픈 자들을 먹여 주시며 사역을 하셨다. 영산
도 예수님의 목회를 따라 절망에 처한 사람들에게 희망의 메시지인 "삼박
자 축복"을 힘차게 외치기 시작했다. 그러자 대조동 주민들과 천막 교회의
성도들은 점차 희망을 갖고 기도하기 시작했고 절망에서 벗어나게 되었
다. 영산은 천막 교회의 목회에서 절망에 처한 사람들에게는 희망을 주어
일으켜야 한다는 사실을 절실히 깨달았다.

영산은 "절대 희망"의 근거는 삼위일체 하나님이라고 말한다. 하나님은
사람을 창조하실 때 절망적인 존재로 만들지 않고 만물을 다스리는 왕 같
은 희망적인 존재로 만드셨다. 그 하나님이 우리와 함께 계시니 우리는 희
망을 가질 수밖에 없다. 또한 예수님의 십자가의 대속도 우리가 희망을 가
질 수 있는 근거이다. 예수님을 믿고 구원받은 성도들은 십자가의 대속의
은혜인 오중복음과 삼중축복을 누릴 수 있기 때문이다. 더 나아가 성령이
우리 속에 보혜사로 함께 계셔서 우리를 위로해 주시고 인도해 주시기 때
문에 우리는 희망을 가질 수 있다. 이처럼 영산은 삼위일체 하나님이 우리
를 감싸고 계시므로 우리는 희망을 갖지 않을 수 없다고 역설한다.[514]

영산은 기독교는 온 전체가 희망이요, 기독교의 복음은 "희망의 복음"이
요, 예수님은 종교가 아니라 "희망"이라고 역설한다.[515] 따라서 성도들을
향한 하나님의 뜻은 일생을 살면서 재앙이 아니라 희망을 누리며 사는 것
이다. 영산은 어떤 환경에서도 희망을 생각하고 희망을 꿈꾸고 희망을 믿
고 희망을 말하라고 역설한다. 그리고 희망의 예수님이 성도 안에 계시니
성도는 이 세상에서 "희망의 등불"이 되어 살아가야 한다고 권면한다.[516]

---

514)   조용기, "나에게 희망이 있는가," 〈순복음가족신문〉 제2043호 (2019. 12. 1.).

515)   조용기, "허망이냐, 희망이냐," 〈순복음가족신문〉 제1771호 (2014. 5. 11.).

516)   Ibid.

영산은 하나님으로부터 "희망의 전도자"가 되라는 사명을 받았다. 영산의 목회 현장은 대개 가난하고 헐벗고 병든 절망에 처한 사람들이었기 때문에 그는 운명적으로 "희망의 복음"을 전하지 않을 수 없었다. 그래서 영산은 "희망의 복음"인 오중복음과 삼중축복의 메시지를 개발하여 피맺히도록 전한 것이다. 영산이 "희망의 복음"을 힘차게 외치자 희망을 바라던 수많은 사람들이 구름 떼같이 몰려왔고, 그 결과 세계 최대의 교회를 이루게 된 것이다.[517]

한마디로, 천막 교회의 시작부터 목회를 마칠 때까지 영산의 가슴속에는 온통 "희망"으로 가득 차 있었다. 영산은 항상 "희망"을 바라보고, "희망"이 이루어질 것을 믿으며 나아갔고, 결국 그의 모든 희망을 성취할 수 있었다. 이처럼 "절대 희망"은 영산 신학의 한 특징을 이루고 있다.

4) 절대 감사

영산은 천막 교회부터 시작하여 서대문과 여의도 시대를 거치며 수많은 고통과 환난을 경험하며 목회를 하였다. 영산은 이런 많은 고난을 겪으면서 고난이 다름 아닌 하나님의 축복을 가져오는 수레가 된다는 사실을 절실히 깨달았다. 그는 이런 깨달음을 통하여 어떤 환경에서도 감사해야 한다는 "절대 감사"의 신앙을 갖게 되었다. 성경은 감사가 하나님을 영화롭게 하는 제사이므로, 감사하는 자에게 하나님의 구원을 보여 주시겠다고 말씀하신다(시 50:23). 영산은 감사는 하나님의 구원과 능력을 나타내

---

517) 조용기, "희망을 주시는 예수님," 〈순복음가족신문〉 제2063호(2020. 4. 26).

는 스위치라고 말한다.[518] 하나님의 구원과 능력이 오기를 원하면 감사하면 된다. 영산은 우리가 사람들로부터 받은 은혜에도 감사해야 하지만, 근본적으로 하나님으로부터 받은 은혜에 감사해야 한다고 지적한다.[519] 하나님은 독생자를 주시기까지 이 세상을 사랑하셨고, 독생자 예수님은 우리를 구원하시기 위해 십자가에 못 박혀 몸을 찢으시고 피를 흘려 주셨다. 영산은 이런 하나님의 은혜로 구원을 받게 되었으니, 이 귀한 은혜를 잊지 말고 하나님의 은혜에 늘 감사하는 자가 되어야 한다고 강조한다.[520]

또한 영산은 성도가 "범사에 감사해야 한다"(살전 5:18)고 강조한다. 여기서 "범사"는 모든 상황을 말한다. 따라서 "범사에 감사하라"라는 것은 좋은 일이나 안 좋은 일이나 다 감사하라는 말씀이다. 영산은 "하나님은 전지전능 무소부재 하시기 때문에 좋은 것은 좋아서 감사하고, 나쁜 것은 좋게 만들어 주실 것"이므로 하나님을 믿고 감사하라고 권면한다.[521] 나아가 영산은 "고난"도 감사로 받아들여야 한다고 주장한다. 왜냐하면 고난은 우리를 성장하게 하는 "하나님의 선물"이기 때문이다.[522] 영산은 우리가 좋으신 하나님을 믿고 고난을 감사함으로 받아들일 때 놀라운 역사가 나타난다고 역설한다.[523] 영산은 마귀의 작전 제1호가 "원망과 불평"이라고 말한다. 마귀는 우리로 하여금 원망과 불평을 하게 해서 우리의 삶을 파괴하기

---

518)   조용기, "하나님을 기쁘시게 하는 감사," 〈순복음가족신문〉 제1603호(2010. 11. 28).
519)   조용기, "감사의 제사," 〈순복음의 말씀〉 제321호(1984. 11. 25).
520)   Ibid.
521)   조용기, "우리가 반드시 해야 할 입술의 고백," 〈순복음가족신문〉 제1868호(2016. 5. 15.);
        idem, "우리가 매일 드리는 마음의 제사," 〈순복음가족신문〉 제1596호(2010. 10. 3).
522)   조용기, "고난은 감사와 기쁨의 씨앗," 〈순복음가족신문〉 제1852호(2016. 1. 17).
523)   Ibid.

때문이다.[524] 영산은 우리가 감사를 지속하기 위해서는 기도의 뒷받침이 있어야 한다고 하며 기도의 중요성을 지적한다. 따라서 우리가 쉬지 말고 기도해야 감사를 지속할 수 있다. 기쁨도 마찬가지다. 영산은 감사와 기쁨은 항상 함께한다고 말한다.[525]

영산은 "절대 감사"의 신앙을 가져야 한다고 다음과 같이 말한다.

"어떠한 일이 있어도 *결과적으로*는 영혼이 잘됨 같이 범사에 잘되며 강건하게 된다. 좋은 일은 좋아서 좋고 나쁜 일은 주님께 맡기면 주님이 *종국적으로* 좋게 만들어 주신다"라고 믿어야 합니다. 살아 있을 때는 살아 있어서 감사하고 죽어서는 죽으면 천국에 가니까 감사한 것입니다. 그러므로 우리는 *항상 감사*하는 습관을 가져야 합니다.[526]

요약하면, 영산은 목회 현장에서 겪었던 수많은 고난이 결과적으로 하나님의 축복과 은혜였음을 깨닫고 "절대 감사"의 신앙을 갖게 되었다. 또한 영산의 "절대 감사"의 신앙은 그의 "절대 신앙"의 당연한 귀결이라고 말할 수 있다. 영산은 천막 교회 시절부터 "절대 긍정", "절대 믿음", "절대 희망"의 신앙을 견지했기에, 그 당연한 결과로 "절대 감사"의 신앙을 가질 수밖에 없었다.

524) 조용기, "감사하는 사람 행복한 사람," 〈순복음의 말씀〉 제269호(1983.11.27).
525) 조용기, "항상 기뻐하라, 쉬지 말고 기도하라, 범사에 감사하라," 〈순복음가족신문〉 제1836호(2015.9.20.).
526) 조용기, "항상 기뻐하라 쉬지 말고 기도하라 범사에 감사하라," 〈순복음가족신문〉 제1523호(2009.3.29.). 필자의 강조.

3. 현재적 복음과 생명력

영산의 처음 목회지인 천막 교회의 현장은 "현재적 복음"을 전할 수밖에 없었던 상황이었다. 영산의 목회의 대상인 대조동 주민들은 처참한 질병과 극한 가난에 시달리며 하루하루 배고픔과 고통 속에 살고 있었다. 이들에게 "예수 믿고 천국 가라"는 신학교에서 배운 전통적인 메시지는 전혀 소용이 없었다. 우리가 앞에서 살펴본 바와 같이 영산은 이런 절박한 상황에서 사복음서를 읽다가 예수님은 배고픈 자들과 병든 자들의 문제를 실질적으로 다 해결해 주면서 천국 복음을 전하신 사실을 알게 되었다. 수많은 사람이 예수님께 몰려온 것은 예수께서 현실적인 절망에 처한 그들의 "필요"를 채워 주었기 때문이었다. 그리고 예수님의 구원은 영혼의 구원뿐 아니라 생활과 육체의 구원도 포함되는 "삼박자 구원"("전인구원")이라는 사실을 깨달은 것이다.

영산은 과거에 예수님이 하신 일이나 미래에 천당에 가면 배고픔과 고통이 사라질 것이라는 과거적이나 미래적 복음보다, 먼저 "현재" 예수님이 우리들의 현재의 문제를 해결해 주신다는 **현재적 복음**을 전했다.[527] 영산은 이 "현재적 복음"을 가지고서 현대의 고통당하는 사람들의 문제를 해결해 주면서 생명과 활기가 넘치는 목회를 하였다. 이처럼 영산은 천막 교회 시절부터 현실적인 삶의 고통에 처한 사람들의 현재의 문제를 해결해 주기 위하여 "현재적 복음"을 전했는데, 그것이 바로 "삼박자 구원"이었다.

영산은 예수 그리스도의 복음은 현실의 모든 문제의 근원적인 해결을

---

527) 조용기, "성령과 목회 (1)," 『교회성장』 제3집 (1983): 33. 필자의 강조.

준다는 점을 강조한다.[528] 예수님을 믿음으로 영혼의 죄 사함을 받고, 현실의 모든 질병과 모든 저주에서 해방을 얻게 되는 것이다. 영산은 하나님은 과거에 역사하신 하나님일 뿐 아니라 "현재"에도 역사하시는 하나님임을 확실히 믿어야 한다고 역설한다.[529]

이런 "복음의 현재성"은 영산의 하나님 나라 이해를 통해서도 분명히 드러난다. 영산에 의하면 하나님의 나라는 죽어서 가는 나라일 뿐 아니라 현세에서도 체험할 수 있는 나라다.[530] 이처럼 하나님의 나라는 미래성과 현재성을 함께 갖는다. 영산은 기존의 기독교 전통이 소홀히 한 하나님 나라의 "현재성"을 강조하며 목회하였다. 하나님의 나라는 이미 성도들의 심령 속에 와 있고, 성도들이 모인 교회 가운데 와 있다(눅 17:21). 그러므로 성도가 이 땅에서도 하나님의 나라를 체험할 수 있다고 역설한다. 그리고 하나님의 나라가 임한 곳에는 "생명"의 역사가 일어날 수밖에 없다고 분명히 말한다.[531]

영산은 목회 현장에서 늘 "현재적 복음"인 "삼중축복"의 메시지를 전했다. 그 결과, 현재 구원의 역사와 치료의 역사가 일어나고 현장에서 삶의 문제들이 해결되었다. 이처럼 영산이 인도하는 예배에는 현장에서 영혼 구원의 역사와 함께, 병든 자들이 치료받으며 삶의 문제에 짓눌린 자들이 자유함을 얻고 낙심에 처한 자가 위로와 새 힘을 얻으며 절망에 빠진 자가 희망과 용기를 가지고 다시 일어나는 "생명"이 넘치는 역사가 나타났다.

---

528) 조용기, "나는 이렇게 대답한다," 〈순복음의 말씀〉 제163호(1981. 11. 15.).
529) 조용기, "어디에, 언제, 무엇을," 〈순복음소식〉 제381호(1986. 1. 19.). 물론 하나님은 미래에도 역사하신다.
530) 조용기, "나라이 임하옵시며," 〈순복음소식〉 제414호(1986. 9. 7.)
531) Ibid.

이것은 물론 영산이 일한 것이 아니라 영산을 통하여 성령께서 일하신 결과였다. 영산은 항상 충분한 기도를 통하여 성령으로 충만한 가운데 말씀을 전했기 때문에, 성령께서 영산을 통하여 예배 현장에 놀라운 "생명"의 역사를 나타내신 것이다.

영산 신학은 결코 이론으로 끝나는 신학이 아니다. 반드시 "실천"이 동반되어야 한다. 이런 영산 신학 자체가 내포하고 있는 특성에 따라, 영산이 전하는 "현재적 복음"에 상응하는 결과들이 늘 목회 현장에서 **생명력**이 넘치도록 나타난 것이다.

한마디로, 영산이 천막 교회부터 전 목회 시기에 걸쳐 기독교 전통이 소홀히 해 온 "현재적 복음"을 강조하였기에, 그 당연한 결과로 영산의 목회 현장은 항상 "생명력"으로 충만했다. 따라서 "현재적 복음과 생명력"은 분명히 영산 신학에서 하나의 특징으로 자리 잡고 있다.

4. 통전성

영산 신학은 최소한 다섯 가지 측면에서 "통전성"을 갖는다.[532] 우선, 영산의 "구원 이해"가 통전적이다. 영산은 예수 그리스도의 십자가 구원이 "죄"에서의 구원에만 한정되는 것으로 이해하지 않는다. 이것은 전통적인

---

532) "통전성"이란 모든 진리를 통합해서 온전함에 이르고자 하는 것을 말한다. 장로회신학대학교의 조직신학 교수였던 김명용 박사는 "통전적 신학"을 다음과 같이 정의한다. "통전적 신학은 편협함을 극복하고, 중요한 정신과 관점들을 소홀히 하거나 간과하지 아니하고 가능한 한 모든 진리를 통합해서 온전한 신학을 형성하고자 하는 신학이다." 이종성 외, 『통전적 신학』 (서울: 장로회신학대학교출판부, 2004), 54.

기독교의 이해이다. 영산은 십자가의 구원에는 "죄"에서의 구원뿐 아니라 "질병"과 "가난과 저주"에서의 구원도 포함된 "삼중구원"("전인구원")이라고 "통전적"으로 이해한다.

또한 영산에 있어 예수 그리스도의 "구원이 미치는 범위"도 통전적이다. 예수님의 십자가의 구원은 단지 "인간"에게만 해당하는 것이 아니다. 인간을 넘어 인간이 살아가고 있는 "사회"와 "자연"에까지 미친다. 다시 말해, 영산 신학은 "인간 구원"뿐 아니라 "사회 구원", "자연 구원"에 이르기까지 구원의 범위를 확장했는데, 이런 면에서 그의 신학은 "통전적"이다.

나아가서 "지역적인 면"에서도 통전적이다. 영산은 목회 초기인 천막 교회 시절부터 "한국"뿐 아니라 "전 세계"를 가슴에 품고 목회하였다. 영산은 천막 교회에서 품었던 두 가지 꿈인, 세계 최대의 교회 설립과 온 천하에 다니며 만민에게 복음을 전하겠다는 꿈을 모두 성취하였다. 영산은 평생 "한국"과 "아시아"를 비롯한 "전 세계"를 품고 목회하였다. 이런 지역적인 면에서 그의 신학은 "통전적"이라고 말할 수 있다.

더 나아가 영산의 "하나님 이해"가 통전적이다. 전통적인 기독교는 "성령"에 대해 소홀히 다룬 면이 있는데, 영산은 그의 목회를 통해, 성부와 성자와 성령을 모두 강조하였다. 영산은 성부, 성자, 성령 하나님을 모두 경험하는 깊은 신앙 체험을 하였다. 그 결과, 영산은 성부 하나님을 특히 "좋으신 하나님"으로 깨닫고 "좋으신 하나님" 사상을 피맺히도록 강조하였으며, 예수 그리스도의 십자가를 깊이 체험하고 "십자가 대속 중심의 복음"을 한평생 전했다. 그리고 영산은 성령침례를 체험할 뿐 아니라, 성령을 "인격적인 하나님"으로 깊이 깨닫고 평생 인격이신 성령 하나님과 목회 동역을 하였다. 이처럼 영산의 하나님 이해는 "통전적"이라고 말할 수 있다.

끝으로, "영산 신학 자체"가 그 특성상 통전적이다. 영산 신학은 "이론"으로 끝나는 신학이 아니라, 삶과 목회와 세상의 현장에서 희망 나눔의 "실천"으로 완성을 이루어야 하는 신학이다. 실천이 따르지 않는 신학은 결코 영산 신학이라고 말할 수 없다. 이처럼 영산 신학은 "이론"과 "실천"이 하나로 연합되어 있는 "통전적" 신학이라고 말할 수 있다.

요약하면, 영산 신학 전반을 고려해 볼 때 드러나는 특징은 하나님의 말씀인 "성경"과 "체험"과 성도의 "삶"이 일체를 이룬다는 것이요, 하나님에 대해 "절대 신앙"을 가졌다는 것이다. 또한 영산이 늘 목회 현장에서 강조하며 선포했던 것은 "현재적 복음"이었고 그 복음 선포 결과 뒤따랐던 것은 "생명력"이었으며, 그의 신학은 여러 측면에서 "통전성"을 갖는다는 점이라고 말할 수 있다.

제9장
결론

이제 앞에서 언급한 주요 주장들을 중심으로 영산의 "희망의 신학"을 전체적으로 다시 간략히 설명한 후, 영산이란 인물을 평가해 보고, 영산 신학의 전수 과제를 다룬 후, 마지막으로 본 서가 국내와 세계 독자들에게 암시하는 메시지를 전하고자 한다.

1. 영산의 "희망의 신학": 태동에서 완성까지

첫째, 영산의 "희망의 신학"은 영산 자신의 처참한 삶과 목회의 절망적 현장에서 "태동"하였다. 영산은 마치 장래의 목회를 미리 준비하기라도 하듯이, 삶의 현장에서 처절한 가난과 질병을 몸서리치도록 체험하였다. 그리고 목회 현장에서 자신과 같이 가난과 질병으로 절망에 처한 사람들을 만나게 되었다.

영산의 삶과 목회는 "절망"과 "희망"으로 그 과정과 구조가 같다. 영산은 삶의 "절망"에서 "성경"을 통하여 "희망의 예수님"을 만나 "소명"을 받고 "희망의 전도자"가 되었다. 마찬가지로, 영산은 목회의 "절망"에서 "성경"을 통해 "희망의 예수님"을 발견하고 희망의 복음을 전할 "소명"을 받고 "희망의 전도자"의 소명을 완수하였다. 이처럼 영산의 삶과 목회는 "절망 →성경→희망의 예수님→소명→희망의 전도자"로서 그 과정과 구조가 일치한다. 영산의 "희망의 신학"은 결코 복잡하거나 난해하지 않고, 간단하고 쉽게 파악할 수 있다. 영산 신학을 꿰뚫는 핵심어(key word)는 **희망**이다. 영산의 "희망의 신학"의 핵심적 목적은 절망에 처한 사람들을 **절망에서 희망으로** 일으켜 주고 살려 내는 것이다. 이 영산의 "희망의 신학"은 절망적인 자신의 삶과 목회 현장에서 태동한 신학이다.

둘째, 영산의 "희망의 신학"은 자신의 깊은 "신앙 체험"으로부터 나온 신학이다. 영산은 천막 교회 시기부터 목회 내내 수많은 신앙 체험을 하였다. 목회가 절망의 벽에 부딪혀 절박하게 부르짖기도 하고, 새로운 각오로 성경을 다시 읽으며 목회의 해답을 찾으려고 무척 힘썼다. 이런 과정에서 영산은 많은 신앙 체험을 하며 목회의 해답들을 얻었다. 영산이 얻은 해답들은 절망에 처한 사람들에게는 현실적인 "필요"를 채워 주어야 한다는 것, 영혼의 구원과 범사의 축복과 건강이 인간을 향한 하나님의 뜻이란 것(요삼 1:2), 우리가 믿는 하나님은 "좋으신 하나님"이란 사실, 예수 그리스도의 십자가 대속은 죄에서의 대속뿐 아니라 저주와 질병에서의 대속이란 사실 등이다. 이런 깨달음에 기초하여 영산은 "삼박자 구원"의 복음을 외치기 시작한 것이다. 이와 같이 영산 신학의 주요 요소들이 그의 신앙 체험을 통하여 이미 목회 초기부터 형성되었다. 이런 면에서 영산의 "희망의 신학"은 "체험의 신학"이라고 말할 수 있다.

셋째, 영산 신학에 있어 "체험"은 바로 "성경 말씀 그대로의 체험"을 가진다는 의미이다. 바꾸어 말하면, "체험"이란 "성경 자체"를 체험하는 것을 말한다.[533] 다시 말해, "체험"으로 "성경 말씀"을 확증하는 것이다. 그러므로 영산 신학에서 "성경"과 "체험"은 하나이다. 여기서 영산은 "성경 말씀"이 성도의 "삶"에서 그대로 체험되어야 한다는 점을 강조하는 것이다. 즉, "성경"과 "체험"과 "삶"의 일체를 말하는 것이다. 이처럼 영산 신학에 있어 "성경"과 "체험"은 서로 분리할 수 없는 것으로 손등과 손바닥처럼 하나이다. 영산은 서로 뗄 수 없는 "성경"과 "체험"을 자신의 신학의 굳건한 기반으로 삼았다. 이런 면에서 영산의 "희망의 신학"은 "체험의 신학"인 동시에 **성경 중심적인 신학**이라고 말할 수 있다.

　넷째, 영산의 "희망의 신학"을 형성하는 중심적인 세 요소가 있다. 그것은 "성경"과 "예수 그리스도의 십자가"와 "성령"이다. 영산의 "희망의 신학"에 있어 **성경**은 "희망의 재료"다. 영산은 절망에 처한 사람들에게 오직 "성경 말씀"을 가지고 희망을 주었다. **예수 그리스도의 십자가**는 "희망의 원천"이다. 영산이 한평생 전한 희망의 복음은 모두 예수 그리스도의 십자가로부터 나온 것이다. **성령**은 "희망의 인도자"였다. 영산은 성령을 인격이신 하나님으로 인정하면서, 인격이신 성령과 친밀한 인격적 교제를 나누며 동역하였고, "인격이신 성령 하나님"은 영산의 희망 목회를 인도하여 세계 최대의 교회가 되도록 역사하셨다. 이와 같이 영산 신학은 성경과 십자가와 성령의 세 핵심 요소들로 형성된 "성경과 십자가와 성령 중심의 희망"의 신학이다.

---

533)　영산은 성경이 말하지 않은 어떤 체험도 가르치지 않았다. 예를 들어, 한때 한국 교회의 목회자들과 성도들에게 큰 영향을 끼쳤던 "빈야드 운동"이나 "토론토 축복"에서 성령의 임재로 안수받은 사람들이 쓰러지는 현상들이 많이 나타났다. 영산은 이런 현상이 성령의 능력으로 가능하다고 개인적으로는 믿을지 몰라도, 공개적으로 성도들에게 이런 현상을 긍정하거나 권장하지 않았다. 왜냐하면 이런 현상이 성경에 나타나지 않기 때문이다.

마지막으로, 영산의 "희망의 신학"은 "희망 나눔"으로 "완성"된다. 영산과 여의도순복음교회는 보잘것없는 천막 교회에서 시작했지만, 하나님의 크신 은혜와 넘치는 축복을 받았다. 그리고 받은 "영적 축복"은 전도와 선교로, "범사의 축복"은 구제와 사회사업으로, "건강의 축복"은 봉사와 섬김과 자연 구원에 참여함으로 활발히 나누었다. 이처럼 영산 신학은 "이론"과 "실천"이 일치하는 신학이다. 하나님으로부터 받은 은혜와 축복을 나눔으로 영산의 "희망의 신학"이 "완성"된다는 점을 잊지 말아야 한다. 영산은 한평생 예수 그리스도의 십자가의 대속의 은혜를 충만히 누리고, 풍성히 나누어야 할 것을 역설하였다. 이것은 현재, 이 땅에서부터 이루어져야 한다. 이런 면에서 영산의 "희망의 신학"은 "지금, 여기서"(here and now) 살아 숨 쉬고 약동하는 "삶의 신학"이요, "생명의 신학"이라고 말할 수 있다.

2. 하나님의 종, 조용기 목사

1) 기도의 사람

영산은 첫 목회지인 천막 교회에서부터 목회를 마칠 때까지 온 힘을 다하여 "기도"한 목회자였다. 첫 목회 현장인 천막 교회에서부터 절망의 벽에 부딪혀 절박한 심정으로 부르짖어 기도하지 않을 수 없었다. 또한 교회 개척을 훼방하는 마귀의 세력을 물리치기 위하여 결사적으로 기도해야만 했다. 이런 영산의 간절한 기도 생활은 목회를 마칠 때까지 지속되었다. 영산은 문제가 있을 때에만 기도한 것이 아니라, "기도"는 영산의 일과 중

가장 중요한 부분이었다. 그는 매일 새벽 하루의 사역을 시작하기 전, 보통 3시간 이상 간절히 기도하였고, 특히 국내나 해외에서 설교를 앞두고는 항상 결사적인 기도를 드렸다. 영산은 기도 시간의 많은 부분을 방언으로 기도하였다. 이처럼 영산은 한평생 "기도"하며 목회 사역을 감당하였기에, 그를 "기도의 사람"으로 부를 수 있을 것이다.

2) 성령의 사람

영산은 날마다 기도에 힘썼기에 그 결과로 늘 성령으로 충만한 가운데 목회 사역에 임하였다. 성령으로 충만했던 영산의 목회 현장은 늘 많은 사람이 구원을 받고, 많은 병자가 치료받으며, 삶의 문제들이 해결받는 기쁨과 희망이 넘치는 장소였다. 특히, 영산이 성령을 "인격적인 하나님"으로 깨달은 이후, 그는 성령을 "선배 동역자"로 모시고 성령과 친밀한 인격적 교제를 나누며 성령과 함께 목회 동역을 하였다. 이런 성령과 친밀한 교제와 동역의 결과, 성령은 영산의 목회를 통하여 놀라운 일들을 행하시며 세계 최대의 교회를 이루도록 인도해 주셨다. 그러므로 목회 내내 성령과 친밀히 교제하고 동역하면서 성령의 인도하심에 순종한 영산을 "성령의 사람"이라고 부를 수 있을 것이다.

3) 말씀의 사람

영산은 목회 내내 "성경"을 읽고 묵상하고 연구하면서 설교를 준비하는 데 온 힘을 쏟았다. 그리고 설교 준비를 마친 후에는 항상 결사적인 기도를 통하여 성령이 충만한 가운데 담대히 말씀을 전하였다. 영산의 일생은 "설교의 일생"이었다. 영산은 한평생 성경을 곁에 두고, 성경을 읽고 묵상하고 설교하면서 "성경"과 함께 살았다. 이런 면에서 그를 "말씀의 사람"이라고 부를 수 있을 것이다. [534)

영산이 목회 시작부터 목회를 마칠 때까지 62년 동안 늘 힘쓴 것은 세 가지다. 그는 늘 "기도"에 힘썼고, "성령과의 교제와 동역"에 힘썼고, "성경 읽기와 설교 준비와 설교"에 온 힘과 정력을 쏟으며 후회 없는 목회를 하였다. [535)

3. 희망의 전도자, 조용기 목사

영산은 "희망의 전도자"가 되라는 사명을 가슴에 품고, 목회 내내 "희망의 복음"을 힘차게 외쳤다. 영산은 "희망의 전도자"가 되기에 아주 적합한 목회자였다. 왜냐하면 영산 자신이 삶과 목회의 처절한 절망 가운데에서 희망을 만나 다시 일어섰기 때문이다. 또한 영산의 목회 현장은 "희망의 복음"을 전하지 않고는 목회를 할 수 없었던 상황이었다. 목회 현장의 모든 사람이 절망에 빠져 고통당하고 있었기 때문이다. 영산에게 "희망의 복음" 전파는 마치 운명과도 같았다.

영산의 설교의 가장 큰 특징은 절망에 빠져 심신이 지친 사람들에게 "희망"을 주어, 그들이 위로와 용기를 얻고 다시 일어서게 하는 데 있다. 영산

---

534) 존 웨슬리를 "한 책(성경)의 사람"이라고 부르는데, 영산도 "한 책, 성경의 사람"이라고 불러도 무방할 것이다.

535) 여러 학자들이 여의도순복음교회의 성장 요인을 언급하였다. 필자는 여러 성장 요인 중에 가장 먼저 언급해야 할 것들은 이 세 가지(기도, 성령, 말씀[설교])라고 생각한다.

의 설교에는 사람을 정죄하거나 꾸중하고 책망하는 내용이 별로 없다. 물론 죄지은 경우나 하나님께 불순종한 경우는 회개해야 한다고 분명히 선포한다. 그러나 영산 설교의 대다수의 내용은 성도들을 절망과 낙심에서 희망과 용기를 주어 일으키는 것이다. 영산은 이런 면에 있어 하나님의 은사를 받은 전문가였다. 영산은 한평생 한국뿐 아니라 전 세계를 다니며 절망에 빠진 사람들에게 "희망의 복음"을 전하고, "희망"을 역설하며 살았다. 이런 면에서 그를 "희망의 전도자"요, "희망의 목회자"요, "희망의 신학자"라고 부를 수 있을 것이다.

4. 영산 신학의 전수 과제

한 사람의 사상과 신학을 다음 세대에 물려준다는 것은 매우 중요한 일이라고 생각한다. 이것은 과거 기독교의 역사를 통해서도 알 수 있다. 과거 한때 놀랍게 일어나던 부흥 운동들이 현재는 모두 역사 속으로 사라져 버린 것이다. 왜냐하면 그런 부흥 운동들이 계속 전개될 수 있는 신학적 당위성과 체계적인 신학적 뒷받침이 없었기 때문이다. 반면에 16세기에 종교 개혁을 일으킨 루터와 칼빈의 사상과 신학이 오늘날에도 영향을 끼치고 있는 것은, 그들의 신학이 어느 정도 정리되어 시대를 넘어왔기에 가능한 일이었다.

영산 신학도 마찬가지라고 생각한다. 영산이 20세기 중엽부터 21세기 초엽에 걸쳐 세계 최대의 교회를 설립하고 온 천하에 다니며 놀라운 선교 사역을 펼쳤다 할지라도, 만일 영산의 신학이 체계화되어 다음 세대로 넘어가지 않는다면, 참으로 놀라웠던 영산의 목회와 선교 사역 또한 역사 속의 한 사건으로 묻혀 버리고 말 것이다. 영산은 자신의 신학에 기반하여 세계 최대의 교회를 세우고 한국 교회와 세계 교회의 성장에 지대한 영향을 끼쳤다는 사실은 누구도 부인하기 힘들 것이다. 그러므로 영산 신학을 다음 세대에 전수할 가치는 충분하다고 하겠다.

그러면 현세대에서 어떻게 해야 할 것인가? 무엇보다 먼저 영산의 설교를 듣고 은혜를 받았던 순복음교회 구성원들의 역할이 중요하다고 생각한다.

순복음의 신학자들은 영산 신학 연구에 사명감을 가지고 성실히 연구하여, 영산 신학을 더욱 튼튼히 하고 더욱 분명히 하고 더욱 체계화시켜야 할 것이다.[536] 영산 신학 체계화의 일차적 책임은 신학자들에게 있다.

순복음의 목회자들은 지금 목회 현장에서 영산이 온 정성과 힘을 다해 가르치며 본을 보여 준 대로, 영산의 귀한 유산을 계승하여 목회에 임하여야 할 것이다. 목회자들은 신학자들과 평신도들의 중간에서 다리 역할을 하는 중요한 위치에 있다. 다시 말하면, 목회자들은 목회 현장에서 영산 신학 전수의 실제적 역할을 감당해야 하는 매우 중요한 임무를 맡은 자들이다. 그러므로 순복음의 목회자들은 영산 신학을 바로 이해하고 영산 신학에 기반하여 목회하면서, 평신도들에게 영산 신학을 바로 가르치고 그들도 삶과 신앙에서 실천하도록 이끌어 주어야 할 것이다. 지금 목회 현장

---

536) 필자는 본 서에서 현장의 목회자들과 평신도들을 염두에 두고, 영산 신학의 핵심적 내용을 일관성 있게 연결시켜서 영산 신학의 요체를 밝히고자 애써 보았다. 그러나 솔직히 많은 부족함도 느꼈다. 앞으로 영산 신학이 더욱 체계 있고 분명하게 기술되도록 순복음 안팎에서 신학자들의 활발한 연구가 뒤따르기를 바란다. 영산 신학 정립에 소명 받은 신학자들의 열정적인 연구를 기대한다. 본 서가 앞으로의 이런 연구에 하나의 징검다리가 될 수 있기를 바란다.

에서 실천되지 않는 영산 신학이 다음 세대로 이어져 미래의 목회 현장에서 실천되기를 바란다는 것은 불가능한 일일 것이다.

순복음의 평신도들은 목회자들(그리고 신학자들)로부터 영산 신학을 바로 배우고 자신의 삶과 신앙의 현장에서 성실히 실천하여야 할 것이다. 이런 실천을 통해 늘 삶과 신앙에 생명과 활기가 넘쳐야 할 것이요, 풍성한 열매를 맺어 하나님께 영광을 돌려야 할 것이다.

한마디로, 희망과 생명이 넘치는 영산의 목회와 선교가 주님이 다시 오시는 날까지 다음 세대[537]에도 계속되기 위해서는, 순복음 진영의 신학자들과 목회자들 그리고 평신도들이 각자의 역할과 사명을 충성스럽게 다해야 할 것이다.

본 서의 집필을 마치려고 하니 다시 영산에 대한 그리움이 솟아오른다. 영산은 이미 사명을 완수하고 천국에 가셨지만, 그가 진심으로 사랑했던 순복음교회 구성원들에게 천국에서라도 당부하고 싶은 말씀은 무엇일까 생각해 보게 된다. 목회자에게는 "희망의 목회자"가 되라고, 선교사에게는 "희망의 선교사"가 되라고, 평신도에게는 "희망의 전도자"가 되라고 말씀하시지 않을까? 각자 영산의 간절한 음성을 들을 수 있기를 바란다. 영산의 간곡한 음성을 듣고 천국에서 영산을 다시 반갑게 만날 때까지, 매일매일의 삶과 목회와 선교의 현장에서 각자가 맡은 사명을 충성스럽게 감당

---

537) 한 세대를 약 30년으로 본다. 영산 가까이에서 함께 사역했던 제1세대는, 앞으로 약 10년에서 20년 사이에 거의 사역 현장을 떠나게 될 것이다. 그리고 다음 세대가 물려받아 여의도순복음교회를 이끌어 가게 될 것이다. 그때에도 영산의 목회와 선교 사역에서처럼 성령의 강력한 역사와 함께 풍성한 열매를 맺으며 여의도순복음교회의 사명을 다하기 위하여, 현세대에서 영산의 신학을 잘 정리하고 실천하면서 다음 세대에 물려주어야 할 것이다. 이를 위해 현세대의 여의도순복음교회 구성원들의 사명과 역할이 매우 중차대하다고 하겠다.

함으로 영산 신학이 다음 세대에 이어지는 값진 역사가 일어나기를 진심으로 바란다.

5. 본 서가 국내와 전 세계 독자들에게 전하는 메시지

첫째, 예수 그리스도의 십자가의 대속은 "죄"에서의 대속만이 아니라는 점이다. 십자가의 대속은 "죄"뿐 아니라 "질병"과 "가난과 저주"에서의 대속도 포함되어 있는 "삼중대속"이다. 다시 말해 예수 그리스도의 십자가 구원은 영혼과 범사와 육체의 건강에 모두 영향을 미치는 "전인구원"이라는 것이다. 물론 영혼 구원이 가장 중요하지만, 십자가의 대속의 은혜는 다른 요소도 포함하고 있으므로 "영혼"이 구원받은 은혜에만 머무르지 말고, "범사의 잘됨"과 "건강"의 은혜도 당연히 누려야 할 것이다. 왜냐하면 예수께서 자기를 믿는 자녀들에게 이런 "전인구원"의 은혜를 주시려고 십자가에서 처절한 고난의 대가를 치르셨기 때문이다.

그리고 이런 "전인구원"의 은혜는 장차 천국에 가서 누릴 것이 아니라 "지금" 이 땅에서부터 누릴 수 있다는 것이다. 왜냐하면 예수께서 이미 이 땅에 천국을 가져오셨기 때문이다. 그러므로 성도는 이미 예수께서 가져오신 천국에 들어온 자들이기에 "현재" 이 땅에서부터 천국을 누리며 살아야 한다. 그리고 장차 하나님이 다스리는 영원한 천국에 들어가 세세토록 왕 노릇하며 천국의 복을 누리게 될 것이다(계 22:5).

둘째, 성도들은 이 땅에서 하나님으로부터 받은 복을 반드시 나누어 주어야 한다. 받은 축복을 이웃을 위하여 나누어 주는 신앙이 성숙한 신앙이요 성경이 가르치고 있는 참 신앙이다. 그러므로 성도들은 잃은 영혼들을 구원함으로, 가난하고 헐벗은 이웃들을 구제함으로, 교회와 사회와 인류를 위해 봉사함으로 "나누어 주는 삶"을 살아야 한다. 더 나아가 하나님이 창조하신 자연을 사랑하고 환경을 보호하는 일에도 앞장서야 한다.

셋째, 성도들은 인생을 살아가면서 어떤 절망적인 상황을 만났더라도 결코 좌절하거나 인생을 포기해서는 안 된다. 왜냐하면 성도들에게는 "희망"을 얻어 다시 일어설 수 있는 자원이 있기 때문이다. "성경 말씀"은 성도들에게 희망을 주는 귀한 "희망의 재료"이다. 또한 예수 그리스도의 십자가의 대속의 은혜는 성도들이 희망을 얻을 수 있는 보배와 같은 "희망의 원천"이다. 나아가서 성도들을 위로하시고 도우시며 인도하시는 "희망의 인도자" 성령께서 늘 성도의 곁에 함께하신다. 이 때문에 성도들은 어떤 절망적 상황에 부딪히더라도 결코 낙심하지 말고 "희망"을 가지고 다시 일어나 전진해야 한다.

마지막으로, 우리는 지금 마지막 시대를 살아가고 있다. 예수께서 세상의 종말에 관하여 설교하시면서 여러 종말의 징조에 관하여 말씀하셨다. 자신이 그리스도라고 하며 많은 사람을 미혹하는 일, 난리와 난리 소문, 나라가 나라를 대적하는 일, 처처에 지진과 기근과 전염병이 있을 것 등이다 (마 24:4-8; 막 13:5-8; 눅 21:8-11). 이미 이런 징조들이 오래전부터 이 세상에 나타나고 있다. 예수께서는 종말 설교를 마치시며 제자들에게 스스로 조심하고 항상 기도하며 깨어 있으라고 당부하셨다(마 24:42; 25:13; 막 13:33, 37; 눅 21:34-36). 그러므로 이 마지막 시대를 살아가는 성도들은 항상 기도하여 깨어 있으면서, **무엇보다 먼저** 온 세상에 복음을 전파하는 일에 힘써야 할 것이다. 그제야 이 세상의 끝이 올 것이다(마 24:14).

영산은 한국에서 그리고 온 세상을 다니며 열정적으로 복음을 선포하시며 하나님으로부터 받은 사명을 완수하시고 천국에 가셨다. 이제 아직 이 땅에 살아 있는 우리는 영산이 하셨던 복음 전파의 일을 계속 이어 가야 할 것이다. 우리는 각자 최선을 다하여 "자기 조국의 복음화"와 "세계 선교"에 힘써야 할 것이다. 필자는 이 책을 읽는 독자들이 모두 영산의 발자취를 따라 복음 전파의 사명에 충성하다가, 천국에서 영광의 주님을 기쁘고 반갑게 만날 수 있기를 진심으로 희망한다.

필자는 본 서를 우리 주 예수 그리스도께서 이 땅에서와 하늘에서 간곡히 말씀하신 아래의 두 말씀으로 마치고자 한다.

또 이르시되 너희는 온 천하에 다니며 만민에게 복음을 전파하라(막 16:15).

보라 내가 속히 오리니 내가 줄 상이 내게 있어 각 사람에게 그가 행한 대로 갚아 주리라(계 22:12).

"오직 하나님께 모든 영광을!"

여록

현대 교회 모델로서의 초대 예루살렘 교회

오늘날 한국 교회의 화두 중의 하나는 "건강한 교회"에 관한 것이다. 이 화두는 단적으로 한국의 적지 않은 교회들이 건강하지 못하다는 판단에서 나온 것 같다. 한국의 많은 목회자들과 신학자들은 "건강한 교회"의 모습을 회복하기 위해 초대 교회로 돌아가야 한다고 외치고 있다. 필자도 그런 외침에 전적으로 동의한다. "건강한 교회"의 모델은 무엇보다도 성경으로 돌아가 사도행전에 나타난 초대 교회에서 찾아야 할 것이다. 필자는 사도행전에 나타난 최초의 교회인 예루살렘 교회를 통하여 현대 교회가 따라야 할 모델을 찾을 수 있다고 생각한다. 그러므로 사도행전의 처음 교회인 예루살렘 교회를 통하여 나타난 특징적인 요소들을 살펴봄으로, 현대 교회가 따라야 할 바람직한 모습을 살펴보고자 한다. 나아가 여의도순복음 교회가 초대 교회의 모습을 따랐는지 검토해 보고자 한다.

1. 초대 교회의 탄생과 특징

예수님께서 승천하신 후, 약 120명의 제자들은 아버지께서 약속하신(눅 24:49; 행 1:4) 성령을 받기 위해 예루살렘의 한 다락방에서 기도에 전념하였다. 이 약속의 성취는 오순절에 일어났다. 오순절 날이 이르자 그들은 모두 성령의 충만함을 받고 성령이 말하게 하심을 따라 다른 방언으로 말하는 놀라운 사건을 체험하였다(행 2:4). 예수님의 제자들이 성령으로 충만하여 능력과 담대함을 얻자, 제자들을 대표하여 베드로가 "오순절 설교"(행 2:14-36)를 하였다. 베드로의 설교를 들은 많은 청중들은 마음이 찔려 회개하였고, 누가는 그날 침례를 받고 구원받은 신자가 3천 명이었다고 보도한다(행 2:41). 여기서 최초의 기독교 교회인 "예루살렘 교회"가 탄생한 것이다.

누가는 예루살렘 교회에 관한 세 개의 요약문(행 2:42-47; 4:32-35; 5:12-16)을 통하여 초대 예루살렘 교회의 특징을 상세히 밝혀 준다. 필자는 우선 이 세 본문을 검토하고자 한다. 그리고 누가가 복음 전파의 진행 과정을 일단락 지으며 예루살렘 교회에 관해 보도하는 첫 번째 요약문(행 6:7)과[1] 이 요약문과 연관되어 있는 본문(행 6:1-6)을 함께 다루고자 한다. 그리고 마지막으로, 예루살렘 교회로부터 이방으로 확장된 선교 활동을 중심으로 예루살렘 교회의 특징을 살펴보고자 한다.

우선 최초의 예루살렘 교회 생활을 특징짓는 네 가지 주요한 요소들이 사도행전 2장 42절에 나타난다.

---

[1] 사도행전에는 복음 전파의 진행 과정을 일단락 지으면서 교회의 성장을 보도하는 요약문이 여섯 군데가 있다. 그 첫 번째 요약문이 사도행전 6장 7절이다. 나머지는 사도행전 9:31; 12:24; 16:5; 19:20; 28:31이다.

1) 사도들의 가르침(행 2:42)

최초의 예루살렘 교회는 새로운 많은 회심자들을 위해 그리스도교 사상의 기초를 가르치는 일이 필요했다. "사도들의 가르침"은 그리스도교 신앙의 토대로서 예수님께서 하신 말씀과 행하신 업적(행 1:1), 사도들에게 명하신 것(행 1:2), 그리고 목격 중인이 된 제자들의 가르침이 기초가 되었을 것이다.[2] 사도들은 예수님의 말씀을 직접 듣고 예수님이 행하신 수많은 기적들을 친히 보았던 자들로서 초대 교회에서 매우 권위가 있었고, 그들의 가르침 역시 권위가 있었다.[3] 이런 "사도들의 가르침"은 초대 예루살렘 교회의 생활을 특징짓는 주요한 요소였다. 초대 예루살렘 교회는 신자들의 "교육"에 힘쓰는 교회였다.

2) 교제(행 2:42)

예루살렘 교회 안에는 서로 "교제"가 있었다. 여기서 "교제"는 예루살렘 교회의 공동생활에서 서로 나누어 주는 "그리스도인의 나눔"을 가리키는 것 같다.[4] 이런 신자들 사이의 나눔은 사도행전 2장 44-45절에서 더 구체적으로 언급된다. 예루살렘 교회 신자들은 "모든 물건을 서로 통용했

---

2) 조셉 A. 피츠마이어, 『사도행전 주해』, 393.

3) "사도들의 가르침"은 후에 어떤 경로를 거쳐, 기록된 문서가 되어 마침내 "신약성경"이 되었다. F.F. 브루스, 『사도행전 (상)』, 이용복, 장동민 역 (서울: 아가페 출판사, 1989), 101.

4) 참조. E. 헨헨, 『사도행전 (I)』, 306. 다른 학자들은 여기서의 "교제"(헬, "코이노니아"/ *koinōnia*)는 그리스도인들이 공동으로 나누는 식사였다고 주장한다. 참조. 하워드 마샬, 『사도행전』, 왕인성 역 (서울: CLC, 2016), 134.

다"(행 2:44). 그들은 소유물에 대해 공동의 소유권을 행사한 것이다.[5]

또한 그들은 "재산과 소유를 팔아 각 사람의 필요를 따라 나눠 주었다"(행 2:45). 다시 말해 예루살렘 교회 신자들은 자신들의 소유를 팔아 교회 안의 가난한 사람들을 돕도록 내놓은 것이다. 그러나 예루살렘 교회 안에서의 구제는 결코 강제적인 행위가 아니었고 자발적인 것이었다. 그런 근거는 아나니아와 삽비라 이야기를 통하여 알 수 있다. 그들은 자신들의 땅을 팔아 얼마를 감추고 나머지만 사도들의 발 앞에 내놓았다. 이때 베드로는 아나니아에게 네 땅은 팔기 전에도 또 판 후에도 네 마음대로 할 수 있다고 말했다(행 5:4). 이처럼 초대 교회에는 각 개인이 자신의 소유를 자유롭게 처리할 권한이 있었다. 문제는 아나니아가 성령을 속이고 땅값 얼마를 감춘 일이었다(행 5:3).

이처럼 당시 초대 교회 안에서 소유를 나누는 일은 전적으로 자신의 소원을 따라 자발적으로 이루어졌다. 예루살렘 교회 신자들은 재산을 공유하고 있다가 어떤 필요가 발생할 때마다 자발적으로 자신의 소유를 처분하여 교회 안의 가난한 신자들을 도울 수 있도록 내놓은 것이다. 이것은 일종의 "구제" 활동으로 간주할 수 있다(행 6:1). 초대 예루살렘 교회는 "구제"가 활발한 교회였다.

3) 떡을 뗌(행 2:42)

예루살렘 교회의 신자들이 "떡을 뗴었다"는 말은 단순히 함께 모여 음식

---

5) 하워드 마샬, 『사도행전』, 136.

을 먹는 공동식사[6]를 가리키는 것은 아니었을 것이다. 공동식사는 사도행전 2장 46절("음식을 먹고")에서 언급된다. 또한 누가가 예루살렘 교회 생활의 주요한 요소를 보도하는 이 구절에서 "떡을 떼는" 일을 강조한 것은 그 일이 교회 안에서 매우 의미심장한 일이었음을 시사해 준다.[7] 그렇다면 예루살렘의 초대 교인들이 "떡을 떼었다"는 것은 그들이 모일 때 의미 있게 행한 "성만찬"을 가리키는 말일 것이다.[8] 예루살렘 교회에서 이 성만찬은 한 번만 수행된 것이 아니라 규칙적으로 수행되었다.[9]

4) 기도들(행 2:42)

예루살렘 교회는 모일 때마다 "기도들"에 힘썼다. 여기서 누가가 기도를 복수형으로 쓰고 있는 것에 주목할 필요가 있다. 예루살렘의 초대 그리스도인들은 교회에 모였을 때 기도하기를 계속할 뿐 아니라, "어떤 특정한 기도들"을 계속 드린 것으로 여겨진다.[10] 저명한 복음주의 신약학자요 사도행전의 권위자인 브루스(F.F. Bruce) 박사는 예루살렘 교회의 신자들이 함께 모여 드린 기도는 "합심하여" 기도하기 위해 시간을 정해 놓고 드렸던 기도를 의미할 것이라고 의미심장하게 해석한다.[11] 그렇다면 예루살렘 교회의 신자들은 모일 때마다 어떤 특정한 기도의 주제들을 가지고 시간을 정해 놓고 함께 합심하여 기도를 드렸던 것으로 여겨진다. 이처럼 예

6) E. 헨헨, 『사도행전 (I)』, 305.
7) F.F. 브루스, 『사도행전 (상)』, 101.
8) Ibid.; 피츠마이어, 『사도행전 주해』, 395.
9) F.F. 브루스, 『사도행전 (상)』, 101.
10) C.K. Barrett, *Acts*, Volume I (I-XIV) (Edinburgh: T&T Clark, 1994), 166.
11) 참조. F.F. 브루스, 『사도행전 (상)』, 101.

루살렘 교회는 "기도들"에 힘쓴 교회였다.

예루살렘 교회의 성도들은 위의 네 가지 일에 힘썼다. 여기서 "힘썼다"는 동사는 "단단히 붙잡다"는 의미로 예루살렘 교회 성도들의 지속적인 끈기를 강조하는 표현이다.[12] 예루살렘 교회 성도들은 지속적으로 꾸준히 "사도들의 가르침"을 받았고, 서로 "교제"하였으며, 함께 "떡을 떼었고", 합심하여 "기도들"에 힘썼다.

5) 기사들과 표적들(행 2:43)

누가는 사도행전 2장 43-47절에서 예루살렘 교회에 관한 보다 광범위한 요약 보도를 한다. 누가는 초대 예루살렘 교회의 사도들을 통하여 많은 "기사들과 표적들이" 일어났다고 말한다. 하나님께서는 유대인들에게 예수님의 증언이 참됨을 확인시켜 주기 위하여 예수님을 통하여 큰 권능과 기사와 이적을 보여 주셨는데(행 2:22), 이제는 예루살렘 교회의 사도들의 증언이 참됨을 확인시켜 주기 위하여 그들로 말미암아 "기사들과 표적들이" 많이 나타나게 하신 것이다. 여기서 사도들의 많은 "기사들과 표적들"이란 표현은 초대 예루살렘 교회가 온통 이적으로 가득 차 있다고 하는 이미지를 준다.[13] 이처럼 초대 예루살렘 교회는 "많은 이적들"이 나타난 교회였다.

---

12) 조셉 A. 피츠마이어, 『사도행전 주해』, 396.

13) E. 헨헨, 『사도행전 (I)』, 307.

6) 성전에 모이기를 힘씀(행 2:46)

예루살렘 교회 신자들은 "매일" 성전에 모여 예배를 드렸다.[14] 그들은 "마음을 같이하여" 성전에 모이기를 힘썼다. 예루살렘 교회의 신자들이 "마음을 같이했다"는 것은 그들이 모두 "한마음이 되었다"는 의미로, "초대 예루살렘 교회 신자들의 뛰어난 일치와 화합의 마음"을 설명해 주는 표현이다.[15] 이처럼 초대 예루살렘 교회 신자들의 예배에 대한 열심과 합심 단결은 대단하였다.

7) 집에서 떡을 떼며 음식을 먹음(행 2:46)

초대 예루살렘 교회 신자들은 "성전"에서 모일 뿐만 아니라 "집"에서도 모였다. 그들은 집집이 돌아가면서 "떡을 떼며" 기쁨과 순전한 마음으로 음식을 먹었다. 여기서 "떡을 떼었다"는 것은 주의 만찬을 가리킨다. 다시 말해 그들은 서로서로의 집에서 주의 만찬과 함께 친교와 교제의 공동식사를 가진 것이다. 이처럼 예루살렘 교회 신자들의 가정에서의 모임은 단지 식사의 교제만을 위한 것이 아니었고 종교적인 목적도 있었을 것이다. 그들은 집집마다 돌아가면서 모일 때에 주의 만찬을 포함하는 친교의 공동식사를 가졌다.[16]

---

14) 브루스는 그들이 규칙적으로 모였던 장소는 성전 바깥 뜰 동쪽 편에 있는 솔로몬의 행각이었다고 말한다(행 3:11; 5:12). F.F. 브루스, 『사도행전 (상)』, 103.

15) 조셉 A. 피츠마이어, 『사도행전 주해』, 299.

16) 하워드 마샬, 『사도행전』, 137-138; 조셉 A. 피츠마이어, 『사도행전 주해』, 398.

8) 하나님을 찬미함(행 2:47)

예루살렘 교회 신자들은 모일 때 "하나님을 찬양"하였다. 그들은 지난날에 은혜를 베푸시고 구원해 주시고 도와주신 하나님께 감사하는 마음을 가지고 하나님을 찬양했을 것이다. 이런 하나님에 대한 찬양은 은혜와 구원을 받았던 예루살렘 교회 성도들의 자연스러운 반응이었을 것이다.

9) 온 백성에게 칭송을 받음(행 2:47)

예루살렘 교회 성도들은 모든 백성에게 "칭송을 받았다." 이 표현은 그들이 모든 백성의 호감을 샀다는 의미이다. 예루살렘 교회 안에서 성도들은 기쁨과 관대한 마음으로 서로를 대했고, 교회 밖에서는 기쁨으로 많은 선행을 하였다.[17] 이런 예루살렘 교회의 생활은 교회 외부의 백성으로부터 호감을 사기에 충분했을 것이다.

10) 구원받는 사람들이 날마다 늘어남(행 2:47)

예루살렘 교회에 구원받는 사람들은 날마다 증가하였다. 여기서 "구원받는 사람들"은 "새신자들"을 가리킨다. 예루살렘 교회에 날마다 새신자들이 늘어났다는 것은 예루살렘 교회의 복음 전파 활동이 매일 지속되었다는 사실을 말해 준다.

여기서 한 가지 주목할 점이 있다. 날마다 구원받은 사람들을 교회에 더

---

17)   참조. F.F. 브루스, 『사도행전 (상)』, 103.

하신 분은 바로 "주님"이라는 것이다. 이것은 매우 중요한 점을 가르쳐 주는데 영혼이 구원받는 것은 사람의 일이 아니고, 전적으로 주님의 일이란 사실이다. 초대 예루살렘 교회는 날마다 복음을 전하였고, 주님께서는 날마다 구원받는 사람들을 더해 주셨다. 예루살렘 교회는 날마다 전도하는 교회였고 부흥하는 교회였다.[18]

11) 사도들의 증언(행 4:33)[19]

사도행전의 두 번째 요약문에서 알 수 있는 새로운 요소는 "사도들의 증언"이다. 사도들은 "주 예수의 부활"에 관해 증언했다. 그들은 자연스럽게 예수 그리스도의 죽음에서 시작하여 주 예수의 부활을 증언했을 것이다. 예수 그리스도의 죽음과 부활은 초대 교회 설교의 핵심이었다. 사도들은 "큰 권능으로" 주 예수의 부활을 증언했다. 그들은 성령이 충만한 가운데 큰 권능을 받아 담대히 복음을 증거하였다(참조. 행 1:8; 4:31).

사도들의 증언을 통하여 무리가 큰 은혜를 받았다. 여기서 "무리"는 교회 신자들 공동체를 가리키는 말이다. 그러므로 "무리가 큰 은혜를 받았다"는 표현은 사도들의 증언을 통하여 하나님의 은혜가 교회의 모든 신자들에게 강력하게 역사하였다는 것을 의미한다.[20] 누가의 두 번째 요약문

---

18) 이상의 예루살렘 교회의 생활에 관한 10가지의 상세한 요소들은 사도행전의 첫 번째 요약문(행 2:42-47)을 통하여 알 수 있는 특징이다.

19) 예루살렘 교회의 특징에 대한 보도는 누가의 또 다른 보도에 의해 보충되고 있다. 두 번째 요약 보도인 사도행전 4:32-35에는 첫 번째 보도에서 드러났던 "재산의 공동 소유와 나눔"(행 2:44-45)에 관해 좀 더 자세히 밝혀 준다. 그리고 앞에서 말하지 않았던 새 요소인 "사도들의 증언"에 관해 말한다.

20) 하워드 마샬, 『사도행전』, 175.

에서 한 가지 주목할 것은 하나님의 은혜가 사도들의 "설교를 통하여" 나
타났을 뿐 아니라, 가난한 사람들을 위한 신자들의 "나눔을 통하여도" 나
타났다는 점이다(행 4:34-35).

12) 많은 병자들이 나음(행 5:15-16)

사도행전의 세 번째 요약문[21]은 특히 사도들을 통한 기적적인 치유 사
건을 중요하게 강조하여 보도한다. 이제 기적적인 치유는 베드로뿐만이
아니라 다른 사도들을 통해서도 나타난다. 누가는 사도들의 손을 통하여
백성 가운데 표적과 기사가 많이 나타났다고 보도한다(행 5:12). 누가는
다른 사도들을 통한 치유를 언급하면서도 베드로의 위치를 부각시킨다.
사람들은 베드로를 통하여 치료받기를 원했다. 그래서 그들은 심지어 병
든 사람을 메고 거리로 나가 침대나 요 위에 눕혀 놓고, 베드로가 지나갈
때 그 그림자라도 그들 중 누구에게 덮이기를 바랐다(행 5:15).[22] 누가의
보도에 의하면 베드로는 사도들 중에 특별히 뛰어난 치유의 능력을 가진
사도로 간주되었다.[23]

21) 누가의 세 번째 요약 보도는 사도행전 5장 12-16절이다. 이 보도에서 밝히는 "표적과 기
사", "백성의 칭송", "개종자들의 증가"는 첫 번째 보도(행 2:43, 47)와 일치한다. 그러나
앞서 언급하지 않았던 새 요소가 나타나는데 그것은 "많은 병자들의 치유"에 관한 보도
이다.
22) 이것은 바울의 손수건이나 앞치마를 통하여 나타난 치유 기적들과 유사하다고 하겠다(행
19:12).
23) 하워드 마샬, 『사도행전』, 187.

13) 교회의 소문이 퍼짐(행 5:16)

예루살렘 교회의 사도들을 통하여 나타난 치유 이적에 관한 소문이 전 (全) 예루살렘뿐 아니라 예루살렘 주변의 성읍들로 퍼졌다.[24] 그 결과 예루살렘 주변 지역에 사는 많은 사람들이 병든 사람들과 더러운 귀신들에게 시달리고 있는 사람들을 데리고 왔고 그들은 다 나음을 얻었다(행 5:16).

이와 같이 예루살렘 교회 사도들을 통하여 많은 치유 이적들이 일어났고, 예루살렘 교회의 소문은 예루살렘 도시를 넘어 예루살렘 밖으로도 퍼져 나갔다.

14) 사역 분담(행 6:1-7)

예루살렘 교회는 제자들이 더 많아지게 되었다(행 6:1). 여기서 "제자"는 그리스도인을 가리키는 말로, 예루살렘 교회의 신자들이 수적으로 크게 증가된 사실을 알려 준다. 예루살렘 교회가 크게 부흥하자 교회 안에 처음으로 문제가 발생하였다. 예루살렘 교회는 히브리파 유대인 신자들과 헬라파 유대인 신자들로 구성되어 있었다.[25] 그런데 헬라파 유대인 신자들이 가난한 자들을 위한 매일의 구제에서 자기들의 과부들이 구제의 대상

---

24) E. 헨헨. 『사도행전 (I)』, 378.
25) "히브리파 유대인들"은 대부분 팔레스타인 태생으로서 주로 아람어를 사용했다. 반면, "헬라파 유대인들"은 주로 그리스나 로마 등 여러 지역에 흩어져 살다가 예루살렘에 정착하게 된 디아스포라 유대인들이었고, 이들은 주로 헬라어를 사용했다. 참조. F.F. 브루스, 『사도행전 (상)』, 160; 하워드 마샬, 『사도행전』, 203.

에서 빠지므로 히브리파 유대인 신자들을 원망한 것이다(행 6:1). 신자들
이 크게 늘어나자 교회의 구제 사역에서 문제가 발생한 것이다.

열두 사도는 이 문제를 해결하기 위해 모든 신자들을 불러 모아 놓고 이
렇게 말했다. "우리가 하나님의 말씀을 제쳐 놓고 접대를 일삼는 것이 마
땅하지 아니하니"(행 6:2). 사도들의 본연의 임무는 기도하고 하나님의 말
씀을 가르치고 전하는 일이었다. 사도들은 이 일과 함께 구제금을 분배하
는 일도 맡아서 처리하고 있었다(행 4:35). 그런데 예루살렘 교회의 성도
들이 크게 늘어나자 사도들의 일에 부담이 오게 되었고 구제 사역에 문제
가 발생하기 시작한 것이다. 열두 사도들은 구제금 분배 때문에 자신들
이 하나님의 말씀을 전하는 본질적인 일이 소홀히 되어서는 안 된다고 생
각했다(행 6:2). 그래서 사도들은 한 가지 제안을 했다. "형제들아 너희 가
운데서 성령과 지혜가 충만하여 칭찬받는 사람 일곱을 택하라 우리가 이
일을 그들에게 맡기고 우리는 오로지 기도하는 일과 말씀 사역에 힘쓰리
라"(행 6:3-4). 여기서 주목할 만한 것은 일곱 사람을 선택하는 기준이다.
평판이 좋으면서 성령과 지혜가 충만한 영적인 자질을 갖춘 자라야 했다.
교회의 모든 신자들은 열두 사도의 제안을 기쁘게 여기고 그 제안을 실행
하였다. 그들은 믿음과 성령이 충만한 사람들인 스데반, 빌립, 브로고로,
니가노르, 디몬, 바메나, 니골라의 일곱을 택하여 사도들 앞에 세웠고, 사
도들은 이 일곱 사람에게 안수함으로 그들에게 그 사역을 위임하고 그 임
무를 행할 권위를 주었다(행 6:5-6).

예루살렘 교회의 열두 사도가 자신들의 본연의 임무인 "기도하는 일"과
"말씀 사역"에 전념하고, 택함 받은 일곱 사람들이 구제 사역 같은 행정적
인 일을 맡아서 실행하자 놀라운 결과가 나타나게 되었다. 하나님의 말씀

이 점점 왕성하게 되었고, 예루살렘에 있는 제자들의 수가 더 심히 많아지게 된 것이다. 심지어 제사장들 가운데서도 이 도에 복종하는 자들이 많이 있었다(행 6:7).

예루살렘 교회 내의 "사역 분담"은 교회 "조직"의 필요성에 관한 이야기이다.[26] 예루살렘 교회가 크게 부흥했을 때, 사도들과 신자들이 사역을 분담하기로 결정한 것이다. 사도들은 "기도하는 일"과 "말씀 사역"에 전념하고, 평판이 좋고 영적 자질을 갖춘 일곱 사람은 "구제 사역"을 담당했다. 교회가 이렇게 합당한 "조직"을 정비하자, 하나님의 말씀이 점점 왕성하게 되었고 교회에 신자들의 수는 더 심히 많아지게 되었다.

15) 선교(행 8:1-11:26)

초대 예루살렘 교회가 예루살렘을 벗어나 더 먼 지역까지 가서 복음을 전하게 된 원인은 박해 때문이었다. 스데반의 순교 직후 예루살렘 교회에 큰 박해가 일어나 사도들 외에는 모두 유대와 사마리아 땅으로 흩어졌다(행 8:1). 예루살렘 교회의 성도들은 그리스도의 증인들이 되어서 두루 돌아다니면서 복음의 말씀을 전했다(행 8:4).[27]

성령과 믿음이 충만했던 빌립은 예루살렘을 벗어나 사마리아 성에 내려가 그들에게 그리스도와 하나님의 나라를 전파하였다(행 8:5, 12). 그 결과는 놀라웠다. 많은 사마리아 사람들이 빌립의 말을 믿고 침례를 받았고(행 8:6, 12), 빌립을 통하여 축사와 치유의 기적들도 많이 일어났다. "많은

---

26) 찰스 탈버트는 사도행전 6장 1-7절을 교회 조직의 필요성에 대한 본문으로 간주한다. 참조. 찰스 탈버트, 『사도행전』 안효선 역 (서울: 에스라 서원, 1999), 56-61.

27) "말씀"은 그리스도교의 메시지를 가리킨다. 조셉 A. 피츠마이어, 『사도행전 주해』 626.

사람에게 붙었던 더러운 귀신들이 크게 소리를 지르며 나가고 또 많은 중풍병자와 못 걷는 사람이 나으니 그 성에 큰 기쁨이 있더라"(행 8:6-7). 또한 빌립은 성령의 인도에 순종하여 에디오피아인 내시에게 복음을 전했다(행 8:35). 이 내시는 이방인이었다. 빌립을 통하여 이방 선교가 시작된 것이다.

베드로도 예루살렘을 벗어나 유대 여러 지방을 다니며 복음을 전했다. 룻다 지역에서는 8년 동안 중풍병으로 침상 위에 누워 있는 애니아를 고쳐 주었다. 베드로가 "애니아야 예수 그리스도께서 너를 낫게 하시니 일어나 네 자리를 정돈하라"고 명령하자 그가 곧 일어났다. 치유는 부활하신 그리스도의 능력으로 말미암아 일어난 것이다. 이 기적에서 치유의 행위자는 베드로가 아니라 예수 그리스도였다. 이 기적을 보고 룻다와 사론에 사는 많은 사람들이 주께 돌아왔다.[28] 또한 베드로는 욥바에 가서 병들어 죽은 여제자 도르가[29]를 살려 내었다. 베드로는 도르가가 있는 다락방에 올라가 사람들을 다 내보내고 무릎을 꿇고 기도한 후, 시체를 향하여 "다비다야 일어나라"라고 명령하자 그녀가 즉시로 눈을 떠 베드로를 보고 일어나 앉았고 베드로는 손을 내밀어 그 여자를 일으켜 세웠다(행 9:40-41).[30] 다비다의 기적이 온 욥바에 퍼지게 되었고 많은 욥바 사람들이 주를 믿게 되었다(행 9:42). 이처럼 사도행전의 여러 치유 기적들은 그 지역의 많은 사

---

28) 브루스는 이 지역 사람들의 다수가 "반(半)이방인"이었다고 말한다. F.F. 브루스, 『사도행전 (상)』, 255.

29) "도르가"는 헬라어 이름이고, "다비다"는 아람어 이름이다.

30) 베드로가 도르가를 살린 치유 활동은 예수님께서 야이로의 딸을 살릴 때의 치유 활동(막 5:35-43)과 매우 유사하다. 특히, 치유를 선언하는 명령이 주목을 끈다. 예수님은 야이로의 딸에게 "달리다굼"이라 명령하셨고, 베드로는 도르가에게 "다비다굼"이라고 명령하였다.

람들이 주를 믿는 동기가 되고, 복음이 확산되는 촉매 역할을 하였다.

예루살렘 교회의 선교에 있어 중요한 전환점을 이루는 사건은 베드로가 고넬료를 회심시킨 이야기다.[31] 하나님을 경외하는 자[32]였던 고넬료는 기도 시간에 환상 가운데 하나님의 천사의 지시를 받았다. 그 천사는 고넬료에게 "네 기도와 구제가 하나님 앞에 상달되어 기억하신 바가 되었"(행 10:4)다고 하면서, 베드로를 그의 집으로 초청하라는 말을 듣는다 (행 10:5). 한편 베드로 역시 기도 시간에 환상을 통하여 고넬료를 만나도록 인도받는다. 베드로는 환상 중에 "하나님께서 깨끗하게 하신 것을 네가 속되다 하지 말라"는 음성을 듣는다(행 10:15). 베드로가 이 환상에 대하여 생각하고 있을 때 성령께서 그에게 말씀하셨다. "두 사람이 너를 찾으니 일어나 내려가 의심하지 말고 함께 가라 내가 그들을 보내었느니라"(행 10:19-20). 이 환상은 유대인인 베드로로 하여금 이방인인 고넬료를 만나도록 인도해 주고 있다. 베드로는 고넬료의 집에 들어가 설교를 하였고(행 10:34-43), 베드로가 설교하는 중에 성령이 말씀을 듣는 모든 사람에게 내려와, 방언을 말하고 하나님을 높이는 역사가 일어났다(행 10:44-46). 베드로의 설교를 통하여 이방인들이 구원을 받게 되었고, 장차 이방 선교의 문이 활짝 열리게 된 것이다.

예루살렘 교회의 이방 선교는 더 멀리 안디옥까지 확산된다. 스데반의 순교 직후 흩어진 자들이 베니게와 구브로와 안디옥까지 이르러 유대인에

---

31) 사도행전에서 이 이야기는 세 번 반복되어 나온다(행 10:1-48; 11:1-18; 15:7-11). 이것은 누가가 이 이야기를 중요하게 취급한다는 의미이다.

32) "하나님을 경외하는 자"란 하나님을 공경하고 회당 예배에 참석하지만, 아직 할례를 받지 않은 이방인을 가리키는 말이다. "개종자"는 할례를 받음으로 유대교를 온전히 받아들인 사람이다. 하워드 마샬, 『사도행전』, 296.

게 말씀을 전하였는데, 그들 중 그리스도인이 된 구브로와 구레네 사람들 몇 명이 안디옥에 이르러 헬라인들에게 주 예수를 전파했다(행 11:19-20). 누가는 그들의 선교의 결과를 이렇게 보도한다. "주의 손이 그들과 함께 하시매 수많은 사람들이 믿고 주께 돌아오더라"(행 11:21). 안디옥에서 수많은 이방인들이 주께 돌아왔다. 이 이방인의 회심은 하나님이 함께하신 결과였다. 이제 안디옥에서의 이방인 선교는 그 규모에 있어 완전히 새로운 국면을 맞게 되었다. 이때는 매우 중요한 시점이었다. 왜냐하면 안디옥에서 수많은 이방인들이 믿고 주님께로 돌아왔기 때문이다. 예루살렘 교회는 이 소식을 듣고 바나바를 안디옥에 보냈다. 바나바는 회심한 안디옥의 모든 신자들에게 "굳건한 마음으로 주와 함께 머물러 있으라"(행 11:23)고 권하였다. 바나바는 다소에 가서 사울을 찾아내어 안디옥으로 데리고 와서 둘이 함께 교회에서 일 년간 큰 무리를 가르쳤다(행 11:25-26). 안디옥 교회는 놀라운 성장을 하게 되었고 이제 안디옥 교회로부터 복음이 땅 끝까지 이르는 초대 교회의 활발한 선교 활동이 전개될 발판이 마련된 것이다.

요약하면, 오순절 날 성령의 강림으로 탄생하게 된 예루살렘 교회는 앞에서 살펴본 것처럼 15가지의 특징이 나타난 생명력이 넘치는 약동하는 교회였다.

2. 여의도순복음교회: 초대 교회를 본받았는가?

우리는 앞에서 최초의 교회인 예루살렘 교회를 통하여 나타난 15가지의 특징적 요소들을 간략히 고찰하였다. 여기서는 이 특징적 요소들이 여의도순복음교회를 통하여도 나타났는지 살펴보고자 한다. 필자는 앞에서 다룬 특징적 요소들의 순서를 오늘날 교회에 적용하기 쉽게 바꾸고, 주요한 내용을 중심으로 개괄적으로 다루고자 한다.

1) 예배의 열심

여의도순복음교회는 성전에 모이기를 힘쓴 교회였다. 성도들이 은혜를 사모하는 마음으로 예배당 앞자리에 앉아 예배를 드리려고, 예배 시작 약 1시간 전부터 성전 입구에 줄을 서서 기다렸다는 것은 이미 널리 소문난 이야기다. 이것은 날이 무더운 여름이나 찬 바람이 부는 추운 겨울에도 마찬가지였다. 그들은 모두 은혜를 사모하는 한마음으로 일치되어 있었다. 이처럼 여의도순복음교회 성도들은 초대 교회 성도들처럼 "예배에 대한 열심"이 대단하였다.[33]

2) 뜨거운 찬양

여의도순복음교회 성도들은 모일 때마다 하나님을 뜨겁게 "찬양"했다. 손바닥을 치며 즐겁고 힘차게 하나님을 찬양하였다.[34] 오늘날 한국의 많은 교회에서 손바닥을 치며 찬양하는 전통은 아마 여의도순복음교회의 영

---

[33] 초대 교회는 "매일" 성전에 모여 예배를 드렸다. 여의도순복음교회(그리고 한국의 대다수 교회)는 주일 예배, 수요 예배, 금요 철야 예배 외에 매일 새벽 예배를 드리고 있기에 초대 교회처럼 "매일" 예배를 드린다고 말할 수 있을 것이다.

[34] 초대 교회 성도들이 손바닥을 치며 찬송하였다는 명시적인 기록은 성경에 나오지 않는다. 그러나 초대 교회 성도들은 구약성경(시 47:1)의 말씀을 따라, 손바닥을 치며 하나님께 찬양을 드렸을 개연성이 있다고 본다.

향을 받은 것으로 판단한다. 당연히 이 찬양에는 하나님께서 베풀어 주신 은혜에 대한 감사의 마음이 포함되었을 것이다.

3) 합심 기도

여의도순복음교회 성도들은 모일 때마다 "개인 기도"와 함께 "합심 기도"를 드렸다. "합심 기도"는 대개 설교 전과 후에 드려졌다. 영산은 설교 전 성도들이 은혜받을 마음의 준비를 하도록 특정한 기도의 주제들을 가지고 "합심 기도"를 인도하였는데, 항상 나라와 민족을 위한 기도를 포함시켰다. 설교 후에도 항상 "합심 기도"를 인도하였는데, 이것은 성도들이 들은 말씀을 통해 자신을 정비하고 새 출발을 하도록 하기 위함이었다. 또한 금요 철야 예배에서 어떤 특정한 기도의 제목들을 가지고 "합심 기도"를 드렸다. 합심 기도를 드릴 때 "주여"를 세 번 외치고 기도드리는 것은 여의도순복음교회의 대명사가 되었다. 영산은 "금식기도"도 강조하였기에 많은 성도들이 오산리최자실기념금식기도원에 올라가 금식하고 기도하며, 많은 은혜를 체험하였다.[35] 이처럼 여의도순복음교회는 모일 때마다 "기도"에 힘쓴 교회였다.

4) 능력에 사로잡힌 설교

영산은 한평생 설교 준비와 설교를 하며 목회를 하였다고 말할 수 있을

---

35) 영산은 기도 시간에 대해, 성도들에게는 하루에 최소한 1시간 이상, 교역자들에게는 하루에 최소 3시간 이상 기도해야 한다고 권면하였다. 영산 자신은 하루에 3시간에서 5시간 정도 기도에 힘썼다.

정도로 설교에 전념하였다. 그의 설교의 핵심은 예수 그리스도의 십자가의 대속의 은혜였다. 다시 말해, 예수 그리스도의 죽음과 부활을 통해 이루어 놓으신 "오중복음"과 "삼중축복"의 메시지였다. 영산은 설교 전 항상 간절한 기도를 통해 성령으로부터 전할 말씀(레마)을 받아 전하였다. 영산은 설교 준비를 마친 후 설교를 위해 결사적 기도를 하였다. 그래서 늘 성령으로 충만한 가운데 성령의 능력에 사로잡혀 담대히 복음을 전하였다. 이렇게 준비된 설교이었기에 초대 교회 사도들의 설교처럼, 영산의 설교를 통하여도 많은 성도들이 큰 은혜를 받았고 많은 하나님의 응답을 경험하였다.

5) 많은 신유의 역사

영산은 공예배 시 설교 후에 항상 병든 자들의 치료를 위해 기도하였다. 이것은 국내나 해외에서도 마찬가지였다.[36] 이 신유 기도를 통해 치료의 역사가 많이 일어났다. 영산은 공예배뿐 아니라, 개인적으로도 많은 병자들의 치료를 위해 안수하였다. 영산이 아침에 사무실에 출근할 때면 10~20명의 죽어 가는 환자들이 사무실 앞에 줄을 서서 기도를 받기 위해 기다리고 있었다. 영산은 이들에게 일일이 손을 얹어 안수 기도를 해 준 후 하루 일과를 시작하곤 하였다. 영산의 기도를 통해 병 고침을 받은 사람들은 셀 수 없이 많을 것이다.[37] 이러한 여의도순복음교회의 병 고침의 소문은 오늘날 한국뿐 아니라 해외에도 널리 퍼져 있다.

---

36) 영산은 국내외에서 설교 후 반드시 "결신 기도"와 "신유 기도"의 시간을 가졌다.

37) 물론 여의도순복음교회 내에서 영산만이 신유 사역을 한 것은 아니다. 다른 교역자들도 자신이 맡은 양 무리들의 치료를 위해 늘 기도하고 안수도 한다.

6) 많은 기사들과 표적들

여의도순복음교회를 통하여 "기사들과 표적들"이 많이 나타났다. 이런 역사는 국내 집회뿐 아니라 해외 성회에서 더 많이 일어났다.[38] 하나님께서는 사도들의 증언이 참됨을 확인시켜 주기 위하여 기사들과 표적들이 많이 나타나게 하셨는데, 하나님께서는 영산에게도 "기사들과 표적들"이 많이 나타나게 하심으로 그가 전한 메시지가 참됨을 확인시켜 주셨다. 여의도순복음교회의 많은 성도들은 예배에 참여할 때 질병의 고통뿐 아니라 각가지 삶의 문제들과 마음의 고통을 안고 나왔지만, 예배를 통하여 실제로 많은 성도들이 병 고침과 문제의 해답을 받았고 귀신의 눌림에서 해방되는 기쁨과 자유를 체험하였다. 이처럼 여의도순복음교회의 예배에는 성령이 강하게 역사하심으로 "많은 기사들과 표적들"이 나타났다.

7) 규칙적인 성만찬

예수 그리스도의 십자가 사건이 영산의 목회에서 중심이었기에, 그는 자연히 예배에서 "성만찬" 예식을 강조할 수밖에 없었다. 여의도순복음교회는 어느 시점부터 매달 첫 주일에 성찬 예식을 거행하였다.[39] 성만찬 예식을 시작한 후 한 번도 거르지 않고 "규칙적으로" 시행하였다.

---

38)   해외 성회에서 일어난 기적들의 생생한 현장은 여의도순복음교회 FGTV를 통해 접할 수 있다.

39)   영산은 개인적으로 매 주일 예배에서 성찬 예식을 갖기를 원했을 것이다. 그러나 매 주일 몰려오는 수많은 성도들과 매주일 일정한 시간을 정해 놓고 일곱 번이나 드려지는 예배로 인해, 매 주일 예배 때마다 성만찬 예식을 거행한다는 것은 무리였을 것이다.

8) 교육에 힘씀

영산은 성도들을 위한 교육의 중요성을 누구보다 잘 알고 있었다. 여의
도순복음교회는 처음 결신한 새신자들을 위한 "새신자 교육"을 실시하였
고, 평신도들을 위한 교육도 적극적으로 시행하였다. 교회의 성도 수가 크
게 늘어나 10만 명에 육박하고 있을 때, 영산은 이 많은 성도들을 위한 체
계적인 신앙 교육의 필요성을 절감했다. 그래서 성도들의 교육을 위해 "순
복음교육연구소"를 설립하고, 먼저 "평신도 성경 학교"와 "평신도 성경 대
학"을 개설하여 평신도 교육에 힘썼다.[40] 순복음교육연구소는 그 후 다양
한 교육 프로그램을 운영하면서 성도들의 교육에 힘썼다. 교사들은 가르
침의 은사를 받은 연구원들과 교역자들이 담당하였다. 또한 여의도순복음
교회는 정기적으로 많은 구역장들과 지역장들의 교육에도 힘썼다.[41]

9) 다양한 구제 활동

여의도순복음교회는 개인적 차원에서 그리고 교회적 차원에서 다양한
구제 활동을 펼쳤다. 개인적으로는 "사랑의 손길 헌금",[42] "사랑 행복 헌

---

40) 순복음교육연구소는 1978년 12월 27일에 설립되었다. 성경 학교 교재는 구약과 신약 전
     반을 배울 수 있도록 구성되었다. 조용기, 『하나님의 말씀』 (서울: 영산출판사, 1980). 성
     경 대학 교재는 하나님, 예수님, 성령님, 사도신경, 예배와 기도 등 다양한 주제로 구성되
     어 있다. 조용기, 『말씀과 믿음』 상, 하권 (서울: 영산출판사, 1981). 여의도순복음교회 내
     의 "국제신학연구원"의 전신이 "순복음교육연구소"였다.
41) 여기서 여의도순복음교회 내의 많은 기관에서 진행된 다양한 교육 프로그램들을 일일이
     언급할 수는 없을 것이다.
42) 이 헌금은 생활이 어려운 농어촌 교역자들을 돕기 위한 것이다.

금", "특별 구제 헌금" 등을 상시로 드렸고, 교회적 차원에서는 "나누어갖기
운동본부", "사랑의실천운동본부" "영산조용기자선재단" 등을 설립하여 교
회 안팎의 가난한 사람들을 위하여 다양하고도 폭넓은 "구제 사역"을 펼쳤
다.[43] 여의도순복음교회는 초대 교회처럼 재산 공유 공동체는 아니었지
만, 소유의 나눔의 권한은 초대 교회처럼 전적으로 성도 개인에게 있었다.
이처럼 여의도순복음교회 내의 구제 행위는 초대 교회처럼 강제적이 아니
라 자발적으로 이루어졌다.[44]

10) 체계적인 조직

예루살렘 교회가 수적으로 부흥하자 교회 내에 조직을 만들어 사역을
분담한 것처럼, 여의도순복음교회도 부흥하면서 여러 조직들을 체계 있게
갖추어 나갔다. 구역(여성 구역, 남성 구역)을 비롯하여, 남선교회, 여선교
회, 대교구, 소교구, 그리고 교육, 교무, 복지, 선교, 방송 등을 담당하는 방

---

43) 여의도순복음교회의 구제 활동에 대해서는 다음 장에서 상세히 소개하고자 한다.

44) 영산은 헌금이나 구제금에 대해 성도들에게 결코 강요한 적이 없다. 그는 항상 성도들이
    형편에 맞춰 자유롭게 결정하고 기쁜 마음으로 드리도록 인도하였다. 영산은 "십일조"에
    대해서는 매우 중요하게 여기고 성도들에게 자주 강조하였다. 그러나 십일조에 대해서
    도 영산은 "왜 성도가 십일조를 드려야 하는지" 그 이유와 결과에 대해 충분히 설명함으로
    성도들이 자원하여 드리도록 하였지, 결코 강제적으로 바치도록 하지 않았다. 영산은 하
    나님께 기쁜 마음으로 헌금을 드린다는 것을 표하기 위해 헌금을 드리기 전에 모든 성도
    들이 박수를 친 후 하나님께 헌금을 드리도록 인도하였다. 이것은 영산이 1980년 2월 미
    국 오클라호머 시의 쉐이퍼(Shaffer) 목사 교회에서 성회를 인도할 때, 그 교회 성도들이
    헌금을 드리기 전 하나님께서 즐겨내는 자를 사랑하신다는 말씀에 근거하여 박수를 치는
    광경을 보고 마음에 큰 감동을 받은 것이 계기가 되었다. 참조. 조용기, "부요와 하나님의
    축복," 〈순복음의 말씀〉 제74호(1980. 3. 2.).

대한 조직을 갖추었다. [45] 이런 많은 기관들이 각각 맡은 교회의 행정 사역을 감당함으로, 영산은 "기도하는 일"과 "말씀을 전하는 사역"에 주력할 수 있었고 수십만 명의 성도들을 이끌 수 있었다. 이처럼 여의도순복음교회는 초대 교회처럼 "교역자들의 사역(기도와 말씀)"과 "평신도들의 사역(다양한 행정)"을 적절히 분담함으로 크게 부흥한 교회였다고 말할 수 있다.

11) 집에서 모인 구역

여의도순복음교회는 예루살렘 교회처럼 성전뿐 아니라 집에서도 모임을 가졌다. 성도들은 매주 한 번 날을 정하여 서로서로의 집에서 모였다. 이것이 바로 "구역" 모임이었다. 이런 구역 모임에서는 찬양, 기도, 말씀, 그리고 각자의 문제를 내어놓고 합심 기도를 하는 시간을 가졌다. 그리고 간단한 친교와 교제의 식사도 나눴다. 이 구역 모임은 초신자들과 일반 평신도들의 신앙 성장과 발전에 큰 도움을 주었다. 구역은 여의도순복음교회 성장에도 크게 기여한 한 요소라고 말할 수 있다. [46]

---

45) 여의도순복음교회의 조직은 너무나 방대하여 여기서 다 소개하기 힘들다. 다음의 자료를 참조하라. 여의도순복음교회 50년사 편찬위원회, 『위대한 소명-희망 목회 50년: 여의도순복음교회 50년사』 (서울: 여의도순복음교회, 2008); 여의도순복음교회 60년사 편찬위원회, 『성령님과 함께 한 60년-고난과 영광의 여정: 여의도순복음교회 60년사』 (서울: 서울말씀사, 2018).

46) 영산이 구역을 조직하게 된 것은 그가 혼자 많은 사역을 감당하다가 강단에서 쓰러진 사건이 계기가 되었다. 영산은 성경을 읽다가 출애굽기 18장 18절과 사도행전 2장 46-47절을 통하여 영감을 받아 구역을 출범시켰다.

12) 왕성한 선교 활동

여의도순복음교회는 초대 예루살렘 교회처럼 "선교"하는 교회였다. 영산은 천막 교회 시절부터 가슴에 불타올랐던 두 가지의 큰 꿈이 있었다. 그 하나는 기필코 세계 최대의 교회를 세우겠다는 것이고, 또 다른 하나는 온 천하에 다니며 만민에게 복음을 전하겠다는 것이었다. 영산은 이 두 가지의 꿈을 모두 성취하였다. 예루살렘 교회는 유대와 사마리아와 안디옥까지 나아가 복음을 전했다. 그리고 안디옥 교회는 성령의 지시로 바나바와 바울을 선교사로 파송하였고, 결국 바울에 의해 복음은 로마에까지 이르게 되었다. 그러나 영산은 한국을 넘어 성령께서 문을 열어 주시는 대로, 오대양 육대주를 다니며 복음을 전하였다.[47]

13) 교회의 소문이 널리 퍼짐

초대 예루살렘 교회처럼 여의도순복음교회의 많은 치유 이적에 대한 소문은 한국뿐 아니라 세계에 널리 퍼졌다. 여의도순복음교회의 소문은 단지 치유뿐이 아니었다. 손뼉을 치며 열정적으로 부르는 찬양과 폭포 소리 같은 합심 기도, 구역 조직, 놀라운 교회 성장 등의 소문도 세계에 널리 퍼져 있다.

---

47) 영산은 지구를 120바퀴나 돌면서 온 천하에 복음을 전했다. 영산이 선교지에서 전하는 메시지는 국내에서와 유사했다. 예수 그리스도의 십자가 중심의 오중복음과 삼중축복이었다. 영산이 인도하는 성회마다 수많은 사람들이 모였고, 많은 사람들이 회심하였고, 신유의 기적들이 많이 나타났다. 영산의 선교 활동에 대해서는 다음 장에서 상세히 다루고자 한다.

14) 지속적인 부흥

여의도순복음교회는 예루살렘 교회처럼 날마다 부흥하는 교회였다. 매우 열악한 환경이었던 초기 천막 교회에서도 3년 만에 600명의 성도로 부흥하였고, 1961년 서대문에 나와서도 3년 만에 3,000명으로 부흥하였다.[48] 1973년 여의도에 나올 때는 18,000명으로 부흥하였고, 1979년에는 10만 명으로 부흥하였으며, 영산이 은퇴한 2008년에는 성도 수가 78만 명에 이르게 되었다.

15) 칭송

여의도순복음교회는 한국 전쟁 이후, 고난받던 우리 민족과 함께 걸어온 교회였다. 영산은 전쟁의 폐허 속에서 가난과 질병으로 절대 절망에 처한 사람들에게 절대 희망의 메시지를 전하며 용기와 희망을 불어넣어 주었고, 그 결과 많은 사람들이 절망에서 벗어나 새 삶을 살게 되었다. 그리고 여의도순복음교회가 성장하여 재정적 여력이 생기면서 헐벗고 굶주린 우리 국민과 세계의 가난한 사람들을 위해 다양한 구제와 복지 사업을 펼치며 선한 사업을 하였다.[49] 그러나 교회 외부의 사람들로부터 여의도순복음교회에 대한 평가는 엇갈리는 것 같다. 일단의 사람들은 초대형 교회

---

48) 영산이 교회의 정체를 느낀 것은 1964년 성도 수가 3천 명이었을 때뿐이었다. 그러나 영산은 하나님으로부터 성령이 "인격적인 존재"임을 계시받은 후, 성령과 끊임없는 친밀한 교제를 나누었고, 그 결과 성령의 도우심을 받아 3천 명의 장벽을 넘어 목회 내내 지속적인 교회의 부흥을 경험할 수 있었다.

49) 이에 대해서는 다음 장에서 상세히 다룰 것이다.

로서 한국의 다른 교회들이 하지 못할 일들을 대체적으로 잘해 냈다고 긍정적인 평가를 하지만, 다른 일단의 사람들은 지나치게 축복을 강조하고 고난은 회피하며, 윤리 의식이 부족하다는 등의 부정적인 평가를 내리기도 한다. 이런 상반된 평가는 다양한 이유와 동기에서 비롯될 것이다.[50]

지금까지 필자는 초대 예루살렘 교회에 나타난 15가지 특징적 요소들이 여의도순복음교회에서도 나타났는지 간략히 살펴보았다. 필자가 보기에 초대 교회에서 나타난 특징은 대체적으로 여의도순복음교회를 통해서도 나타났다고 말할 수 있을 것이다. 그렇다면 여의도순복음교회는 초대 예루살렘 교회를 본받은 교회라고 간주할 수 있을 것이다.[51]

---

50) 여의도순복음교회에 대한 부정적인 평가는 신학적 관점의 차이에서 나올 수도 있고, 다른 사람들의 비판에 그저 동조하는 경우도 있을 것이고, 여의도순복음교회의 신앙과 여러 선한 사업을 모르고 비판할 수도 있을 것이다. 또한 일부 신자들의 윤리 의식의 부족을 곧 여의도순복음교회 전체의 잘못으로 간주하고 비판할 수도 있을 것이다. 특히, 대형 교회에 대한 시각은 더 따가울 수 있다. 여기서 한 가지 언급하고 싶은 것은 여의도순복음교회를 평가할 때, 다른 사람들의 평가에 좌우되거나 떠다니는 소문에만 의지하지 말고, 직접 여의도순복음교회의 예배에 참석해 보고, 또 알고 싶은 여러 사항들을 직접 확인해 보라는 것이다. 그래야 보다 객관적인 평가를 내릴 수 있을 것이다.

51) 여의도순복음교회의 장래를 위해서는 앞으로가 중요하다고 하겠다. 한편으로는, 그동안 나타났던 초대 교회의 특징적 요소들이 지속적으로 나타나게 하면서, 다른 한편으로는, 하나님이 세워주신 세계 최대 교회로서의 사명을 다해야 할 것이다. 이에 대해 제7장의 "여의도순복음교회의 사명" 부분을 참조하라.

참고문헌

〈1차 자료〉

조용기. "희망을 주시는 예수님." 〈순복음가족신문〉 제2063호(2020. 4. 26.).

_____. "나에게 희망이 있는가." 〈순복음가족신문〉 제2043호(2019. 12. 1.).

_____. "나의 삶을 바꾸려면." 〈순복음가족신문〉 제2039호(2019. 11. 3.).

_____. "하나님이 주신 권세." 〈순복음가족신문〉 제2036호(2019. 10. 13.).

_____. "말하는 은사." 〈순복음가족신문〉 제2031호(2019. 9. 1.).

_____. "십자가, 삶을 변화시키는 능력." 〈순복음가족신문〉 제1937호(2017. 9. 24.).

_____. "체험하는 복음." 〈순복음가족신문〉 제1932호(2017. 8. 20.).

_____. "우리가 반드시 해야 할 입술의 고백." 〈순복음가족신문〉 제1868호(2016. 5. 15.).

_____. "고난받으신 예수님." 〈순복음가족신문〉 제1867호(2016. 5. 8.).

_____. "고난은 감사와 기쁨의 씨앗." 〈순복음가족신문〉 제1852호(2016. 1. 17.).

_____. "다 이루었다 하시고." 〈순복음가족신문〉 제1839호(2015. 10. 11.).

_____. "항상 기뻐하라, 쉬지 말고 기도하라, 범사에 감사하라." 〈순복음가족신문〉 제1836호(2015. 9. 20.).

_____. "해방과 자유." 〈순복음가족신문〉 제1817호(2015. 4. 26.).

_____. "자유와 해방을 주시는 하나님." 〈순복음가족신문〉 제1816호(2015. 4. 19.).

_____. "나는 나의 자화상을 본다." 〈순복음가족신문〉 제1812호(2015. 3. 22.).

_____. "하나님의 말씀." 〈순복음가족신문〉 제1811호(2015. 3. 8.).

_____. "삶의 환경은 주어진 것보다 만들어 가는 것." 〈순복음가족신문〉 제1809호(2015. 2. 22.).

_____. "자유와 해방." 〈순복음가족신문〉 제1799호(2014. 11. 30.).

_____. "참믿음." 〈순복음가족신문〉 제1797호(2014. 11. 23.).

_____. "말씀을 가슴에 달고 살아라." 〈순복음가족신문〉 제1795호(2014. 11. 9.).

_____. "믿음의 기도." 〈순복음가족신문〉 제1781호(2014. 7. 27.).

_____. "허망이냐, 희망이냐." 〈순복음가족신문〉 제1771호(2014. 5. 11.).

_____. "구원." 〈순복음가족신문〉 제1765호(2014. 3. 23.).

_____. "하나님이 가라사대." 〈순복음가족신문〉 제1758호(2014. 2. 2.).

_____. "주인." 〈순복음가족신문〉 제1757호(2014. 1. 26.).

_____. "나의 피난처요 나의 요새요 나의 의뢰하는 하나님." 〈순복음가족신문〉 제 1752호(2013. 12. 22.).

_____. "죽으면 죽으리이다." 〈순복음가족신문〉 제1749호(2013. 11. 24.).

_____. "화해와 만남." 〈순복음가족신문〉 제1732호(2013. 7. 21.).

_____. "예수님 안에 있는 해방과 자유." 〈순복음가족신문〉 제1731호(2013. 7. 14.).

_____. "그리스도와 함께." 〈순복음가족신문〉 제1729호(2013. 6. 30.).

_____. "어떻게 믿어야 하는가?" 〈순복음가족신문〉 제1727호(2013. 6. 9.).

_____. "탐심과 욕심의 비극." 〈순복음가족신문〉 제1720호(2013. 4. 21.).

_____. "천지와 만물이 다 이루어지니라, 다 이루었다." 〈순복음가족신문〉 제1712 호(2013. 2. 17.).

_____. "믿음이란?" 〈순복음가족신문〉 제1692호(2012. 9. 16.).

_____. "베드로의 믿음." 〈순복음가족신문〉 제1682호(2012. 7. 1.).

_____. "예수님의 부활." 〈순복음가족신문〉 제1671호(2012. 4. 15.).

_____. "심은 대로 거둔다." 〈순복음가족신문〉 제1652호(2011. 11. 27.).

_____. "예수님이 당하신 십자가 고통." 〈순복음가족신문〉 제1646호(2011. 10. 9.).

_____. "행복을 찾아서." 〈순복음가족신문〉 제1635호(2011. 7. 24.).

_____. "성경적 삶의 방식." 〈순복음가족신문〉 제1629호(2011. 6. 12.).

_____. "깊은 데로 가서 고기를 잡으라." 〈순복음가족신문〉 제1627호(2011. 5. 22.).

_____. "이유 없는 고난." 〈순복음가족신문〉 제1617호(2011. 3. 13.).

_____. "항상 긍정적으로." 〈순복음가족신문〉 제1615호(2011. 2. 27.).

_____. "하나님을 기쁘시게 하는 감사." 〈순복음가족신문〉 제1603호(2010. 11. 28).

_____. "우리가 매일 드리는 마음의 제사." 〈순복음가족신문〉 제1596호(2010. 10. 3.).

_____. "하나님의 뜻 알기." 〈순복음가족신문〉 제1589호(2010. 8. 8.).

_____. "성경적 믿음이란 무엇인가?" 〈순복음가족신문〉 제1587호(2010. 7. 25.).

_____. "삶과 고난." 〈순복음가족신문〉 제1581호(2010. 6. 13.).

_____. "마음의 생각을 지켜라." 〈순복음가족신문〉 제1579호(2010. 5. 30.).

_____. "예수님의 고난." 〈순복음가족신문〉 제1572호(2010. 4. 4.).

_____. "보혜사 성령님." 〈순복음가족신문〉 제1562호(2010. 1. 17.).

_____. "호수 저편으로 건너가자." 〈순복음가족신문〉 제1546호(2009. 9. 20.).

_____. "나의 정체성." 〈순복음가족신문〉 제1544호(2009. 9. 6.).

_____. "우리가 항상 짊어지는 예수님의 죽음." 〈순복음가족신문〉 제1533호(2009. 6. 14.).

_____. "천국과 지옥." 〈순복음가족신문〉 제1531호(2009. 5. 24.).

_____. "항상 기뻐하라 쉬지 말고 기도하라 범사에 감사하라." 〈순복음가족신문〉 제1523호(2009. 3. 29.).

_____. "성령님의 인도를 받는 길." 〈순복음가족신문〉 제1522호(2009. 3. 22.).

_____. "긍정만이 사는 길이다." 〈순복음가족신문〉 제1521호(2009. 3. 8.).

_____. "신앙의 사계절." 〈순복음가족신문〉 제1514호(2009. 1. 18.).

_____. "현실적 관심사와 영원의 관심사." 〈순복음소식〉 제458호(1987. 7. 12.).

_____. "십자가의 위대한 승리." 〈순복음 소식〉 제448호(1987. 5. 3.).

_____. "채무를 청산한 부활." 〈순복음소식〉 제447호(1987. 4. 26.).

_____. "어떻게 믿고 체험할 것인가?" 〈순복음소식〉 제446호(1987. 4. 19.).

_____. "신앙의 삼단계." 〈순복음소식〉 제437호(1987. 2. 15.).

_____. "하나님, 나, 그리고 세상." 〈순복음소식〉 제418호(1986. 10. 5.).

_____. "나라이 임하옵시며." 〈순복음소식〉 제414호(1986. 9. 7.).

_____. "내가 약할 그때에 곧 강함이라." 〈순복음소식〉 제396호(1986. 5. 4.).

_____. "어디에, 언제, 무엇을." 〈순복음소식〉 제381호(1986. 1. 19.).

_____. "환상을 본 후에." 〈순복음의 말씀〉 제371호(1985. 11. 10.).

_____. "보혈의 신비." 〈순복음의 말씀〉 제360호(1985. 8. 25.).

_____. "감사의 제사." 〈순복음의 말씀〉 제321호(1984. 11. 25.).

_____. "꿈과 믿음." 〈순복음의 말씀〉 제319호(1984. 11. 11.).

_____. "믿음에 실패하는 이유." 〈순복음의 말씀〉 제303호(1984. 7. 22).

_____. "종교냐 사랑이냐?" 〈순복음의 말씀〉 제301호(1984. 7. 8.).

_____. "신앙 중심의 가정생활." 〈순복음의 말씀〉 제293호(1984. 5. 13.).

_____. "다시 사신 예수님." 〈순복음의 말씀〉 제291호(1984. 4. 29.).

_____. "하나님의 은혜를 헛되게 하지 말라." 〈순복음의 말씀〉 제284호(1984. 3. 11.).

_____. "성령의 인도함을 받는 삶." 〈순복음의 말씀〉 제279호(1984. 2. 5.).

_____. "긍정적인 생각의 축복." 〈순복음의 말씀〉 제270호(1983. 12. 4.).

_____. "감사하는 사람 행복한 사람." 〈순복음의 말씀〉 제269호(1983. 11. 27).

_____. "무엇이 진정한 십자가인가?" 〈순복음의 말씀〉 제262호(1983. 10. 9.).

_____. "안 보이게 임하는 천국." 〈순복음의 말씀〉 제259호(1983. 9. 18.).

_____. "순복음중앙교회의 사명." 〈순복음의 말씀〉 제252호(1983. 7. 31.).

_____. "축복을 구하는 것이 잘못인가?" 〈순복음의 말씀〉 제250호(1983. 7. 17.).

_____. "순복음의 메시지." 〈순복음의 말씀〉 제228호(1983. 2. 13.).

_____. "죽은 자, 살아난 자, 묶인 자, 놓여난 자." 〈순복음의 말씀〉 제227호(1983. 2. 6.).

_____. "가난해야 좋은 신자인가?" 〈순복음의 말씀〉 제215호(1982. 11. 14.).

_____. "얕은 삶과 깊은 삶." 〈순복음의 말씀〉 제214호(1982. 11. 7.).

_____. "죄와 의." 〈순복음의 말씀〉 제207호(1982. 9. 19.).

_____. "나는 누구인가?" 〈순복음의 말씀〉 제203호(1982. 8. 22.).

_____. "꿈과 성공적인 생활." 〈순복음의 말씀〉 제196호(1982. 7. 4.).

_____. "영으로 사는 사람." 〈순복음의 말씀〉 제190호(1982. 5. 23.).

_____. "십자가 고난의 뜻." 〈순복음의 말씀〉 제176호(1982. 2. 14.).

_____. "신앙과 고통의 문제." 〈순복음의 말씀〉 제170호(1982. 1. 3.).

_____. "삼박자 축복과 십자가." 〈순복음의 말씀〉 제167호(1981. 12. 13.).

_____. "나는 이렇게 대답한다." 〈순복음의 말씀〉 제163호(1981. 11. 15.).

_____. "죽음의 체험: 내 희망이 죽을 때." 〈순복음의 말씀〉 제154호(1981. 9. 13.).

_____. "나는 누구인가?" 〈순복음의 말씀〉 제150호(1981. 8. 16.).

_____. "먼저냐, 나중이냐?" 〈순복음의 말씀〉 제149호(1981. 8. 9.).

_____. "하나님의 축복과 깨어진 사람." 〈순복음의 말씀〉 제145호(1981. 7. 12.).

_____. "나, 나의 생각." 〈순복음의 말씀〉 제143호(1981. 6. 28.).

_____. "새해에는 이렇게 살아보자." 〈순복음의 말씀〉 제122호(1981. 2. 1.).

_____. "우리 가운데서 역사하는 능력." 〈순복음의 말씀〉 제95호(1980. 7. 27.).

_____. "부요와 하나님의 축복." 〈순복음의 말씀〉 제74호(1980. 3. 2.).

_____. "십자가 위에서 본 예수." 〈순복음의 말씀〉 제72호(1980. 2. 17.).

_____. "사업을 통해 나타난 주의 영광." 〈순복음의 말씀〉 제59호(1979. 11. 18.).

_____. "성령으로 인도함을 받으려면." 〈순복음의 말씀〉 제50호(1979. 9. 16.).

_____. "보이는 믿음과 행함." 〈순복음의 말씀〉 제34호(1979. 5. 27.).

_____. "믿음의 시련." 〈순복음뉴스〉 제4호(1978. 10. 29.).

_____. "환상을 본 후에." 〈순복음의 말씀〉 제183호(n. d.).

_____. "성령님의 현재 사역." 〈순복음의 말씀〉 제181호(1977. 7. 31.)

_____. "중생과 성령세례." 〈순복음의 말씀〉 제26호(1975. 9. 3.).

_____. "물질 축복의 법칙." 〈순복음의 말씀〉 제22호(1975. 7. 27.).

_____. "그리스도께서 다시 살아 잠자는 자들의 첫 열매가 되셨도다." 〈순복음의 말씀〉 제13호(1974. 4. 14.).

_____. "설교자와 기도 생활." 『성령』 제5집 (1989): 25-37.

_____. "성령의 역사와 설교." 『성령』 제5집 (1989): 149-158.

_____. "선교와 목회." 『성령』 제4집 (1988): 21-40.

_____. "성령과 목회 (1)." 『교회성장』 제3집 (1983): 29-36.

_____. "목회자와 설교 철학." 『교회성장』 제1집 (1981): 11-25.

_____. "나의 목회와 선교." 순복음국제금식기도원 편. 『교회성장: 교회성장과 선교 2세기의 사명』 서울: 서울서적, 1988, 17-29.

_____. "나의 목회와 설교." 순복음금식기도원 편.『교회성장: 교회성장과 성도관리』. 서울: 서울서적, 1987, 35-48.

_____. "나는 이렇게 설교한다." 순복음금식기도원 편.『교회성장: 설교와 목회자관리』. 서울: 서울서적, 1986, 128-144.

_____. "내가 체험한 실질적인 교회성장." 순복음금식기도원 편.『내가 체험한 실질적인 교회성장』. 서울: 서울서적, 1985, 136-153.

_____.『삼중축복』. 군포: 한세대학교출판부, 2013.

_____.『재림』. 군포: 한세대학교출판부, 2013.

_____.『축복』. 군포: 한세대학교출판부, 2013.

_____.『신유』. 군포: 한세대학교출판부, 2012.

_____.『성령충만』. 군포: 한세대학교출판부, 2012.

_____.『중생』. 군포: 한세대학교출판부, 2012.

_____.『말』. 군포: 한세대학교출판부, 2012.

_____.『믿음』. 군포: 한세대학교출판부, 2012.

_____.『꿈』. 군포: 한세대학교출판부, 2012.

_____.『생각』. 군포: 한세대학교출판부, 2011.

_____.『마태복음 강해 IV』. 서울: 서울말씀사, 2008.

_____.『공동서신』. 서울: 서울말씀사, 2008.

_____.『나의 교회성장 이야기』. 서울: 서울말씀사, 2005.

_____.『설교는 나의 인생』. 서울: 서울말씀사, 2005.

_____.『4차원의 영성』. 서울: 교회성장연구소, 서울말씀사, 2004.

_____.『새로운 자화상: 보라 새것이 되었도다』. 서울: 서울말씀사, 2004.

_____.『성령론』. 서울: 서울말씀사, 1998.

_____.『오중복음과 삼중축복』. 서울: 서울말씀사, 1998.

_____.『4차원의 영적 세계』. 서울: 서울말씀사, 1996.

_____.『나는 이렇게 설교한다: 성공적인 목회 설교』. 서울: 서울말씀사, 1996.

_____.『조용기 목사 설교전집』제19권(전 21권). 서울: 서울말씀사, 1996.

_____. 『5중복음과 삼박자축복』. 서울: 영산출판사, 1983.

_____. 『말씀과 믿음』 상, 하권. 서울: 영산출판사, 1981.

_____. 『하나님의 말씀』. 서울: 영산출판사, 1980.

_____. 『순복음의 진리 (상)』. 서울: 영산출판사, 1979.

_____. 『순복음의 진리 (하)』. 서울: 영산출판사, 1979.

_____. 『삼박자 구원』. 서울: 영산출판사, 1977.

_____. 『요한계시록 강해』. 서울: 영산출판사, 1976.

_____. 『성령론』. 서울: 신망애사, 1971.

_____. 『병을 짊어지신 예수님』. 서울: 기독교대한하나님의성회, 1966.

Cho, David Yonggi. "Key to Church Growth Revival." *Church Growth Manual*, No. 5 (1993): 11-41.

_____. "The Holy Spirit: A Key to Church Growth." *Church Growth Manual*, No. 4 (1992): 51-63.

_____. "Church Growth." *Church Growth Manual*, No. 13 (n.d.): 13-24.

〈2차 자료〉

국제신학연구원 편. 『여의도의 목회자: 조용기 목사 일대기』. 서울: 서울말씀사, 2008.

김동수, 류동희. 『영산 조용기 목사의 삶과 사상』. 용인: 킹덤북스, 2010.

김성혜. 『네 입을 넓게 열라』. 서울: 서울말씀사, 2005.

김희성. "조용기 목사의 성경론." 『영산신학저널』 제3호 (2004): 96-121.

나용화. 『민중 신학 비판』. 서울: 기독교문서선교회, 1984.

_____. 『해방 신학 비판』. 서울: 기독교문서선교회, 1983.

마원석. "조용기 목사의 축복 신학." 〈2003 영산국제신학심포지엄〉. 한세대학교 순복음신학연구소 주관(2003. 5. 15.), 187-235.

박명수. "오순절 운동과 조용기 목사의 신학." 국제신학연구원 편. 『조용기 목사의 성령운동 연구』. 서울: 서울말씀사, 2000, 9-44.

서광선 외. 『한국교회 성령운동의 현상과 구조: 순복음중앙교회를 중심으로』. 서울: 대화출판사, 1984.

순복음음악연구소 편. 『복음성가』. 서울: 서울말씀사, 2001.

여의도순복음교회 40년사 편찬위원회. 『여의도순복음교회 40년사』. 서울: 신앙계, 1998.

여의도순복음교회 50년사 편찬위원회. 『위대한 소명—희망 목회 50년: 여의도순복음교회 50년사』. 서울: 여의도순복음교회, 2008.

여의도순복음교회 60년사 편찬위원회. 『성령님과 함께 한 60년—고난과 영광의 여정: 여의도순복음교회 60년사』. 서울: 서울말씀사, 2018.

영산신학연구소 편. 『영산 조용기 목사 성역 60주년 기념 논총: 십자가, 성령 그리고 희망』. 군포: 한세대학교출판부, 2018.

_____. 『최자실 목사 탄생 100주년 기념 논총: 성령, 기도 그리고 여성』. 군포: 한세대학교출판부, 2018.

『은혜로운 새복음성가』. 서울: 서울말씀사, 2020.

이기성. "영산 신학의 중심점: 예수 그리스도의 십자가와 부활의 내적 관계성에 대한 영산의 이해." 〈제4회 영산 신학자 학술 포럼〉. 한세대학교 영산신학연구소 주관(2005. 1. 27.), 29-53.

이영훈. "예수 그리스도의 십자가: 영산의 50년 목회와 영성의 뿌리." 〈2011 영산 국제신학심포지엄〉. 한세대학교 영산신학연구소 주관(2011. 5. 12.), 127-181.

_____. "조용기 목사의 성령 운동이 한국 교회에 미친 영향." 『영산신학저널』 제2호 (2004): 125-149.

이종성. 『신학과 신앙』. 서울: 대한기독교서회, 1977.

_____. 『평신도와 신학』. 서울: 대한예수교장로회총회교육부, 1969.

이종성 외. 『통전적 신학』. 서울: 장로회신학대학교출판부, 2004.

임승안. "영산 조용기의 구원론." 〈제4회 영산강좌〉. 한세대학교 영산신학대학원, 영산신학연구소 주관(2004. 3. 2~2004. 6. 14.), 91-150.

차정식. 『로마서 (II)』. 서울: 대한기독교서회, 1999.

최문홍. "영산과 성령님과 세계 선교." 〈제1회 조용기 5.3.4. 월드미션 심포지엄: 조용기 목사 1주기 추모·기념〉, 순복음영산신학원 주최(2022. 8. 29.), 75-91.

_____. "영산 신학의 기반." 『영산신학저널』 Vol. 46 (2018): 79-111.

_____. "4차원의 영성: 영산의 삶과 목회와 신학의 원동력." 『영산신학저널』 Vol. 29 (2013): 93-122.

_____. "영산 조용기 목사의 인간 이해." 『성령과 신학』 Vol. 23 (2007): 96-124.

_____. "영산의 구원 이해: 그리스도의 십자가 중심의 삼중구원." 〈2005 순복음 신학심포지엄: 순복음의 구원론 이해〉. 한세대학교 영산신학연구소, 여의도순복음교회 국제신학연구원 주최. 여의도CCMM빌딩 11층 그레이스홀 (2005. 2. 25.), 39-58.

_____. "조용기 목사와 성령." 『영산신학저널』 제2호 (2004): 187-230.

_____. "순복음 신학과 그리스도의 십자가: 영산의 신학 연구." 『성령과 신학』 Vol. 19 (2003): 228-246.

_____. 『누가의 성령론: 성령의 인격성 연구』. 군포: 한세대학교말씀사, 2002.

_____. "해방 신학에 대한 소고: 구스타보 구티에레즈(Gustavo Gutierrez)의 『해방 신학』을 중심으로." 『순신대학교논문집』 제4호 (1993): 217-231.

_____. "순복음 신학의 성서적 기초." 『순신대학교논문집』 제3호 (1992): 135-147.

최자실. 『나는 할렐루야 아줌마였다』. 서울: 서울말씀사, 1999.

한상인. "영산 조용기 목사의 성경론." 『영산신학저널』 제3호 (2004): 39-65.

게르하르트 폰 라트. 『창세기』. 한국신학연구소 역. 서울: 한국신학연구소, 1981.

고든 웬함. 『창세기 1-15』. 서울: 솔로몬, 2006.

고든 피. 『바울, 성령, 그리고 하나님의 백성』. 길성남 역. 서울: 좋은씨앗, 2001.

도날드 헤그너. 『마태복음 14-28』. 채천석 역. 서울: 도서출판 솔로몬, 2008.

레이몬드 E. 브라운. 『요한복음 II: 영광의 책』. 최흥진 역. 서울: CLC, 2013.

무디 스미스. 『요한 1,2,3서』. 유승원 역. 서울: 한국장로교출판사, 2001.

스테펀 S. 스말리. 『요한 1,2,3서』. 조호진 역. 서울: 도서출판 솔로몬, 2005.

시가끼 시게마사. 『선교의 길에서 기적의 하나님을 만나다』. 서울: 좋은땅, 2021.

아더 글라서, 도날드 맥가브런. 『현대 선교신학』. 고환규 역. 서울: 성광문화사, 1985.

알리스터 맥그래스. 『내가 정말 몰랐던 예수 십자가』. 박삼영 역. 서울: 규장, 2004.

위르겐 몰트만. "희망의 축복: 희망의 신학과 생명의 충만한 복음."〈2004 영산국제
　　　신학심포지엄〉. 한세대학교 영산신학연구소 주관(2004.6.3.), 15-47.

조셉 A. 피츠마이어. 『사도행전 주해』. 박미경 역. 왜관: 분도출판사, 2015.

찰스 탈버트. 『사도행전』. 안효선 역. 서울: 에스라 서원, 1999.

크레이그 A. 에반스. 『마가복음 8:27-16:20』. 김철 역. 서울: 도서출판 솔로몬, 2002.

클라우스 베스터만. 『이사야 (III)』. 서울: 한국신학연구소, 1990.

하워드 마샬. 『사도행전』. 왕인성 역. 서울: CLC, 2016.

E. 헨헨. 『사도행전 (II)』. 박경미 역. 서울: 한국신학연구소, 1989.

_____. 『사도행전 (I)』. 이선희, 박경미 역. 서울: 한국신학연구소, 1987.

F.F. 브루스. 『사도행전 (상)』. 이용복, 장동민 역. 서울: 아가페 출판사, 1989.

_____. 『사도행전 (하)』. 김재영, 장동민 역. 서울: 아가페 출판사, 1988.

Simpson, A.B. 『사중의 복음』. 손택구 역. 서울: 예수교대한성결교회 출판부,
　　　1980.

Yabrough, R.W. "계시." 『IVP 성경신학사전』. 데스몬드 알렉산더, 브라이언 로즈너,
　　　D.A. 카슨, 그레엄 골즈워디 편. 권연경 외 역. 서울: IVP, 2004, 559-567.

Barrett, C.K. *Acts*. Volume I (I-XIV). Edinburgh: T&T Clark, 1994.

Bratcher, Robert G. "Biblical Words Describing Man: Breath, Life, Spirit." *The
　　　Bible Translator*, Vol. 34 No. 2 (1983): 201-209.

Menzies, Robert P. *Empowered for Witness: The Spirit in Luke-Acts*. Sheffield:
　　　Sheffield Academic Press, 1994.

Schneider, J. "스타우로스(헬/*stauros*)." *Theological Dictionary of the New Testament*.

Vol. VII. Edited by Gerhard Kittel and Gerhard Friedrich. Translated by Geoffrey W. Bromiley. Grand Rapids: Wm. B. Eerdmans Publishing Company, 1971, 572-584.

〈기타 자료〉

굿피플 연차보고서. https://www.goodpeople.or.kr/kor/news/annual-report. html. 2023년 2월 7일 접속.

여의도순복음교회 홈페이지 교회 소개. http://yfgc.fgtv.com.

여의도순복음교회 홈페이지 주일 예배 영상. http://www.fgtv.com/fgtv.

조용기. "마게도냐로 건너와서 우리를 도우라." 여의도순복음교회 성전 완공 첫 주일 예배 설교(1973.8.19.). https://www.youtube.com/watch?v=D-G-6qqJ04g. 2023년 3월 10일 접속.

_____. 제1회 "한세대 초청 아시아 청년 지도자 영성수련회" 설교(2013.2.21.).

"조용기 목사 해외 문서 선교 사역의 어제와 오늘." 〈순복음가족신문〉 제1513호 (2009.1.11.).

성구 색인

구약성경

신약성경

부록 1: 영산의 연표

이 연표에는 영산과 여의도순복음교회의 구제와 봉사 활동은 포함하지 않았다. 이에 대해서는 부록 3을 참조하라.

1936. 2. 14.	경남 울주군 삼남면 교동리에서 부친 조두천 씨와 모친 김복선 여사의 5남 4녀 중 맏아들로 출생

1950년대

1958. 3. 15.	최자실 전도사와 함께 순복음신학교 졸업(제4회)
5. 18.	5명의 성도로 대조동 천막 교회 개척(서울시 서대문구 대조동)
1959. 4.	천막 성전 건립 및 확장(성도 50여 명)

1960년대

1961. 1. 30.	군 입대(8.25. 의병 제대)
9. 1.	서대문 로터리에서 한 달 동안 천막 대부흥 성회 개최. 샘 토드 목사 설교 통역
10. 15.	서대문으로 교회 이전, 두 번째 교회 개척 예배
1962. 2. 18.	순복음중앙부흥회관 준공, 헌당 예배
4. 26.	조용기 전도사 목사 안수
5. 13.	'순복음중앙부흥회관'에서 '순복음중앙교회'로 개칭
1964. 4. 12.	미국 하나님의 성회 초청으로 첫 해외 선교
12. 13.	순복음중앙교회 본관 헌당 예배

1965. 1. 24.	스웨인 목사 협동 선교사로 취임
3. 1.	최자실 전도사의 딸 김성혜와 결혼
1966. 2. 17.	『병을 짊어지신 예수님』 출간(기독교대한하나님의성회 발행)
4. 5.	조용기 목사 위임식 및 제1회 장로 장립
5. 19.	대한 하나님의 성회 총회장 피선
1967. 2. 5.	월간 『신앙계』 창간
7.	기독교 세계 오순절 대회 중앙실행위원 피선
1968. 8.	여의도 새 성전 건축헌금 작정
10.	미국 베다니 신학대학에서 명예신학박사 학위 취득
1969. 4. 6.	여의도 새 성전 착공예배
7. 7~11.	제3차 하나님의 성회 극동아시아대회 개최

1970년대

1970. 4.	종교법인 기독교대한하나님의성회 재단 이사장 피선
11. 3~8.	세계 오순절 대회 참석
1971. 1. 1.	교구제 실시
8. 23~27.	남산 대부흥 성회(남산 야외음악당) 개최
10. 11~16.	여의도 민족제단 신축기념 대성회(여의도 대부흥 성회)
11. 20.	『성령론』 출간(신망애사 발행)
12. 16.	여의도 민족제단 상량예배
1972. 8. 10.	최자실 전도사 목사 안수
1973. 3. 7.	순복음오산리기도원(현, 오산리최자실기념금식기도원) 설립
8. 19.	여의도 새 성전에서 첫 예배
9. 18~23.	제10차 세계 오순절 대회 주관
9. 23.	여의도 성전 헌당 예배

1974. 8. 2.	오산리기도원 성전 헌당 예배
1975. 1. 1.	대교구제 실시(행정구역 단위로 설정)
6. 23~27.	서울 대전도대회(장충체육관)에서 설교
12. 15~19.	제1회 구역장 세미나
1976 3. 10.	영산출판사 설립
4. 20.	순복음실업인선교연합회 설립
5. 31~6. 4.	제3회 순복음 세계 선교 대회(국내 개최 시작)
9. 23.	미국 LA에 순복음중앙신학교 설립
11. 4.	국제교회성장연구원(Church Growth International) 창설
1977. 1.	교회 내 교무국 신설
1. 20.	선교센터(현, 제1 교육관) 준공 예배
6. 22.	국제교회성장연구원(CGI) 제1회 세미나 개최
7. 1.	서독 베를린에 순복음신학교 설립
7. 19.	교회창립 20주년 기념관 헌당
12. 30.	『삼박자 구원』 출간(영산출판사 발행)
1978. 2. 1.	미국 뉴욕에 순복음신학교 설립
4. 7.	순복음아세아지구연합회 결성(일본 고베에 극동신학교 설립)
6. 25.	교회창립 및 목회 20주년 기념 예배
8.	최자실 목사 자서전『나는 할렐루야 아줌마였다』 출간
9. 5.	전아시아 교회 지도자 세미나 개최
9. 17.	미국 캘리포니아 신학대학원에서 명예문학박사 학위 취득
10. 8.	주간 〈순복음뉴스〉 창간
12. 27.	순복음교육연구소 창설
1979.	*The Fourth Dimension* 출간(CGI 발행)
4. 3.	제1회 전국 교역자 특별세미나

8.   제38차 세계 하나님의 성회 총회 참석

10.   최자실 목사와 제12차 PWC대회 참석

11. 4.   성도 10만 명 돌파 기념 예배

1980년대

1980. 2. 5~8.   국제교회성장연구위원회에서 초대 총회장에 선출

3. 11.   제1회 국제신학학술세미나

4. 3.   아동구역 부흥목표 500구역 달성 축하 및 아동구역장 단합
            예배

5. 15.   순복음 평신도 성경대학 개설

9. 22.   순복음선교연구원 발족

11. 13~15.   제1회 전국 교회 목회자 세미나

1981. 1. 15.   미국 제40대 레이건 대통령 취임 축하식에 주강사로 초청
            받음

2. 10~13.   제1회 전국 초교파 청년 지도자 세미나

7. 12.   8대교구를 12대교구로 확장

12. 20.   20만 성도 돌파 기념 예배

12. 31.   신축 세계선교센타(현, 제2 교육관) 준공 예배

1982. 6. 29.   (재)순복음선교회 설립

8. 11~15.   일본 일천만 구령을 위한 제1회 평신도 방한 대성회

9. 4.   순복음오산리금식기도원, 1만 성전 헌당 예배

1983.   *The Fourth Dimension*, Volume Two 출간(Bridge Publishing
            발행)

2. 15.   교회성장연구원 TV스튜디오 개설

5. 11~13.   제10차 순복음 세계 선교 대회

	7. 5.	『5중복음과 삼박자축복』 출간(영산출판사 발행)
	12. 31.	대성전 지하 성전 증축 헌당 예배
1984.	1. 1.	'순복음중앙교회'에서 '여의도순복음교회'로 개칭
	8. 15.	한국 기독교 100주년 선교 대회에서 설교
	9. 1.	전 교구 16대교구로 분할
	10. 1.	성도 40만 명 달성
	11. 25.	십자가탑 준공 예배
1985.	10. 3.	최자실 목사 정년 은퇴식
	10. 8.	제1회 사모 금식 수련회
	12. 17.	제1회 영산성서연구원 졸업생 97명 배출
	12. 30.	대성전 증축공사 완공
	12. 31.	성도 50만 명 달성
1986.	2. 25.	조용기 목사 10분 메시지 전화 개통
	9. 7.	오랄 로버츠 목사 명예 목사로 추대
	11. 1.	제1회 아시아 교회 성장 선교 대회
1987.	1. 20.	전국대학교수선교연합회 창립
	10. 3.	나라와 민족을 위한 기도 대성회
	11. 27.	순복음국제금식기도원 개인 기도굴 88개 신축
1988.	1. 9.	제1회 선교대학 개강예배
	6. 3.	조용기 목사 10분 설교 전화 100만 통화 돌파 기념 예배
	12. 10.	〈국민일보〉 창간
1989.	6. 2.	교회창립 30주년 기념 구국과 통일을 위한 기도회
	6. 2.	미국 오랄 로버츠 대학교 명예 목회학 박사 학위 취득
	11. 9.	최자실 목사 미국에서 선교 여행 중 하나님의 부르심을 받음

1990년대

1990. 4. 16~18.	미국 워싱턴 세계 지도자 회의에서 설교
5. 20.	프리즘선교회 창립 예배
8. 26.	순복음교육연구소, 영산연구원으로 개편
9. 28.	남북통일과 민족 복음화를 위한 기도 대성회
1991. 5. 21.	포항 성시화 대성회 개최
6. 10.	아프리카에 '행복으로의 초대' 방송 시작
7. 4.	영산음악연구원 창립
1992. 10. 12.	남북통일과 민족 복음화를 위한 기도 대성회
11. 4.	세계 하나님의 성회 연합회 총재 취임 축하 예배
1993. 2. 14.	미국 〈크리스천월드〉, 여의도순복음교회를 '세계 50대 교회' 중 1위로 발표
2. 20.	기네스북, 여의도순복음교회를 세계 최대의 교회로 발표 (성도 수 70만 명)
5. 20.	제20회 세계 순복음 선교 대회
6. 3.	국제신학연구원 개원 예배
9. 19.	기도원 명칭을 '오산리최자실기념금식기도원'으로 개칭
10. 15.	교회갱신과 남북통일을 위한 기도 대성회
1994. 5. 3.	제26회 국가조찬기도회 인도
9. 29.	제1회 세계 하나님의 성회 연합회 총회 개최
1995. 4. 16.	교회학교 총람 발간
11. 9-10.	제43회 지·구역장 세미나
1996. 2. 7.	예수 탄생 2천년 기념 대축제(이스라엘)
2. 15.	『조용기 목사 설교 전집』 21권 출간(서울말씀사 발행)
5. 3.	국민훈장 무궁화장 수훈

7. 11.	기독교대한하나님의성회 한국기독교교회협의회(NCCK) 가입
8. 15.	『4차원의 영적 세계』 출간(서울말씀사 발행)
10. 18.	남북통일과 영적 각성을 위한 기도 대성회
1997. 6. 29.	교회 홈페이지(http://yfgc.fgtv.com) 개설
12. 9.	제1회 한국교회 군선교 대상(일반후원부문) 수상
1998. 5. 3.	〈순복음가족신문〉 1000호 발행
5. 18.	교회창립 및 성역 40주년 기념 예배
9. 22~25.	제18차 세계 오순절 서울대회
9. 25.	세계평화와 경제회복을 위한 기도 대성회
10. 18.	제1회 교회학교의 날
12. 24.	순복음인터넷방송국(FGTV) 개국
1999. 12. 23.	한국교회 지도자상 수상

2000년대

2000. 1. 10.	밀레니엄 부흥 2000 대성회
1. 11~3. 28.	제1기 교회개척학교
2. 15~18.	제1회 오순절성령훈련학교 개최
3. 28.	DCEM(David Cho Evangelistic Mission) 창립
7. 30.	제1회 오순절지도자학교 훈련 시작(12주)
2001. 4. 1.	〈순복음가족신문〉 홈페이지(www.fgnews.co.kr) 오픈
5. 25~26.	영권 회복 2001 대성회, 장로교와 순복음 강단 교류 시작
9.	『은혜로운 주해성경』 출간(서울말씀사 발행)
10. 19.	새천년 국가의 안정과 교회 부흥을 위한 기도 대성회
2002. 9. 26~27.	2002 '영산국제신학심포지엄' 개최(주제: 21세기 신학적 패

러다임을 위한 조용기 목사의 신학)

12. 11.	제1회 교회 개척의 날
2003. 3. 1.	나라와 민족을 위한 구국 금식기도회
5. 22.	기하성 교단 창립 50주년 기념 희년 대성회
2004. 6. 11.	순복음수련원 준공
12. 30.	『3차원의 인생을 지배하는 4차원의 영성』출간(교회성장연구소 발행)
2005. 4. 2.	크리스천 메모리얼 파크 개관 예배
5. 18.	미국 '더 패밀리 오브 맨 메달리온' 수상
6. 22.	조용기 목사 홈페이지(http://davidcho.fgtv.com) 개설
9. 12.	제11회 유집상(전도부문) 수상
10. 14.	세계평화와 민족구원을 위한 기도 대성회
2006. 1. 20.	여의도순복음어린이집 개원 예배
2. 17.	성가 합창곡집 발간(조용기 목사 작사, 김성혜 총장 작곡)
4. 24.	베데스다 대학교 개교 30주년
7. 17.	제1회 전국 청년 부흥 대성회
10. 20.	한국 오순절 100주년 기도 대성회
2007. 1. 7~14.	트랜스포메이션 2007
3. 1.	미국 주의회 국제 지도자상 수상
6. 21.	개성 방문
10. 19.	회개와 영적 각성을 위한 기도 대성회
2008. 1. 1~2.	CBS '새롭게 하소서' 조용기 목사 방영, 시청률 1위 기록
1. 28~31.	트랜스포메이션 2008 '일터 변혁' 컨퍼런스 개최
5. 9.	교회창립 및 성역 50주년 기념성회
5. 14.	원로목사 추대예배

5. 18.　　　교회창립 50주년 감사예배

5. 21.　　　이영훈 위임목사 취임

8. 28.　　　동생 조용목 목사와 성령 · 치유 부산 대성회 인도

9. 2.　　　제1기 영산목회아카데미 개최

2009. 4. 25.　경제위기와 북핵위협 극복을 위한 한국교회 나라 사랑 비

　　　　　　상 특별 기도회

8. 9.　　　여의도순복음교회 예배 7개 국어로 동시통역

8. 30.　　　시사저널 '가장 영향력 있는 인물' 기독교계 1위 선정

9. 11~14.　제1회 순복음 영산 제자 선교 대회 개최

9. 27.　　　캄보디아 정부 조용기 목사에게 국왕 최고훈장 수여

10. 23.　　세계평화와 국가 위기 극복을 위한 기도 대성회

2010년대

2010. 1. 1.　　20개 제자교회 선포식 인도

2. 24~28.　아세아 목회자 초청 세미나 인도

4. 19.　　　세계 한인 기독교 방송협회 조용기 목사에게 공로상 수여

5. 6.　　　미국 제59회 국가 기도의 날에서 설교

5. 26~30.　이영훈 목사와 제24차 세계 교회 성장 대회 및 제2회 아시

　　　　　　아 컨퍼런스 인도

8. 15.　　　한국교회 8 · 15대성회 인도

9. 5.　　　마틴 루터킹 메달리온 메달 수상

10. 7.　　　이영훈 목사와 나라와 민족을 위한 회개 금식 기도 대성회

　　　　　　인도

2011. 1. 20.　2011 한국교회 신년 축복 대성회 인도

5. 23~26.　한국교회와 국가를 위한 비상 특별 금식기도회 인도

6. 15.	'나라사랑, 교회사랑 기도회' 인도
6. 30 ~2013. 2. 28.	표준설교시리즈(4차원의 영성, 오중복음, 삼중축복) 10권 출간(한세대학교 출판부 발행)
7. 12.	2011 한민족 재외 동포 세계 선교 대회 인도
10. 14.	한반도의 평화와 교회갱신을 위한 기도 대성회
2012. 1. 19.	2012 한국교회 신년 축복 대성회 인도
3. 7.	나라와 민족과 경기도 복음화를 위한 축복 대성회 인도
5. 25.	부흥과 교회와 국가를 위한 기도회 인도
6. 24.	대한민국 지키기 6·25 국민대회에서 설교
11. 9.	나라와 교회를 위한 119 기도 대성회 인도
12. 14.	한국 기독교 최고치도자상 수상
2013. 2. 21.	제1회 한세대 초청 아시아 청년 지도자 영성 수련회 인도
2. 27.	'위안부, 원폭 피해자와 함께하는 동아시아 평화를 위한 기도회' 인도
5. 13.	용인시 기독교 복음화 대성회
6. 19.	나라와 민족을 위한 구국기도회 인도
8. 12~17.	2013 한국교회 성령충만 대성회 인도
8. 27.	제23차 세계 오순절 대회 개막식 설교
9. 25.	2013 세계 지도자 컨퍼런스
10. 11.	한반도의 평화와 세계 교회의 희망을 위한 2013 기도 대성회
2014. 2. 10~11.	2014 제1차 지역장 수련회
3. 9.	제1회 순복음 취업 박람회
4. 18.	투루카나 故 임연심 선교사, 볼리비아 故 전명진 선교사, 호주 故 정우성 선교사를 위한 추모 음악회 및 부활절 칸타타
2015. 1. 30.	경기도 지도자 및 경기북부지역 목회자 대상 신년 축복 예

배 인도

7. 1.	모바일 성도 등록증 시행
7. 22.	2015년 꿈과 희망의 축복성회 인도
7. 27.	2015 한국 G12 컨퍼런스 인도
10. 16.	2015 세계 평화와 한반도 안정, 희망 나눔을 위한 기도 대성회
2016. 7. 29~31.	G12 한국 컨퍼런스 인도
10. 9~13.	이영훈 목사와 2016 CGI 컨퍼런스 인도
11. 25.	여의도순복음교회 비전센터 착공예배
12. 16.	신앙계 창간 50주년 특별인터뷰
2017. 1. 8.	순복음말씀아카데미 개설
3. 7.	『신앙계』 창간 50주년 감사예배
5. 24.	오산리최자실기념금식기도원 내 선교사 비전센터 준공
7. 28.	G12 한국 컨퍼런스 인도
2018. 1. 27.	임연심 굿피플 미션스쿨 제1회 졸업식
5. 16.	교회창립 60주년 감사예배 및 비전 선포식
5. 18.	2018 한반도 평화와 희망 나눔을 위한 기도 대성회
5. 18.	영산 조용기 목사 성역 60주년 기념논총 『십자가, 성령 그리고 희망』 출간(한세대학교 출판부 발행)
5. 18.	할렐루야 아줌마 최자실 목사 탄생 100주년 기념논총 『성령, 기도 그리고 여성』 출간(한세대학교 출판부 발행)
5. 31.	영산 성역 60주년 기념 제26회 '영산국제신학심포지엄' 개최(주제: 영산 조용기 목사와 최자실 목사의 삶과 목회와 신학)
2019. 5. 23.	제27회 '영산국제신학심포지엄' 개최(주제: 영산의 믿음)

9. 30.   4차원 영성 연합 대성회 설교(오산리최자실기념금식기도
           원 대성전)

10. 18.   2019 영적 부흥과 한반도 평화를 위한 기도 대성회

11. 9.   고(故) 최자실 목사 30주기 추모예배

2020년대

2020. 2. 4.   2020년 영산선교형제협의회 축복 성회 설교

7. 19.   마지막 설교(여의도순복음교회 대성전)

2021. 9. 14.   하나님의 부르심을 받음(오전 7시 13분)

부록 2: 영산의 세계 선교 연표

이 선교 연표에는 주로 해외에서 외국인들을 대상으로 집회를 인도한 것들을 중심으로 소개하였다. 어느 모임에 단순 참가나 한인들을 위한 성회는 제외하였다. 자료는 『여의도순복음교회 40년사』, 『여의도순복음교회 50년사』, 『여의도순복음교회 60년사』와 〈순복음가족신문〉, 그리고 시가끼 시게마사, 『선교의 길에서 기적의 하나님을 만나다』의 첨부 3(조용기 목사의 세계 선교 연표)을 참조하였다.

1960년대

1964. 4~5.	미국 하나님의 성회 초청으로 첫 해외 선교. 두 달 동안 미국 전역을 순회하며 성회 인도
1966. 6~7.	동남아시아 여러 국가에서 1개월 동안 성회 인도
8.	미국 하와이에서 성회 인도
9.	미국 국무장관 초청으로 미국 순회 선교
1967. 4.	영국 웨스트민스터 센트럴 홀 부활절 예배 설교
6~9.	100여 일 동안 세계 선교 여행. 미국, 영국, 프랑스, 독일, 네덜란드, 덴마크, 스웨덴, 노르웨이, 그리스, 핀란드, 오스트리아, 벨기에, 이스라엘, 이란, 태국, 미얀마, 중국, 일본 등 18개국 30여 개의 도시에서 성회 인도
1968. 9.	미국 순회 선교
1969. 9.	허스톤 목사와 함께 1개월간 동남아 국가들에서 선교

1970년대

1972. 4.	미국과 일본에서 성회
1975. 4.	최자실 목사와 함께 유럽 다수의 국가에서 성회 인도
5.	제1회 순복음 세계 선교 대회(미국 나성순복음교회) 인도
1976. 3. 5.	순복음세계선교회 미주지구연합회 조직
8. 4.	일본 오사카에 순복음세계선교회 일본지구연합회 조직
1977. 4. 18.	호주 성회 인도
8.	최자실 목사와 일본 동경 부흥성회 인도
1978. 4. 7.	순복음아세아지구연합회 결성(일본 고베에 극동신학교 설립)
4. 27.	독일 칼스루헤 성회 인도
5. 3.	스웨덴 스톡홀름에서 교회 성장 세미나 인도
8. 17.	최자실 목사와 일본 동경 부흥 집회 인도
10. 9~11. 1.	미국 뉴욕, 산호세, 시카고에서 성회 인도
12. 12~17.	태국 기독교 전파 150주년 기념 성회 및 싱가폴 성회 인도
1979. 1.	과테말라, 코스타리카, 엘살바도르, 멕시코에서 성회 인도 (코스타리카 성회는 중남미 사상 최대의 성회)
4. 25~29.	호주 성회 인도
7. 10~13.	최자실 목사와 제3회 동경 복음 전도 대회 인도
9.	포르투갈, 스위스, 프랑스, 핀란드에서 유럽 부흥성회 인도
11.	일본 전역을 순회하며 대성회 인도
12.	최자실 목사와 함께 태국, 말레이시아, 인도네시아에서 부흥성회 인도

1980년대

1980. 1.	일본 도쿄에서 일천만 구령을 위한 부흥성회 인도

1. 26.	대만 교역자 수련회 및 부흥성회 인도
2. 5~23.	미국 하와이, 툴사, 오클라호마에서 교역자 수련회와 대부흥 성회 인도
4. 15~24.	미국 덴버, 버팔로에서 부흥성회 인도
5.	일본 오사카에서 부흥성회 인도
6.	일본 도쿄에서 일천만 구령을 위한 부흥성회 인도. 많은 불신자들이 참석하여 결신함
7. 17~21.	노르웨이 성회 인도
7. 22.	스웨덴 성회 인도
8.	일본 도쿄와 나고야에서 일천만 구령을 위한 부흥성회 인도
9.	일본 오사카와 요코하마에서 리바이벌 성회 인도
9.	홍콩과 파키스탄에서 성회 인도
11.	호주 교역자 수련회와 부흥성회 인도
11. 23~29.	일본 오사카, 후쿠오카 성회 인도
12.	말레이시아, 싱가폴, 필리핀에서 교회 성장 세미나와 부흥성회 인도
1981. 1.	일본 도쿄에서 일본 일천만 구령을 위한 성회 인도
1. 19~28.	미국 제40대 대통령(레이건) 취임식 주강사 및 미국 NRB, NAE 주최 '81 연합 대부흥 성회'에서 설교
2.	일본 도바에서 교역자 세미나와 부흥성회 인도
2.	대만에서 대만 장로회 연합 부흥성회 인도
5.	영국 하나님의 성회 총회에서 설교 후, 핀란드 헬싱키에서 부흥성회 인도(영국 성회는 가장 큰 성회로 기록됨. 7만 2천여 명 참석)
6. 5.	독일에서 예수 81 베를린 대성회와 교회 성장 세미나 인도

6.　　　　　서일본 그리스도 대전도 성회 인도

7.　　　　　일본 오사카에서 부흥성회 인도

8.　　　　　최자실 목사와 함께 일본 도쿄와 오사카에서 부흥성회 인도

9. 15~17.　일본 도쿄와 홋카이도에서 부흥성회 인도

10.　　　　일본 도쿄와 오사카에서 부흥성회 인도

10.　　　　프랑스, 독일, 미국에서 교역자 세미나와 부흥성회 인도

11.　　　　미국 LA에서 부흥성회 인도

12.　　　　멕시코에서 부흥 대성회 인도(멕시코 기독교 사상 최대 성
　　　　　　회, 5만여 명 참석)

1982. 2. 17~19.　필리핀 마닐라 대부흥 성회 인도(필리핀 기독교 사상 최대
　　　　　　성회, 7만 5천여 명 참석)

4. 13~19.　일본 1천만 구령을 위한 교역자 세미나

4. 26~5. 3.　미국 뉴올리언스와 오클라호마의 툴사에서 교회 성장 세미
　　　　　　나 인도

6. 2~6.　　'82 싱가폴 민족 복음화 대성회' 인도(25만여 명 참석)

8.　　　　　일본 도쿄에서 부흥성회 인도

10.　　　　미국 캘리포니아에서 교회 성장 세미나와 부흥성회 인도

10.　　　　홍콩에서 교회 성장 세미나와 부흥성회 인도

11.　　　　일본 요코하마에서 부흥성회 인도

11.　　　　스리랑카에서 교회 성장 세미나와 부흥성회 인도

1983. 1. 17~20.　일본 동경 부흥성회 인도

1. 24~30.　미국 올란도에서 교회 성장 세미나와 부흥성회 인도

3. 16~23.　네덜란드와 미국에서 부흥성회 인도

4. 12~14.　미국 하와이에서 교회 성장 세미나 인도

5.　　　　　미국 LA, 덴버, 달라스에서 교회 성장 세미나 인도

7. 12~21.	네덜란드 암스테르담 83 국제 순회 전도자 대회 인도
8. 15~18.	일본 후쿠오카와 동경에서 전일본 선교 대회 성회 인도
11. 8~12.	미국 뉴욕지구 복음화 대성회 인도
1984. 2.	미국 하와이에서 세계 교회 성장 대회와 부흥성회 인도
2.	미국 달라스, 오클랜드, LA에서 부흥성회 인도
4.	스위스에서 부흥성회 인도
4.	일본 교토에서 부흥성회 인도
6.	일본에서 CBS '행복으로의 초대' 시청자를 위한 성회 인도
7. 4~12.	미국 휴스턴과 달라스에서 미국독립기념 대부흥 성회 인도
9. 19~22.	베네수엘라와 페루 대성회 인도
10. 16~18.	일본 동경무도관에서 1천만 구령을 위한 전일본 선교 대회 인도
10. 24~27.	미국 루이스빌에서 부흥성회 인도
12. 5~9.	말레이시아 대부흥 성회 인도(10만여 명 참석)
1985. 1.	일본에서 교회 성장 세미나 인도
3. 11~19.	미국 샌프란시스코, 달라스에서 부흥성회 인도
5.	미국 워싱턴 DC에서 부흥성회 인도
9. 24~29.	스페인 라스팔마스, 마드리드에서 부흥성회 인도
10. 16~18.	일본 오키나와에서 성회 인도
11. 2~6.	미국 오클라호마 툴사에서 부흥성회 인도
11.	일본 도쿄와 후쿠오카에서 성회 인도
1986. 1. 9~12.	호주에서 '남호주 150주년 기념 특별성회' 인도
3. 17~29.	미국 알라바마주 몽고메리와 노스캐롤라이나, 루이지애나, 텍사스에서 대성회 인도
6.	미국 산호세에서 성회 인도

7.   일본 도쿄에서 부흥성회 인도

8. 13~18.   제1회 아시아 성도 방한 대성회 개최

10. 6~17.   미국 포틀랜드와 뉴올리언스에서 대성회 인도(7만여 명 참석)

11. 12~13.   홍콩 복음화 대성회 인도

11. 23~12. 4. 미국 덴버와 시애틀에서 교역자 세미나와 성회 인도

12. 10~12.   '대만 복음화 대성회' 인도(대만 기독교 역사상 최대 성회, 6만여 명 참석)

1987. 1. 6~13.   호주 아들레이드, 퍼스에서 교회 성장 세미나와 부흥성회 인도

3. 10~12.   아르헨티나 대성회 인도(성회 후, 대통령궁까지 평화 행진)

4. 8~11.   미국 달라스, 산호세에서 대부흥 성회 인도

5. 13~19.   호주 대부흥 성회 인도

6.   일본 도쿄, 요코하마에서 부흥성회 인도

6. 24~30.   미국 툴사, 사우스밴드에서 부흥성회 인도

9.   일본 오사카에서 CBS '행복으로의 초대' 시청자를 위한 성회 인도

10.   일본 오키나와 부흥성회 인도

11.   대만 부흥성회 인도

12. 9~15.   미국 플로리다, 뉴올리언스 성회 인도

1988. 2.   미국 달라스, 시애틀에서 부흥성회 인도

4.   일본 도쿄에서 부흥성회 인도(일본 일천만 구령 10주년 기념 성회)

5.   독일 쾰른에서 교회 성장 세미나 인도

6.   일본 도쿄 부흥성회 인도

10.   일본 나고야에서 제2회 구원과 신유 성회 인도

11.	일본 홋카이도에서 부흥성회 인도
11. 11~16.	미국 오클라호마에서 교회 성장 세미나와 부흥성회 인도
12.	대만 가오슝에서 부흥성회 인도
1989. 1. 11~17.	미국 하와이에서 부흥성회 인도(하와이 최대 기독교 집회)
3. 15~21.	브라질 리우데자네이루에서 부흥성회 인도
4.	캐나다와 미국에서 부흥성회 인도
5. 9~11.	독일 프랑크푸르트에서 유럽 대성회 인도
8. 26~27.	호주 시드니에서 부흥성회 인도
9. 27~10. 1.	싱가포르 제15차 세계 오순절 선교 대회에서 설교
11. 7~10.	필리핀 마닐라에서 교회 성장 대회 인도
11.	인도네시아 교역자 세미나 인도
12. 18~20.	홍콩 대성회 인도

1990년대

1990. 3.	일본 순복음동경교회 부흥성회 인도
4.	미국 오하이오, 워싱턴에서 성회 인도
10. 2~4.	일본 삿포로에서 부흥성회 성회
1991. 1. 23~29.	파나마, 콜롬비아에서 특별 대성회 인도(남미 최대의 개신교 부흥성회, 3만여 명 참석)
3.	미국, 캐나다에서 부흥성회 인도
11.	이탈리아, 스위스에서 대성회 인도
11. 19~22.	대만에서 대만 복음화 대성회 인도
1992. 1. 13~16.	인도네시아 축복 대성회 인도(45만여 명 참석, 3만여 명 결신)
2. 9~17.	과테말라, 코스타리카에서 부흥성회 인도
3.	도미니카 공화국에서 축복 부흥성회 인도

6. 16~18.	러시아 모스크바에서 모스크바 대성회 인도(크렘린궁에서. 하루는 크렘린궁 앞에서 노천 집회로 열림. 연인원 4만여 명 참석)
8.	일본 도쿄에서 교회 성장 세미나 인도
11.	영국령 버뮤다에서 국제 교회 성장 세미나와 부흥성회 인도
1993. 2. 17~21.	미국, 니카라과, 멕시코에서 부흥성회와 교회 성장 세미나 인도
3. 25~31.	남아프리카공화국과 케냐에서 대성회 인도
4. 16~18.	미국 루이지애나에서 교회 성장 세미나 인도
6. 22~23.	러시아 모스크바, 상트페테르부르크에서 '러시아 복음화 대성회' 인도
7. 21~23.	동러시아 하바로프스크에서 대성회 인도(10만여 명 참석, 4만여 명 결신)
8.	영국과 독일에서 축복성회 인도
11.	일본 도쿄, 가와사키, 군마에서 부흥성회 인도
12. 8~10.	헝가리 부다페스트에서 성회 인도
1994. 2. 10~12.	인도에서 CGI 인도 대성회 인도(연인원 200만여 명이 참석해 인도 최대 개신교 집회로 기록됨)
2.	일본 오키나와에서 성회 인도
3. 9~14.	칠레, 파라과이에서 CGI 대성회 인도(각각 8만여 명, 13만여 명 참석)
4. 5~7.	호주에서 시드니 대성회 인도
5. 11~14.	노르웨이 오슬로에서 부흥성회 인도
8. 16~18.	러시아에서 94 동러시아 복음화 대성회 인도(연인원 3만여 명 참석, 2만 5천여 명 결신)

9.	미국 LA 94 나성 대전도 집회 인도
11. 15~17.	인도네시아 수라바야에서 부흥성회 인도(15만여 명 참석)
12. 8~11.	스웨덴에서 CGI 스웨덴 대성회 인도
1995. 1. 9~13.	호주 시드니에서 95 호주 대성회 인도(3만여 명 참석)
2. 24.	인도 뉴델리에서 CGI 성회 인도(뉴델리 역사상 최대 성회, 18만여 명 참석)
3. 8~9.	영국 노팅엄에서 95 영국 민족 제자화 성회 인도
6. 3~5.	프랑스 파리에서 펜테코스트 95 대성회 인도
6. 6~13.	영국, 스코틀랜드, 루마니아에서 성회 인도
11.	일본 요코하마에서 마린 대성회 설교
12.	케냐에서 대성회 인도(100만여 명 참석)
1996. 2.	이스라엘에서 예수 탄생 2000년 기념 축제 성회 인도(전 세계 31개국에서 성회 참석)
6. 13~16.	핀란드 헬싱키에서 대성회 인도(4만여 녕 참석)
8. 13~14.	체코에서 대성회 인도
8. 17~18.	우크라이나 키예프(현, 키이우)에서 부흥성회 인도(4만 5천여 명 참석)
9.	모리셔스에서 대성회 인도(5만여 명 참석)
9. 13~14.	남아프카공화국 요하네스버그에서 대성회 인도
10. 10~12.	일본 도쿄에서 96 동경 지저스 페스티벌 인도
10. 23~24.	태국 방콕에서 부흥성회 인도
12. 13~15.	인도 봄베이(현, 뭄바이)에서 부흥성회 인도(35만여 명 참석)
1997. 2. 4~9.	피지에서 성회 인도
3.	일본 나고야, 도쿄에서 신년 축복성회 인도
4. 8~9.	미국 뉴욕에서 뉴욕 대성회 인도(1만 5천여 명 참석)

4.	뉴질랜드 오클랜드에서 부흥성회 인도
6.	이탈리아 리미니에서 기도 대성회 인도
7.	일본 오사카에서 97 관서 지저스 페스티벌 인도
9. 25~28.	브라질 상파울루에서 부흥성회 인도(연인원 150만여 명 참석)
10.	일본 도쿄에서 97 동경 지저스 페스티벌 인도
11. 5~7.	필리핀 마닐라에서 부흥성회 인도
1998. 3. 26~28.	이탈리아 시실리에서 부흥성회 인도(2만여 명 참석)
4.	미국 펜사콜라에서 성회 인도
5.	일본 후쿠오카에서 95 서일본 지저스 페스티벌 인도
6. 10~14.	스위스 취리히에서 부흥성회 인도
9.	일본 도쿄에서 리바이벌 선교 대회 인도
10. 21~25.	헝가리 부다페스트에서 대성회 인도
11. 19~20.	카자흐스탄 침켄트에서 신유 대성회 인도
1999. 1.	미국 LA에서 부흥성회 인도
3. 23~25.	아랍에미리트 두바이에서 부흥성회 인도(4만 5천여 명 참석)
4.	일본 도쿄에서 순복음동경교회 창립 21주년 기념 성회 인도
7. 30~8. 4.	스웨덴 축복 부흥성회 인도
8.	덴마크 코펜하겐에서 부흥성회 인도(덴마크 기독교 역사상 가장 큰 성회)
11.	캐나다 토론토에서 부흥성회 인도
12. 8~12.	인도 코타얌에서 축복성회 인도(연인원 35만여 명 참석)

2000년대

2000. 4. 17~18.	미얀마 양곤에서 기독교 지도자 초청 세미나 인도
4. 19~21.	싱가포르에서 대성회 인도

5. 10~13.   호주 시드니에서 축복 부흥성회 인도

6. 14~16.   잠비아에서 대성회 인도(10만여 명 참석)

6. 19~21.   아프리카 가봉에서 대성회 인도(15만여 명 참석)

9. 25~30.   호주 골드코스트에서 부흥성회 인도

10.   일본 요코하마에서 제18차 세계 교회 성장 대회 인도

11.   일본 나고야에서 2000 나고야 지저스 페스티벌 인도

2001. 3.   미국 달라스에서 부흥성회 인도

3.   미국 워싱턴 D.C.에서 지역 성령화 성회 인도

5. 1~2.   요르단 암만에서 대성회 인도

5.   미국 LA에서 2001 영권 회복 집회 인도

8. 24~26.   아프리카 코트디부아르에서 성회 인도(10만여 명 참석, 2만여 명 결신)

8. 28~31.   아프리카 가나에서 2001 CGI 성회 인도

9.   일본 오사카에서 펜테코스트 100주년 기념 대회 인도

2002. 2. 6~7.   인도 푸네에서 제6회 PFI 푸네 성회 인도(10만여 명 참석, 2만여 명 결신)

3.   미국 시카고에서 할렐루야 대성회 인도

5.   미국 시애틀에서 국제 선교 대회 인도

7.   인도네시아 수라바야에서 2002 인도네시아 국제 교회 성장 세미나 인도(5만여 명 참석)

8. 9~11.   나이지리아에서 대성회 인도(200만여 명 참석, 10만여 명 결신)

8. 14~16.   김성혜 목사와 함께 2002년 동경 복음 리바이벌 성회 인도

10.   DCEM 아시아지역본부 주최 도쿄 2002 도쿄 지저스 페스티벌 인도

11. 14~16.	온두라스에서 희망의 대성회 인도(10만여 명 참석, 2만여 명 결신)
11.	엘살바도르에서 기독교 지도자 세미나 인도
2003. 3.	미국 몬트레이에서 전도 집회 인도
7.	미국 필라델피아에서 제21차 북미 케랄라이트 오순절 대회 설교(3만여 명 참석)
9.	대만 타이베이에서 영적 갱신과 부흥을 위한 성회 인도(5만여 명 참석)
10.	일본 도쿄에서 2003 지저스 페스티벌 인도
12.	일본 오사카에서 오사카 크리스마스 페스티벌 인도
2004. 3.	캐나다 토론토에서 2004 토론토 미션 페스트에서 설교
4. 16~17.	솔로몬군도 호니아라에서 부흥성회 인도(7만여 명 참석, 3만여 명 결신. 솔로몬군도 사상 가장 많은 인원 참석)
8. 4~5.	몽골 울란바토르에서 부흥성회 인도(몽골 개신교 사상 가장 큰 군중집회, 6만여 명 참석)
8.	홍콩에서 축복 부흥성회 인도
9.	일본 도쿄에서 2004 도쿄 지저스 페스티벌 인도
10.	과테말라시티에서 2004 세계 교회 성장 세미나 인도
11.	미국 LA에서 신유와 기적의 축복성회 인도
12.	일본 오사카에서 2004 오사카 지저스 페스티벌 인도
2005. 3. 10~11.	미국 시애틀에서 비전 2005 국제 리더십 컨퍼런스 설교
5.	미국 뉴욕에서 교회 성장과 성숙을 위한 컨퍼런스와 부흥성회 인도
6. 16~17.	홍콩에서 러브 홍콩 2005 대성회 인도(4만여 명 참석)
9. 23.	일본 도쿄에서 2005 도쿄 지저스 페스티벌 인도

10. 21~22.	독일 베를린에서 미션 라이브 컨퍼런스 2005 성회 인도
11.	미국 시카고 네이퍼빌에서 성회 인도
2006. 3.	일본 오사카에서 2006 오사카 지저스 페스티벌 인도
4. 25~29.	미국 아주사 100주년 기념성회에서 설교
6.	일본 야마토에서 교회 성장 특별세미나 인도(1만 3천여 명 참석)
6. 30~7.1.	미국 달라스에서 제24차 북미 케랄라이트 오순절 컨퍼런스 인도(2만 5천여 명 참석)
9.	일본 도쿄에서 DCEM 교회 성장 세미나 인도
10. 26~27.	대만 타이베이에서 2006 풍성한 영적 추수를 위한 특별성회 인도(2만여 명 참석, 4천여 명 결신)
2007. 3.	일본 도쿄에서 춘계 일일 축복성회 인도
7.	일본 치바에서 2007 전일본 지저스 페스티벌 인도(조용기 목사의 일본선교 30주년 기념성회)
11.	일본 오사카에서 제3회 DCEM 교회 성장 세미나 인도
12.	북한 평양에서 조용기심장전문병원 착공식과 기념 예배 인도
2008. 3. 23~30.	김성혜 목사와 미국 시애틀, LA, 하와이 성회 인도
9. 23.	일본 아키타에서 동북 복음화 대성회 인도
10. 8.	미국 루이지애나 CGI 컨퍼런스 인도
2009. 5. 4~6.	일본 도쿄에서 일본 하나님의 성회 창립 60주년 기념 선교 대회 인도
5.	일본 도쿄에서 춘계 축복성회 인도

2010년대

2010. 4. 14.	일본 오사카에서 춘계 축복 대성회 인도

5.	일본 도쿄에서 사랑과 행복 나눔 특별성회 인도
5.	싱가포르에서 2010 CGI 대회와 아시아 컨퍼런스 인도(70개국에서 3만여 명 참석)
8. 31~9. 2.	이영훈 목사와 대만 타이베이에서 2010 대만 목회자 4차원의 영성 컨퍼런스 인도
2011. 3. 1~2.	이영훈 목사와 홍콩에서 2011 홍콩 지도자 대성회 인도
3.	일본 도쿄에서 순복음 동경교회 창립 34주년 기념성회 인도
5. 4.	이영훈 목사와 도쿄에서 2001 동일본 치유대성회 인도
6. 1.	이영훈 목사와 홍콩 신유축복성회 인도
8. 13.	싱가포르에서 시티하베스트교회 창립 22주년 기념성회 설교(2만여 명 참석)
11. 3.	일본 오사카에서 2011 오사카 지저스 페스티벌 인도
2012. 2. 16~17.	아랍에미리트 아부다비에서 아부다비 축복성회 인도(3만여 명 참석)
3. 20.	일본 후쿠오카에서 성령의 임재와 치유성회 인도
4. 14~15.	싱가포르 시티하베스트교회 창립 23주년 기념성회 설교(3만여 명 참석)
5. 17.	이영훈 목사와 2012 인도네시아 자카르타 세계기도성회 설교(10만여 명이 220여 개국에서 참석)
9. 17.	일본 도쿄에서 2012 도쿄 지저스 페스티벌 인도
11. 28.	인도 하이데라바드에서 부흥성회 인도(100만여 명 참석, 하이데라바드 역사상 가장 큰 개신교 집회)
12.	대만 타이베이에서 신띠엔 싱따오교회 헌당 예배 설교
2013. 3. 6.	일본 센다이에서 2013 동북치유대성회 인도
4. 18.	미국 LA에서 한인 이민 110주년 기념성회 설교

5.	호주 멜버른에서 생명의 강 컨퍼런스 인도
6.	스웨덴 웁살라에서 유럽 컨퍼런스 인도
7.	싱가포르 시티하베스트교회에서 특별성회 인도
7.	인도네시아 반둥에서 교회 지도자 세미나 인도
8.	말레이시아 쿠알라룸푸르에서 제23차 세계 오순절 대회 설교
9.	호주 퍼스에서 2013 세계 지도자 컨퍼런스 설교
11.	일본 도쿄에서 2013 도쿄 지도자 페스티벌 인도
2014. 4.	대만 타이통에서 대만 동부연합 부흥대성회와 교역자 세미나 인도
5.	일본 도쿄에서 2014 도쿄 지저스 페스티벌 인도
6.	아르메니아 예레반에서 성령 컨퍼런스 인도
9.	러시아 블라디보스토크에서 러시아 지도자 4차원 영성 컨퍼런스 인도
10. 29~31.	말레이시아 쿠알라룸푸르에서 세계 교회 성장 컨퍼런스 설교
11.	인도네시아 자카르타에서 인도네시아 대성회 인도(4만 5천여 명 참석)
2015. 2.	인도네시아 발릭파판에서 인도네시아 부흥과 치유대성회 인도(1만 5천여 명 참석)
3.	일본 도쿄에서 축복 대성회 인도
4.	말레이시아 4차원 영성 말레이시아 성회 인도
4.	대만 타이통에서 대만 동부연합 부흥대성회 설교(2만여 명 참석)
5.	일본 도쿄에서 축복성회 인도
6.	독일 베를린에서 베를린 성회 인도
7. 22.	일본 도쿄에서 2015 꿈과 희망의 축복성회 인도

	9. 21.	일본 도쿄에서 순복음동경교회 38주년 특별성회 인도
	11. 18.	일본 도쿄에서 순복음동경교회 축복 대성회 인도
2016. 1.		일본 도쿄와 오사카에서 신년 축복 대성회 인도
	2.	호주 퍼스와 시드니에서 목회세미나 설교
	3.	미국 하와이에서 목회자 기도회 인도
	4. 6~7.	대만 가오슝에서 대만 축복성회 인도(2만여 명 참석)
	5. 6.	일본 도쿄 순복음동경교회 39주년 기념 및 축복성회 인도
	6. 9.	인도 첸나이에서 인도 하나님의 성회 100주년 기념성회 인도(50만여 명 참석)
	8. 9~11.	홍콩 마카오에서 축복성회 인도
	8.	일본 센다이에서 순복음센다이교회 축복성회 인도
	9.	일본 도쿄에서 순복음동경교회 축복성회 설교
	10.	미국 LA 베데스다 대학교 40주년 기념 축복 부흥성회 인도
2017. 2. 8~9.		이영훈 목사와 태국 방콕에서 축복과 기적의 대성회 인도(1만여 명 참석)
	3. 20.	일본 야마토에서 우창희 목사 선교 20주년 기념 축복성회 인도
	4. 28~29.	일본 도쿄에서 이영훈 목사와 순복음동경교회 40주년 기념 및 2017 지저스 페스티벌 인도
	5. 31~6. 2.	싱가포르에서 임파워드 21 싱가포르 대성회 설교
	8. 29~30.	이영훈 목사와 블레싱 홍콩 2017 미라클 컨퍼런스 축복 대성회 설교
	9. 20.	일본 순복음오야마교회에서 축복성회 인도
2018. 2. 28.		일본 도쿄에서 축복성회 설교
	9.	일본 도쿄에서 도쿄 대성회 인도

11.	일본 오사카에서 오사카순복음교회 축복성회 인도
2019. 9.	대만 뉴타이베이시티 신띠엔 싱따오교회에서 대만 축복성회 인도
11.	태국 치앙마이에서 태국 축복성회 인도
11.	일본 도쿄에서 순복음동경교회 축복성회 인도

부록 3: 여의도순복음교회의 구제와 봉사 활동 연표

1950년대

1958.　　　　　최자실 전도사가 약수동에서 약 30명의 고아들을 돌봄으로
　　　　　　　시작

1960년대

1962.　　　　　여전도회를 중심으로 교도소, 병원, 결핵 요양원, 양로원,
　　　　　　　고아원 등을 방문하여 위문품 전달, 선교비와 구제비 전달,
　　　　　　　극빈층 성도들을 돌봄

1968. 3.　　　　'잃은 양 찾기회' 발족. 병원 전도부와 감옥 전도부 신설하여,
　　　　　　　병원과 감옥에서 전도와 구제 활동 전개

1980년대

1980.　　　　　사회사업선교회 발족. '사랑의 손길 펴기 운동' 전개하여 보
　　　　　　　육원, 양로원, 갱생원, 소년원, 민간 교도소, 농아원 방문하여
　　　　　　　그리스도의 사랑 전달

　　4. 6.　　　사랑의 헌혈 운동

　　5. 1.　　　사랑의 전화 개통

1981.　　　　　아동복지관 설립(은평구 대조동)

　　7. 14.　　　순복음실업인연합회 의료선교회 창립 예배

1982. 12. 11.　　홀트아동복지회에 생활관과 교회 건립 기증

　　12. 14.　　　나누어갖기운동본부 설립(본격적인 불우 이웃 돕기 전개)

1983. 3. 18.　　경남 진해 해군 장병들을 위한 '사랑의 집'(원일 교회, 원일

다락방) 건립

11. 5.   홀트아동복지회의 지체부자유아와 정신박약아들을 위해 '휠체어 하우스' 건립 기증

1984. 4. 19.   심장병 무료시술 지원 운동 시작

9.   수해로 인한 많은 이재민을 위해 중앙재해대책협의회에 의류 16,500점과 성도들의 성금 3천만 원 전달

1985. 1.   한국 기독교 에티오피아 난민 구호위원회(위원장 한경직 목사)에 기아로 숨져가는 난민들을 위해 모은 성미로 이루어진 구호금 2천만 원 전달

1. 23.   제1회 심장병 시술 어린이 및 가족 초청 축복기도회

1987. 2. 6.   엘림복지타운 기공 예배

1988. 4. 1.   장애자 선교연합회 창립 예배

8. 29.   엘림직업전문학교 설치인가(9월 5일 제1기 입학식, 201명과 함께 개원)

9. 5.   엘림복지타운 개원 예배
엘림경로원 개원(58명 입소)

11. 20.   사랑의 실천 헌혈 운동 적극 전개

1989. 1.   '소년 소녀 가장 돕기 운동' 전개(1995년까지 800여 세대 920여 명에게 도움. 15억 원의 후원금 지원)

1990년대

1990. 7.   사랑의 쌀 나누기 운동본부에 성미 100가마 기증

9. 16.   '폐지 수집 운동' 전개하여 심장병 어린이 시술 혜택

1991. 4.   몽골 울란바토르에 사랑의 쌀 1만 가마 전달

1992. 3. 31.   선천성 심장병 어린이 돕기 사랑의 실천 운동, 폐지 수집

성금 1억 원 돌파

5.	'의류 수집 운동' 전개하여 국내외 불우이웃들에게 전달
9. 15.	은혜의 빵 나누기 운동 시작
10. 21.	'사랑나눔봉사회' 발족하여 의류 수집 운동 전개
1993. 4.	몽골에 밀가루 75톤과 컨테이너 1대분의 의류 지원
10. 24.	농어촌 미자립교회 교역자 지원위원회 설립
1994. 2.	'사랑의 손길' 구제 헌금 초교파적으로 지원 시작
3. 1.	'가나안노인복지원' 건립 지원
5. 21.	엘림선교원 개원
6. 5.	관악구 난곡 지역에 '제1 소망의 집' 개원하여 결식 노인들에게 점심 무료 제공
9.	유고 난민에게 4천만 원 지원
1995.	장애인 재활 공간인 '소망의 집' 운영
	기독교환경운동선교회 창설하여 환경과 자연 보호 운동 전개
1. 23.	제1회 환경대청상 금상 수상
1996. 1.	거처가 없는 아동들과 청소년들을 위해 '가나안 우리 집' 운영
5. 16.	상계동에 '제2 소망의 집' 개원하여 무료 급식
1997. 2.	파키스탄 기독 난민들에게 3천만 원 긴급 지원
9. 12.	엘림요양원 개원
12. 14~31.	'달러 모으기 운동' 전개
12. 21.	아나바다(아껴쓰고, 나눠쓰고, 바꿔쓰고, 다시쓰고) 운동 전개
1998. 1. 5.	'한국교회 금모으기 운동'에 동참
1. 11.	외환위기 극복을 위한 '나라경제 살리기운동' 동참, 금모으기운동 전개

1999. 2. 26.   NGO 굿피플 창립 예배

2000년대

2000.   김장 나누기 행사를 시작하여 장애인과 전국의 소외계층
                       가정과 시설에 전달

3. 8.   제1회 '순복음 장애인 돕기 걷기대회' 개최

12. 8.   굿피플, 중국 두만강변 경신진병원(30병상 규모) 개원 예배

2001. 1. 11.   굿피플, 호스피스 사역 시작

8. 27~9. 1.   굿피플 중국 연변에서 500여 명에게 무료 안과 진료, 50여
                       명에게 무료 개안시술을 하여 희망의 빛을 선물

12. 5.   굿피플, KOICA(한국국제협력단) 등록

2002. 1. 17~19.   제1회 농어촌 미자립교회 초교파 교역자 초청 세미나

2. 3.   자유를 찾아 탈북한 북한 주민들을 위해 제1기 굿피플대학
                       개강

7~12.   굿피플에서 '소망의 빛 나누기 운동' 전개하여 무료 안과 진
                       료 2,091명, 백내장 무료수술(개안수술) 160명, 돋보기 증
                       정 1,954명, 소년 소녀 가정 안경 맞춰주기 64명 등 4,200여
                       명에게 의료 혜택 지원

9. 5.   태풍 루사로 강원도 강릉 지역에 막대한 피해가 발생했을
                       때 굿피플 긴급구호팀을 파견

11.   최초의 NGO 재난구조단인 '굿피플재난구조단' 결성

2003. 1. 12.   순복음의료센터 창립 예배

12. 30.   이란에서 강진이 발생해 60,000여 명의 사상자가 발생했을
                       때 '굿피플재난구조단'이 현지에 도착해 생존자 탐색 및 시
                       신 발굴 작업

2004. 6. 11.	순복음수련원 준공
6.	세계실명예방봉사단 발족
7.	굿피플에서 평양시 락랑구역 토산동에 콩기름 공장 준공하여, 매월 콩기름 100톤과 두부 등 가공식품을 유치원과 탁아소의 북한 어린이 10만 명에게 공급
8.	'사랑의 집짓기 운동'(해비타트 운동)에 프뉴마 청년선교회 회원 40명 참여
10.	사회사업선교회가 독거노인과 소년 소녀 가장의 주거환경 개선을 위해 '사랑의 집수리 운동' 전개
10.	굿피플대학, 자유시민대학으로 개칭
2005. 3. 24.	엘림복지회 노인전문요양원 개원
10. 10.	파키스탄에서 강진이 발생해 약 45만 명이 사망하고 수백만 명의 이재민이 발생하는 대참사가 일어났을 때, 굿피플은 총 19명의 구조팀과 의료팀, 구호 및 행정지원팀을 즉각 파견해 영국 수색구조팀과 합동으로 구조활동 펼침
10. 12.	굿피플에서 동작구청으로부터 '동작실버타운'을 위탁받아 개원
12. 20.	엘림자원봉사대 발족
2006. 1. 20.	여의도순복음 어린이집 개원 예배
2. 22.	새생명운동본부 출범
5. 30.	굿피플은 인도네시아 족자카르타에서 화산이 폭발하여 수많은 이재민이 발생했을 때 총 30명의 구조단을 파견해 UN 및 재난대책본부와 협의하에 구호 활동 펼침
2007. 1. 4.	새생명운동본부 현판식
1. 28.	굿피플, UN 경제사회이사회 등록

5.	평양심장병원 건립추진위원회 구성
5.	제20차 '사랑의 헌혈운동' 실시. 1988년 11월 제1차에서 제20차까지 총 70,050명이 참여하였고 많은 헌혈증이 기탁됨.
8.	순복음호스피스는 8월 현재 총 408명의 자원봉사자가 환자 가정으로 파송되는 가정 호스피스 사역, 국립암센터, 원자력병원, 순천향병원 등 병원 호스피스 사역, 영등포 보건소, 중구 보건소 등에서 자원봉사활동
9. 19.	노숙인 새 출발 공간 '굿피플하우스' 개원
10.	심장병 시술 환자 4,000명 돌파
12. 4.	평양 '조용기심장전문병원' 착공식
12. 14.	조용기 목사 등 교계지도자, 한국교회선언문 채택(한국교회봉사단 출범)
12. 17.	조용기 목사, 교역자들, 성도 250여 명이 서해안 기름띠 제거 작업 자원봉사
12. 27	충남 태안에서 대교구와 지교회 성도들과
~2008. 2. 26.	청년 등 총 6,000여 명이 순차적으로 기름 제거 봉사 활동
2008. 2. 9.	사랑과행복나눔재단 발기인 대회
3. 4.	사랑과행복나눔재단 현판식
4. 17.	심장병 무료 시술 운동 수혜자 4,000명 돌파 기념 감사예배
7. 1.	굿피플 북한 이탈 주민 편의점 1호점 개장
8. 24.	평양조용기심장병원 건립특별위원회 현판식
2009. 6. 5.	세계 암환자를 위한 24시간 연속기도회 개최
10. 8.	굿피플 필리핀 카파스 시립병원(20 병상) 건설
11. 20.	해남 땅끝지역아동센터 준공
12. 12.	(사)국민희망실천연대 창립

2010년대

2010. 1. 27.	굿피플 아이티에 긴급구조단 및 의료팀 파견
11. 24.	굿피플 '자유시민대학' 대한민국 휴먼대상 국무총리상 수상
2011. 3. 11.	일본에 강진 발생 시 굿피플에서 8,000만 원 상당의 생수와 생필품 25,000달러 상당의 긴급구호품 전달
9. 7.	이영훈 목사 동일본 대지진 구호 성금 전달
2012. 10. 23.	중국 단동에서 '북한 고아원 분유 지원' 발송식을 갖고 황해북도 사리원시 육아원, 애육원들에 분유 10톤 지원
12.	매년 성탄절 전에 사회 나눔 운동으로 박싱데이(Boxing Day) 행사 진행
2013. 12. 19.	여의도 굿피플복지센터 1주년 감사예배
12. 24.	굿피플 실버하우스 준공 감사예배
2014. 3. 9.	제1회 순복음 취업 박람회
5. 27.	제1회 안산 희망 나눔 프로젝트(2017년 4월 5일까지 총 12회 진행), 연인원 13,000여 명이 약 3억 5천만 원어치의 물건 구입
7. 15.	해남 땅끝마을 그룹홈 '천사의 집' 증축 기공식
11. 23.	제2회 순복음 취업 박람회(134개 업체 참석)
2015. 2. 13.	꿈친장애인복지센터 개관예배
3. 15.	해남 땅끝마을 두 번째 그룹홈 '드림홈' 증축 준공 감사예배
4. 5.	일본군 위안부, 장애인, 다문화 가정, 북한 이탈 주민과 함께하는 희망 나눔 특별감사예배
4. 21~29.	이영훈 목사 제1회 다문화 가정 부모(가족) 초청 행사에서 설교
7. 10.	여의도순복음교회, 출산 장려를 위한 노력과 노인 복지 및

		고령사회 친화 사회 분위기 확산에 기여한 공로로 '대통령 표창' 수상
2016. 9. 7.		굿피플 양평 쉼터 '꿈을 꾸는 우리영농협동조합' 발대식
	9. 11.	제5회 순복음 취업 박람회(100개의 구직 부스 설치)
	11.	5주년을 맞이한 '2016 희망나눔 박싱데이'에서는 18,000개의 선물 박스를 독거노인, 다문화 가정, 소외된 이웃들에게 전달
2017. 8. 9.		서울성애병원 불우 환우 돕기 기금 전달 및 협약식
	10. 22.	이영훈 목사 중증 장애인 요양시설 '예닮' 개원 감사예배 인도
2018. 1. 21.		순복음나눔센터 출범 예배
	12.	굿피플, 아시아 및 아프리카 여러 나라에서 보건 의료, 교육 지원, 지역 개발, 아동 후원 사업 진행(2018년 12월 기준으로 7,117명 아동 후원)
2019. 4.		굿피플 강원 산불 피해 지역에 3억 5천만 원 상당의 구호 물품 지원
	11.	굿피플 경북 울진 태풍 피해 지역에 2억 6천만 원 상당의 구호 물품 지원